11

阅读教学卷

于漪全集

上海教育出版社

批改学生的写字作业

花径偶遇,也是师生交谈的好时机

与学生讲悄悄话

书是精神成长之源,要让学生养成到图书馆查阅资料的好习惯

出版说明

《于漪全集》是基础教育领域首部特级教师的全集,也是上海教育出版社为特级教师出版的第一部全集。它的出版,对于传承、弘扬和建设新时代社会主义文化,对于以教育自信创建自信的教育具有重要意义。

《于漪全集》收录了于漪在不同时期发表于全国各类期刊和出版于多种图书的论文、讲话、序跋等作品。难免挂一漏万,故对写作时间和文章出处不一一注明,留待日后修订逐步完善。同时,对原发期刊编辑部、图书出版单位一并致谢。

全集由上海市教师学研究会组织有关教师、专家编辑。于漪的教育思想植根于教学实践,是理论与实践的有机融合和生动阐述。有时一材多用,是为了从不同角度阐释相关问题,为读者呈现丰富的不同历史阶段的思考成果。

全集以"一辈子学做教师"为线索,根据文章内容,共分 8 卷 21 册,从基础教育、语文教育、课堂教学、阅读教学、写作教学、教师成长、序言书信、教育人生八个方面多维度展现于漪来自教育第一线的理论研究成果,力求树立当代教育家的典型形象。

目录

智慧的源泉
——于老师谈现代文阅读

智慧的泉水从这儿涌出
  ——阅读现代文的意义　　3
用浓厚的兴趣鼓励注意力
  ——默读注重效率　　13
把无声的文字变成有声的语言
  ——朗读声情并茂　　41
一目十行与一目二十行
  ——训练阅读速度　　63
通观全文,整体把握
  ——从整体感知入门　　77
重视构成语言的建筑材料
  ——识字辨词第一关　　94
揣摩,体会,欣赏,积累
  ——语句深意细推敲　　107
洞悉文章各部分之间的联系
  ——段落、层次及其关系　　124
寻找心灵的轨迹
  ——理清写作思路　　148
抓准文章的主心骨
  ——领会写作意图　　162

看似平常却高妙
　　——把握记叙的特点　　183
于细微处见精神
　　——不可小视细节描写　　199
在"明"上下功夫
　　——说明的艺术　　216
深情铸文文意浓
　　——投入真情实感　　238
鞭辟入里明真谛
　　——议论的风采　　259
横看成岭侧成峰
　　——运用与锻炼思考力　　278
读出文章的个性
　　——可贵的独立见解　　292
指点形象，辨析文字
　　——文学作品的初步鉴赏　　307
开卷未必有益
　　——善于选择　　333
不动笔墨不读书
　　——勤于知识的储存　　338

智慧的源泉
——于老师谈现代文阅读

智慧的泉水从这儿涌出
——阅读现代文的意义

亲爱的同学,让我从读书之乐谈起吧。

古诗云:"读书之乐乐何如,绿满窗前草不除。"明丽的春光中,庭院深深,草长莺飞;阶前窗下,一片碧绿,读书人在明净的窗前展读书卷;清风徐来,小燕呢喃……这是多么富有美妙情趣的读书极乐图啊!

读书确实是生活中的一大乐事,自己日常工作再繁忙,也要挤出时间来读书。好书能引人入知识宝库,增人见闻,启人心扉,使人乐而忘返。这里,我跟你说说我小时候读《千家诗》的故事。童年时无知,不知艰辛,总爱把生活编织成美丽的花环。及今回忆,童年生活也确实富于情趣,充满幻想。说起来今天的青少年不易相信。半个多世纪以前,哪像今天这样几乎家家有电视机,有 VCD?那时收音机很少,留声机也不多,听唱片是一种享受,开留声机发条即使摇酸手也甘心。电影院极少,票价昂贵,对孩童来说,看一场饱眼福也不容易。条件如此贫乏,生活岂能丰富多彩?那美丽的生活花环又怎样编织得起来?如今仔细回想一下,童年生活乐趣很大程度来自读书。书给我以广阔天地,而其中编织我童年美丽的生活花环的竟有一本让人看不上眼的油光纸石印本《千家诗》。我们祖国大地山河非常美丽,我家乡的山山水水也美丽非凡。一年之中,风光流转,阴晴雨晦,丽日蓝天,变幻的风云景致真是美不胜收。《千家诗》中很大部分的诗就是歌咏祖国风物,而且按春夏秋冬顺序编排，打开书往下念，四季风光就会依次展现在眼前。"万紫千红总是春"，"春城无处不飞花"；"绿树阴浓夏日长"，"五月榴花照眼明"；"青女素娥俱耐冷，月中霜里斗婵娟"；"梅雪争春未肯降，骚人搁笔费评章"……冬天去了，春天又回来了。吟诵这些诗句，春花秋月，一年四季都沉醉在诗的意境里。跟你一样，我小时候最喜欢过年过节，《千家诗》中对重要节日如春节、清明、七夕、中秋、冬至等无不有诗。一到清明，就想起杜牧"清明时节雨纷纷"诗句；一到中秋，不禁感慨地吟诵苏轼"此生此夜不长好，明月明年何处看"；特别是新年吟诵王安石《元日》诗"爆竹声中一岁除，春风送暖入屠苏。千门万户曈曈日，总把新桃换旧符"，心里有说不出的欢乐。《千家诗》中这些风俗诗大大增添了童年的生活情趣。我还深深感到，熟读《千家诗》，能丰富幼小心灵的想象力。不说别的，只看诗句中丰富的颜色就给生活涂上了多么绚丽的色彩！"万紫千红"，"橙黄橘绿"，"黄鹂鸣翠柳"，"白鹭上青天"，真叫人眼花缭乱，心旷神怡，脑袋里常常浮现出五彩纷呈的世界！

谈到这里，也许你要问：您给我们谈的是现代文阅读，而《千家诗》是古诗集，两者相隔甚远，您的意思是不是说，不论是读古诗文，还是读现代诗文，都要读出诗文中的情味，都要品尝阅读的乐趣，都要以增长知识，发展智力，培养能力为目的呢？

确实是这样的。我跟你谈我小时候读《千家诗》的趣味，并不是说天下诗文只有《千家诗》最好，而是出于两种看法：一是有的同学认为，古诗文与现代文没有联系，我们是现代人，只读现代文就够了。其实，古诗文与现代文有相通之处，无论是思想感情、语言文字，还是章法技巧、表达艺术，都是同大于异的，阅读时，不要画出鸿沟。更为重要的一点是，我们当代中学生读现代文，太苦了。这个"苦"，不是指读得多，而是指没有乐趣可言，甚至有的同学一说到现代文阅读，就条件反射地想到"又要做阅读选择题、判断题、填空题了"。对一篇现代文精品，不是深入底里,发掘内涵,体味情感,咀嚼文字,而是整日的 ABCD,打√画×,你想想,如此囫囵吞枣、半生不熟,在题海中挣扎,岂不苦煞人也,愁煞人也? 因此,我跟你谈读诗之乐,目的只有一个:不在题海中挣扎,要在文海中畅游,用自己鲜活的心与"文心"对话,用自己丰富的情与"文情"交流。不要把文情并茂的现代文看作是战场上的壕沟与堡垒,你哭丧着脸去左冲右杀,而应把中外名家笔下的精品看作是春日里的芳草地,夏日里的柳荫路,秋夜的月色,冬晨的雪光……而你,便是激情满怀、青春焕发、性灵自由、思想活跃、感情纯真的"少年观赏家"。这样读现代文,就会有激活思维、增长见识、丰富情感、扩大视野、砥砺情志、树立理想的巨大收获!

具体来说,阅读现代文的目的和意义主要有四点。

阅读现代文的意义之一,在于培养自己的思维能力。表面看来,现代文明白如话,不像古诗文那样有较多的文字障碍,似乎很容易读懂。其实,只满足于文字表面意义的理解还不能算"懂",何况有不少现代文精品的文字表面意义也不好理解。因此,读现代文,既要见疑即问,也要养成"于无疑处生疑"的本领。这样,自己的智力活动就会激活起来,思维能力也就逐步得到提高。正如南宋大学者朱熹所说的:"读书始读,未知有疑,其次则渐渐有疑。中则节节是疑。过了一番后,渐疑渐解,以致融会贯通,都无所疑,方始是学。"在课堂上,老师教你读现代文,必然是要与你讨论一些问题的;课下,你自读现代文,也应该自我生疑,自我作答,或与同学研讨,或向老师请教。通过积极的思维,必有收获;有了收获,乐趣也就翩然而至了。比如读鲁迅先生的《一件小事》,有这样一段:"我这时突然感到一种异样的感觉,觉得他满身灰尘的后影,刹时高大了,而且愈走愈大,须仰视才见。而且他对于我,渐渐地又几乎变成一种威压,甚而至于要榨出皮袍下面藏着的'小'来。"怎样才能理解这种"异样的感觉"? 怎样真正理解作品中"我"内心的感动和觉醒呢？从一些参考资料上摘抄现成答案，是无益于提高自己的思考力的。善于动脑筋的你，必须从三个方面来理解：其一，从生活中物体的大小与远近的距离的关系上来理解。这一点你会说："近大远小"，那么，车夫扶老女人去巡警分驻所愈走愈远，应该是愈走愈小，怎么会"愈走愈大"呢？原来，作者是用一反生活现象的常态来突出感觉的"异样"，表现自己内心的不平静。其二，抓"仰视"这个词来理解。作者对车夫后影高大的程度为什么不具体地描绘？为什么不用比喻来形容呢？根据生活经验，对怎样的物体才"仰视"？你认真思索，就会领悟到，不是高一点、大一点，而是巍峨矗立。如具体形容高大的程度，就显得死板。用"仰视"来表达，能留给读者极其丰富的想象的余地。其三，推敲"榨"。怎样的情况才是"榨"？要用强大的外力挤压，挤出包藏在里面的东西，如用机器榨取甘蔗汁等。由此可知，文中用"榨"，准确深刻，既刻画出车夫的"威压"，又揭示出"我"的隐藏在体面外衣下的"渺小"。你看，这样一深究，你对作品中"我"的自惭形秽、自我解剖、讴歌车夫的思想感情的理解就深刻多了。善不善于思考，思维能力强不强，常常就看你能不能够深入剖析作品内容，把握其精神实质。德国文学家歌德说过："经验丰富的人读书用两只眼睛，一只眼睛看到纸面上的话，另一只眼睛看到纸的背后。"阅读现代文不能只满足于一般的感受，满足于现成的结论；不仅要正确理解词句篇章的文中意，而且要有透视力，对文中的"潜台词"和文外意皆能识别、体味。比如老舍《小麻雀》中的小麻雀被猫咬伤后，作者写它"求生与求死的心情都流露在这两只眼里"。从字面看，无生字难词，但真正要洞悉其中奥秘，须动脑筋剖析。"求生"与"求死"是对矛盾，怎能同时既"求生"又"求死"呢？如果你既回顾小麻雀伤上加伤的遭遇，又分析其当时的痛苦情状和企图摆脱痛苦的心情，那么，你就会明白：小麻雀一再遭到不幸，痛苦到了极点，"求生"而成，当然是摆脱痛苦的最好结果；"求生"不成，不如"求死"，死了，也就没有痛苦了。总之,"求生"与"求死"都是为了摆脱痛苦。作者入木三分地刻画了一个求生不得、求死不能、听任命运摆布的弱者的形象,"求生"与"求死"这一对矛盾在被侮辱、被损害的弱小者的遭遇上得到了统一。写的是自然界的小麻雀,喻的是人类社会的弱小者,对任命运摆布、宰割的弱小者寄予了深切的同情。分析,是思维的深化和具体化。深化,是钻到文章里边去;具体化,即就具体问题进行思考,而不是大而化之、囫囵吞枣。如此,则不仅加深了对作品的理解,体会到文字的背后的内容,而且对语言大师老舍在驾驭文字上的独到功力也有所领会。

阅读现代文的意义之二,在于激发热爱祖国语言文字的感情,培养优秀的民族精神,塑造自己的思想灵魂。我们是中国人,是中华民族的子孙,必须学好祖国的语言文字。学语言,不仅仅是为了生活和工作的需要,着眼于"用",同时也是为了激情、明志、铸魂。我们的汉语,源远流长,值得我们引以为豪。德国诗人、文学家歌德写了《少年维特之烦恼》、诗剧《浮士德》,在统一德意志语言、使德国文学进入世界文学之林方面做出了显著的贡献。可那时已是18世纪末19世纪初。而我们伟大祖国很早就出现了《诗经》《左传》《楚辞》《史记》等伟大作品,那都是公元前的事。至于公元后的文学作品,真是多如天上的灿烂群星,李白、杜甫、曹雪芹、鲁迅、郭沫若、茅盾等伟大作家的作品更是在世界上闪耀着夺目的光辉。我们的汉语,极富情感,读之,为之骄傲;读之,为之动容。在古代作品中,例子不胜枚举,大家知道的"春风又绿江南岸"中的"绿"字是多么的美妙传神啊!现代文精品也是如此。你看鲁迅先生《"友邦惊诧"论》中的一段文字:

好个"友邦人士"!日本帝国主义的兵队强占了辽吉,炮轰机关,他们不惊诧;阻断铁路,追炸客车,捕禁官吏,枪毙人民,他们不惊诧。中国国民党治下的连年内战,空前水灾,卖儿救穷,砍头示众,秘密杀戮,电刑逼供,他们也不惊诧。在学生的请愿中有一点纷扰,他们就惊诧了!

这段文字,堪称运用语言文字倾泻强烈感情的典范。语句短促,节奏明快;历数罪状,语锋犀利;感情强烈,势如匕首。读之,对于激发民族自尊心,培养为了民族、为了国家而慷慨赴难的民族精神,是大有裨益的。在现代文学作品中,有不少精粹、深刻之作,真实地描绘了旧社会广大劳动人民饱受帝国主义欺凌、过着牛马不如生活的悲惨图景,读之使我们深感今日的幸福来之不易,要为民族的强盛,祖国的振兴而树立崇高理想。比如夏衍《包身工》中的一段文字:

在一种特殊的优惠的保护之下,吸收着廉价劳动力的滋养,在中国的日本纱厂飞跃地膨大了。单就这福临路的日本厂子讲,1902 年日本大财阀三井系的资本收买大纯纱厂而创立第一厂的时候,锭子还不到两万,可是三十年之后,他们已经有了六个纱厂,五个布厂,二十五万个锭子,三千张布机,八千工人和一千二百万元的资本。美国的一位作家索洛曾在一本书上说过,美国铁路的每一根枕木下面,都横卧着一个爱尔兰工人的尸首。那么,我也这样联想,日本纱厂的每一个锭子上面都附托着一个中国奴隶的冤魂!

……

在这千万被压榨的包身工中间,没有光,没有热,没有温情,没有希望……没有人道。这儿有的是 20 世纪的技术、机械、体制和对这种体制忠实服役的 16 世纪封建制度下的奴隶!

黑夜,静寂得像死一般的黑夜!但是,黎明的到来,毕竟是无法抗拒的。索洛警告美国人当心枕木下的尸首,我也想警告某一些人,当心呻吟着的那些锭子上的冤魂!

《包身工》异常深刻地揭露了半封建半殖民地中国黑暗的一角,从而照出整个社会,对帝国主义和反动统治阶级发出了血泪控诉。由此,我们可以看出帝国主义的魔爪已经怎样地深入中国,它对中国的侵略与掠夺到了多么严重的地步!对于当代青少年来说,这样的一个悲惨世界虽然成为历史,早已结束,但是,这一份民族耻辱,这一场国家灾难,必须铭记在心,永不忘却。

有很多现代文是有益于我们提高思想认识水平的。广大青少年正处在长见识的关键时期,见识从何而来?一是从实践中得到,一是从思想家所写的文章中得到。培根说,读书可以明理,讲的就是这个道理。比如对待中外文化问题,过去有争论,现在仍然有不同看法,在青少年中,也存在着模糊认识。如果你读过鲁迅先生的《拿来主义》,你的思想认识就会深刻、全面一些。这篇名作发表于1934年6月,当时正是"九一八"事变之后,上海的《文学》月刊讨论如何对待文学遗产的问题,讨论中有两种错误倾向——"全盘肯定"和"全盘否定"。鲁迅先生深感民族文化所面临的严重危机,为此,有针对性地写了这篇文章,对帝国主义侵略和国民党反动派的卖国行径进行了无情揭露,同时也阐明了正确对待中外文化遗产的基本观点,即采取"拿来主义","运用脑髓,放出眼光,自己来拿",态度和方法应是"占有"和"挑选"区别对待,"或使用""或存放""或毁灭",具有"沉着,勇猛,有辨别,不自私"的气魄。鲁迅先生的观点在今天乃至将来都具有指导作用。

总之,现代文中有很多精品,或教你明志,或教你敏思,或指导你做人,或帮助你成才。一篇篇好文章展现了丰富多彩的人生世界,你在阅读中,会明确人生的道路,领悟人生的真谛。

阅读现代文的意义之三,在于开阔视野,增长知识,吸取人类发展的新的文明成果。人类进入科技文明时代以来,新的知识飞速发展,急剧增长,尽管信息传媒与载体多种多样,书籍报刊依然是主要途径。因此,广大青少年阅读现代文能够丰富自己的知识,提高自己的素质,同时也能不断养成动手、敏思的习惯。一位初中生叙述了他的阅读兴趣,不知你有没有相同的阅读体验。

"天哪!"我清楚地记得当时发了一声惊呼。这对于我这么一个仅仅从小学的"常识"课本上知道了日食、月食、光合作用的小孩子来讲,是多么不可思议啊!刹那间,这本书在我心中成了神圣的东西,宛如阿拉伯传说中的神灯一样神秘却又法力无边。于是,这本书被幼稚的我视为宝书,一有空就打开它,从中享受无法言喻的乐趣。

在语文课本中,我们读过不少以说明科技文化知识为主要内容的优秀文章,既学习了语言,又掌握了许多知识。比如《南州六月荔枝丹》是一篇带有文艺色彩的说明文,全文不仅介绍了荔枝果实的形态、颜色、味道、贮藏方法,而且涉及荔枝的花期、产地、栽培史、习性及有关专著等多方面的知识,语言优美,内容丰富。又如《黑海风暴和天气预报的产生》一文,以黑海风暴和天气预报的产生为例,通过多种说明方法,比较通俗地阐释了必然性和偶然性这一对哲学概念。解释概念准确无误,简洁明了,具有科学性;举例说明通俗易懂,生动有趣,具有趣味性。阅读这样的文章,真是兴趣盎然。

阅读现代文的意义之四,在于培养现代语言的表达能力。我们是现代人,说的是现代话,写的是现代文;不仅要会说、会写,而且要说得美,写得美。这也是现代人的基本素质要求。怎样说得美,写得美呢?认真研究现代文的表达艺术、语言艺术是一条很重要的途径。比如说话,写文章,要做到层次清楚、结构巧妙。读《花儿为什么这样红》这类现代文,就会得到启发。你知道,《花儿为什么这样红》说的是植物中各种花朵瑰丽多彩的生态习性和生活史,它采用平列结构的方式,从生物化学、物理学、植物生理学、进化理论、自然选择和人工选择等不同角度进行科学的解释。在组织说明的材料时明显有三"巧"。一"巧"在说明对象的提出。文章下笔带彩,从赞叹花朵的红色入手,咏红紫烂漫的春天。正当读者有悦目赏心之感时,一个"花儿为什么这样红"的设问,引出了说明的中心,自然贴切。二"巧"在用"花儿为什么这样红"的语句反复设问。每一问引出一个方面的科学的解答,眉目清楚,条分缕析。三"巧"在横向说明与纵向说明并举。从物质基础、物理学原理、生理需要等角度对花儿为什么这样红进行科学解释时用的是横向说明的顺序,而从进化观点、自然选择、人工选择等角度解释,则是按时间顺序组织材料,进行纵向说明。当然,我们不是生搬硬套这样的写法,有目的地借鉴,是有好处的。阅读现代文,还可以学到语言表达的艺术。比如《晋祠》,状山的巍巍"有如一道屏障",山的长长"如伸开的两臂";写树的造型奇特以"偃如老妪负水""挺如壮士托天"为喻,形象生动。"春日黄花满山,径幽香远;秋来草木萧疏,天高水清",用这样的对偶句展现春秋季节山景变化的两幅图景,句式整齐,用词优美。写圣母殿内的泥塑像,用的是"她们或梳妆,或洒扫,或奏乐,或歌舞"的排比句,气势流畅,朗朗上口。至于鲁迅的《故乡》、朱自清的《背影》、叶圣陶的《苏州园林》等名家名作,语言艺术就更加光彩照人了。反复品读、揣摩,烂熟于心,就必然化为自己的语言血肉。

古人有言:"外物之味,久则可厌;读书之味,愈久愈深。"文章读得越多,也就越能体会其精妙之处;越能体会其精妙,乐趣也就越发浓郁。

亲爱的同学,有的文章像灯塔,照耀着你勇敢前进;有的文章像旅行家,给你带来扑朔迷离的风土人情;有的文章像历史老人,使你走进硝烟纷飞的战场、戒备森严的宫闱;有的文章像真诚的友人,坦率地指出你的缺点与不足;有的文章让你倾洒泪水;有的文章让你不禁微笑……愿你带着愉快的心情读现代文,在那字里行间开掘智慧的源泉,捕捉人生的火花!

用浓厚的兴趣鼓励注意力
——默读注重效率

做事情,有兴趣,注意力才可集中,才能做得好。读文章也是这样。

也许你会说,读文章的兴趣我是有的,报刊发表了一篇好文章,别人抢着读,我也抢着读,这不正说明我也是有兴趣的吗?

这要分析。有的同学可能把好奇和兴趣看作一回事,其实,两者的区别很大。好奇,是一种心理状态,指对从未知道的事物在心理上作出强烈的反应。比如你是一位城里孩子,从未到过乡村,某日置身于小桥流水、绿树环合的小村中,这也想看看,那也想问问,此时表现出来的就是好奇心。而兴趣虽然也是一种心理现象,但它是对已知的事物仍然保持长期追求的心理反应,首先是喜欢上了这个事物,同时也产生了研究这个事物的兴味。比如有一盏台灯,你早已熟悉了。别人只知道它是照明的,而你则把它拆下来,研究其结构原理。一次做这样的事还难说有兴趣,经常拆装台灯,经常思考台灯的构造,甚至自制台灯,这说明你有了研究台灯的兴趣。读文章的兴趣也同此理。别人读一篇文章,你也抢过来读,恐怕是出于好奇;只有读过了还想读,甚至对不知读过多少遍的文章经常保持研究的心态,这才说得上你有了浓厚的兴趣。

兴趣是怎样产生的呢?

是靠自己在长期的甚至是艰苦的探索中求得的。对现代文,也许你之前并没有什么兴趣,但由于老师的指引,特别是通过你自己的长期研读,觉得平白如话的现代文中有许多至理真言打动了你,有许多奇思妙构吸引了你,同时通过研究、探求,你品尝到了收获之乐,到了这个程度,你对现代文爱不释手了,一日不读,怅然有所失。如此,兴趣之花便灿然开放了。在研读的过程中,在兴趣之芽萌发的日子里,注意力是起到了很大作用的。心无旁骛,精力集中,孜孜以求,收获就会多。同样,由于有了兴趣,研读的注意力也就会更加集中。闻一多先生研究学问"目不窥园,足不下楼,兀兀穷年,沥尽心血。杜甫晚年,疏懒得'一月不梳头'。闻先生也总是头发凌乱,他是无暇及此。饭,几乎忘了吃,他贪的是精神食粮;夜间睡得很少,为了研究,他惜分阴、寸阴。"(臧克家《闻一多先生的说和做》)你看,闻一多先生研究学问的注意力多么集中、专一,其兴趣又是多么勃发而又浓厚。由此可见,用浓厚的兴趣鼓励注意力,注意力就会更集中,起的作用就更大;注意力更集中,起的作用更大,兴趣也就会更浓厚,更持久。二者相互起作用。

做任何事,要想做得出色,都得有兴趣,都得让注意力集中、专一、持久。在这一章中,我们专门谈谈"默读注重效率"的问题,帮助你懂得什么是默读,并掌握一些方法,依照一定的路子来自觉培养默读能力。

一、什么叫默读

也许你心里隐隐约约地说:"不就是不出声地读吗?"从字面上看,默读,就是默不作声地读,但其内涵和要求却要大得多、深得多。拿着一篇文章,坐在那里,一声不吭地看,而心里却在想着别的事,自然不算默读。下面是两个人的读书故事。

我国南北朝时有个读书人叫陆澄,从小爱好读书,"坐行眠,手不释卷",光是一部《易经》(我国古代儒家经典著作"五经"之一)就足足读了三年,背得滚瓜烂熟,几乎成了一位《易经》"专家",可是书中的道理却并没有弄懂。他这样读了一辈子书,却碌碌终生,结果只留下"书橱"的笑柄。

　　无独有偶。俄国大作家果戈理在他的"划时代的巨著"《死魂灵》中也塑造了一个"书橱"——彼得尔希加的形象。这个人嗜书如命，见书就读，辛辛苦苦读了一辈子，直到老死，对书中的道理也说不清楚，其人也是庸庸碌碌，终无所获。

　　显而易见，这两个人都是爱读书的，但致命的弱点是：只读不解，只读不用。

　　默读，必须深刻理解。什么叫"理解"？"理解"有哪些要求和方法？要说的话很多，本书后边要专门讲到，这里只说"理解"要"准"，"理解"要"快"。"理解"首先要"准确"。比如莫泊桑的短篇小说《项链》你是读过的，小说表现路瓦栽夫人为了赶时髦，以满足自己强烈的虚荣心，借来项链，偏偏又丢了项链，结果苦熬了十年，改变了生活方式，才赔偿了一串价值昂贵的项链。对这样一个故事，有两种判断：一是借项链、丢项链是偶发事件，假如不丢项链，就不会有这十年悲剧。二是丢项链虽属偶然，但悲剧结局是必然的。你认为哪一种理解是准确的？显然是后一种，因为在小说开头，作者已对路瓦栽夫人的悲剧结局暗暗作了交代：

　　……她梦想那些幽静的厅堂，那里装饰着东方的帷幕，点着高脚的青铜灯，还有两个穿短裤的仆人，躺在宽大的椅子里，被暖炉的热气烘得打盹儿。她梦想那些宽敞的客厅，那里张挂着古式的壁衣，陈设着精巧的木器，珍奇的古玩。……

　　她没有漂亮服装，没有珠宝，什么也没有。然而她偏偏只喜爱这些……她一向就想望着得人欢心，被人艳美，具有诱惑力而被人追求。

　　小说内容告诉我们，路瓦栽夫人对奢华生活的强烈追求与她贫寒的身世之间的矛盾,早就决定了她的结局必然是悲剧性的。这是对她的爱慕虚荣、追求享乐的思想的鞭挞和讽刺。这样根据小说内容作出准确判断,我们才能说是"理解"了。

默读时的"理解"也是要讲求速度的。有些内容入眼之后,头脑立即作出反应,明白了它的意思,这种理解速度是快的;有些内容入眼之后,头脑也立即作出了反应,但不是明白,而是疑惑,因此,要停下来思考,一段时间之后才明白了。有时候,停下来思考还不行,还要借助工具书,甚至要过一段时日再回头看才弄明白。由此可见,默读理解有一个时间问题。默读能力强的同学,花时间要少些;默读能力弱的同学,花时间可能要多得多。我们的目的,应该是在默读过程中尽可能用少量的时间来求得最准确的理解。

综上所说,我们可以知道什么是"默读"了,这就是尽可能用少量时间默不作声地阅读并准确理解有关文字材料。"默不作声"是表象,"理解"是基本要求,"尽可能用少量时间"是讲求时效。这三点做得很好,就是我跟你讲的有效率的"默读"。

以前讲"默读",多讲"理解",不大算时间账。由于现代社会快速发展,做什么事都要算时间账;由于现代社会知识信息量猛增,而我们总希望多了解一些知识信息,因此,算时间账也应该看作是当代青少年默读能力培养的一条要求。

二、怎样的默读才算是"注重效率"的默读

现在许多报刊刊登的文章都在讨论这个问题,普遍的看法是"要讲求方法与技巧",这是对的,但只说对了一半。在我看来,真正注重效率的默读,应有两方面的准备。首先是情感心理上的准备,其次是方法技巧上的准备。情感不专一、不投入,意志不坚强,心理抑制,即使你掌握了再多再好的默读方法与技巧,也不能很好地完成默读任务,取得实

效。反过来说,你可能还不知道有什么方法和技巧,但你默读兴趣很浓,对作品情有独钟,心理处于积极状态,也许,在这样的条件下默读,你会摸索到很多适合于自己运用的方法与技巧。因此,我不主张拿着方法去读作品,而应带着感情去读作品,入情入境,再有"法"可循,默读效率自然也就提高了。

那么,怎样的默读才算是"注重效率"的默读呢?

1. 做好情感与心理方面的准备

(1) 披文入情。古人读书看重这一条,我们现代人读现代文也应以此为默读的准则。通过语言文字的体味,揣摩浸润在字里行间的思想情感,你就会感到整篇文章有了灵魂,就会觉得作者正站在你的面前与你倾心交谈,体会到文章的思想内涵与深厚情感。再回头看那些静静排列的文字,你就会感到那黑压压的文字全都活起来了,就像夏夜中一片闪烁的萤火,让你激动不已!例如杨朔《荔枝蜜》中的一段文字:

> 老梁说:"蜂王可以活三年,工蜂最多活六个月。"……
>
> 我不禁一颤:多可爱的小生灵啊!对人无所求,给人的却是极好的东西。蜜蜂是在酿蜜,又是在酿造生活;不是为自己,而是为人类酿造最甜的生活。蜜蜂是渺小的,蜜蜂又多么高尚啊!

显然,作者写这段话是动了情的。情如何悟得呢?不妨抓住"颤"这个词来推敲。"颤"是什么意思?为什么作者会"颤"?又为什么不禁一"颤"?"颤"以后流入笔端的是怎样的思想、怎样的感情?"颤",是抖动、振动,因外力而产生的抖动。工蜂"最多"活六个月,整日整月采花酿蜜,不辞辛劳,生命却如此短暂,作者意想不到,心颤动了;作者被老梁说的话猛然一击,情不自禁地作出反应,故而是"不禁一颤"。这个"颤"是对辛勤酿就百花蜜、留得香甜在人间的小蜜蜂的赞颂;是对小蜜蜂短暂生命所显示的意义和价值的领悟。所以,紧接着的是发自肺腑的赞美——"多可爱的小生灵啊!"紧接着又融情于理,评述蜜蜂对美化人类生活所做出的贡献。通过对"颤"这个词的锤打,拎起这一段的议论抒情,注情于蜜蜂这样的小生灵,使"对人无所求,给人的却是极好的东西"的高尚情操闪发耀眼的火花。这就是进行披文入情阅读的效果。

披文入情的时候,往往要"造境"。叶圣陶先生说过:"作者胸有境,入境始觉亲。"作者撰文,胸中有"境"才能用生花妙笔勾画出一幅幅鲜明的生活图景;读者读文,须入这个"境"才能有真切的感受。优秀的散文往往意境优美,作者的"内情"和生活中的"外物"融合,情景交融,美不胜收。读这类文章,要善于把握作品内在的思想感情,由景入情,以情观景,发挥想象,再造作品描绘的境地,步入作品描绘的境地。《雨中登泰山》是李健吾同志的著名散文。作者登泰山,不是一般的游山玩水,而是感到"像是欠下了悠久的文化传统一笔债似的"。泰山是一座活的历史博物馆,有着丰富的文物宝藏,汇集了古建筑的精华,又是神话故事的摇篮。作者为此一往情深,然而天公偏偏不作美,下起雨来。这雨"不像落在地上,倒像落在心里",一个"落"刻画出心情的百般焦急。"心是沉的。"然而即使如此,作者仍然决定冒雨登山。"兴致勃勃"这个词一扫阴云,气氛转换,从另一角度表现作者对泰山的神往。阅读时,我们理解文章起笔的波澜曲折,要满载对泰山的深情,跟随作者冒雨前行。雨中泰山究竟是怎样一番景色呢?不妨把握一些词句,发挥想象。比如过岱宗坊,首先映入眼帘的是七幅黄锦,闪亮发光,吼声震天,从虎山水库的桥孔奔涌而出。一"碰"一"激"一"撒",细腻地刻画出水流的湍急、浪花四溅的奇妙、水花拍石的声响。如果调动感觉器官,眼看,耳听,运用生活中的积累开展想象,就会创设佳境,并有身临其境之感。

读描述类文章要披文入情,读议论文乃至说明文、科技小品文也往往要披文入情,这里就不一一举例了。入情入境,就入了作者"心",入了自己的"心"。走入这样的境界,理解文章旨意和语言趣味还有何难呢?

(2)发问质疑。这是十分优良的心理品质。成功的默读总是与发问质疑活动相伴随着的。它的作用是:能使默读活动步步深入,增大思考力度,发现并理解文章的佳妙所在;能集中注意力,重点解决所读文章的主要疑难,节省时间。因此,善于发问,勤于质疑,是提高默读效果,培养默读能力的有效途径。建议你从以下几方面入手。

一是在字词句上发问见疑。有些句子的深刻含义是通过几个关键性词语来表现的。关键词语的含义搞明白了,句子的完整含义也就明白了。例如冰心《小桔灯》中的一段文字:

但从那时候起,每逢春节,我就想起那盏小桔灯。十二年过去了,那小姑娘的爸爸一定早回来了。她妈妈也一定好了吧?因为我们"大家"都"好"了!

最后一句话有什么深刻含义?理解的时候必须抓住"大家""好"这两个关键词。尤其是"好"这个词要深切体会。"好"是小姑娘说出来的,她说:"不久,我爸爸一定会回来的。那时候,我妈妈就会好了。"又说:"我们大家也都好了!"说妈妈"好了",不单单指病会好起来,还有别的意思,说"大家也都好了"就更有别的意思了。那么是什么意思呢?结合文中内容看,这"好"是以后的事;现在还不好,正处在困境之中。由此可见,"好了"是指一种美好的生活情景。如果结合作者所交代的时间看,我们就更知道这"好"的内涵。文中写道"十二年过去了",虽未明说,实际上已告诉我们这个"好了"是指过上了幸福的生活。

二是根据作品主旨来发问质疑。有些文章的某一部分,孤立地看,似乎没有什么难以理解的深刻含义;如果联系全篇的思想来看,提出疑问,就能帮助我们准确理解作者的写作意图。比如读鲁迅先生小说《药》的开头部分:

秋天的后半夜,月亮下去了,太阳还没有出,只剩下一片乌蓝的天;除了夜游的东西,什么都睡着。华老栓忽然坐起身,擦着火柴,点上遍身油腻的灯盏,茶馆的两间屋子里,便弥满了青白的光。

"小栓的爹,你就去么?"是一个老女人的声音。里边的小屋子里,也发出一阵咳嗽。

"唔。"老栓一面听,一面应,一面扣上衣服;伸手过去说,"你给我罢。"

华大妈在枕头底下掏了半天,掏出一包洋钱,交给老栓,老栓接了,抖抖的装入衣袋,又在外面按了两下;便点上灯笼,吹熄灯盏,走向里屋子去了。那屋子里面,正在窸窸窣窣的响,接着便是一通咳嗽。老栓候他平静下去,才低低的叫道,"小栓……你不要起来。……店么?你娘会安排的。"

老栓听得儿子不再说话,料他安心睡了;便出了门,走到街上。街上黑沉沉的一无所有,只有一条灰白的路,看得分明。灯光照着他的两脚,一前一后的走。有时也遇到几只狗,可是一只也没有叫。天气比屋子里冷得多了;老栓倒觉爽快,仿佛一旦变了少年,得了神通,有给人生命的本领似的,跨步格外高远。而且路也愈走愈分明,天也愈走愈亮了。

老栓正在专心走路,忽然吃了一惊,远远里看见一条丁字街,明明白白横着。他便退了几步,寻到一家关着门的铺子,蹩进檐下,靠门立住了。好一会,身上觉得有些发冷。

"哼,老头子。"

"倒高兴……。"

老栓又吃一惊,睁眼看时,几个人从他面前过去了。一个还回头看他,样子不甚分明,但很像久饿的人见了食物一般,眼里闪出一种攫取的光。老栓看看灯笼,已经熄了。按一按衣袋,硬硬的还在。仰起头两面一望,只见许多古怪的人,三三两两,鬼似的在那里徘徊;定睛再看,却也看不出什么别的奇怪。

没有多久,又见几个兵,在那边走动;衣服前后的一个大白圆圈,远地里也看得清楚,走过面前的,并且看出号衣上暗红色的镶边。——一阵脚步声响,一眨眼,已经拥过了一大簇人。那三三两两的人,也忽然合作一堆,潮一般向前赶;将到丁字街口,便突然立住,簇成一个半圆。

老栓也向那边看,却只见一堆人的后背;颈项都伸得很长,仿佛许多鸭,被无形的手捏住了的,向上提着。静了一会,似乎有点声音,便又动摇起来,轰的一声,都向后退;一直散到老栓立着的地方,几乎将他挤倒了。

"喂!一手交钱,一手交货!"一个浑身黑色的人,站在老栓面前,眼光正像两把刀,刺得老栓缩小了一半。那人一只大手,向他摊着;一只手却撮着一个鲜红的馒头,那红的还是一点一点的往下滴。

老栓慌忙摸出洋钱,抖抖的想交给他,却又不敢去接他的东西。那人便焦急起来,嚷道,"怕什么?怎的不拿!"老栓还踌躇着;黑的人便抢过灯笼,一把扯下纸罩,裹了馒头,塞与老栓;一手抓过洋钱,捏一捏,转身去了。嘴里哼着说,"这老东西……。"

"这给谁治病的呀?"老栓也似乎听得有人问他,但他并不答应;他的精神,现在只在一个包上,仿佛抱着一个十世单传的婴儿,别的事情,都已置之度外了。他现在要将这包里的新的生命,移植到他家里,收获许多幸福。太阳也出来了;在他面前,显出一条大道,直到他家中,后面也照见丁字街头破匾上"古□亭□"这四个黯淡的金字。

读了这一段文字,你知道了作者刻画华老栓买"药"时的动作、神情和心理变化。去时焦急、爽快,刑场边吃惊、踌躇、恐惧,回去时兴奋、激动。这一层理解是对的,但不能到此为止,聪明的读者还会给自己出难题,即作者为何要这样描写?显然,提出这一疑问是非常有助于推进自己的思考的。把小说的"前"和"后"联系起来分析,我们就能懂得:这样写是为了集中表现这个穷苦老人受迷信思想毒害之深,愚昧麻木之可怜;愤怒控诉反动统治者愚民政策的罪恶。这一部分的景物描写与人物心情是互相衬托的。"路也愈走愈分明,天也愈走愈亮了",既点明时间,又衬托老栓兴奋的心情。因为此时此地,希望的诱惑使这悲伤的老人兴奋、激动。写"太阳也出来了;在他面前,显出一条大道,直到他家中",是进一步烘托老栓的心情。此时此刻,"仙丹灵药"已经拿到,一扫悲伤忧郁;前途光明,喜悦心情洋溢胸间。然而,这希望毕竟是泡影,仔细琢磨,就发现在衬托老栓兴奋、喜悦的同时又处处笼罩着阴影。如故事开头景物描写创造的阴森悲凉的气氛;去买"药"时"街上黑沉沉的一无所有,只有一条灰白的路,看得分明";太阳出来后怎样呢?不只是在他面前显出一条大道,"后面也照见丁字街头破匾上'古□亭□'这四个黯淡的金字"。"黑沉沉""灰白""黯淡"绘出景象的悲惨。这样写景寓意深刻,既预示老栓买"药"给儿子治病的悲剧结局,又揭示了时代背景。结合群众争看行刑时的场景描绘,暗示了夏瑜牺牲的寂寞,从而批判资产阶级旧民主主义革命脱离群众的错误。

三是在篇章结构上发问质疑。有的文章平铺直叙,质朴自然,无疑可问;有的文章则不然,作者有意打破平铺直叙的格局,写得曲折有致,妙趣横生。读这类文章,一定要问个为什么,由此来窥探作者如此巧结的匠心。比如吴伯箫的《难老泉》一文,题为"难老泉",但没有直接描写,而是从太原城写起,又由"难老泉"的历史引出晋水,从晋水引出晋国,从晋国引出"桐叶封弟"的故事,从故事引出晋祠,从晋祠引出"三绝",至此,"难老泉"才呈现在眼前。但作者笔锋一转,插入一段"难老泉"来历的优美传说,最后才正面描写"难老泉",真是"千呼万唤始出来"。全文似到此结束,谁料想又斜出一枝,又写一个"张郎分水"的故事。与一般游记相比,这篇游记的结构就显得特别了。作者这样写,用意何在？有什么表达作用？如果你这样提问,就表明你理解深化、具体化了。原来作者以"难老泉"为题,并不是为了写这一处泉水,而是以此为话题,穿针引线,带出更多的内容：叙述历史故事和神话传说；描写现实,介绍传统。由此来揭示这样的主题：反映山西的地方风貌和历史变迁,歌颂社会主义祖国的新面貌。作者下笔甚远,移步换景,又时时扣住题旨,真是大开大合,表现了作者非凡的艺术驾驭能力。

发问质疑,远不止于我说的这三点。举出这些例子是想提示你,默读时要尽全力往文章内部钻探,钻得越深,所得就越大,这自然是聪明的默读者最大的乐事。

（3）磨炼意志。读书不像吃巧克力那么轻松,不费心力。从上面所谈的"发问质疑"来看,真要读有所得,非得下苦功夫不可。有些同学可能受到一些错误观点的误导,以为学习要"愉快",要"快乐",似乎学习就像课外游戏那样轻松。其实,没有这样的事。我并不反对"愉快""快乐",这是读书的最高境界,是求之不得的事。问题是,"愉快"也好,"快乐"也罢,往往是下了苦功之后才可得到的。读一篇文章,浮光掠影,粗知大概,轻松是轻松,但所得甚少。没有收获,真"愉快"、真"快乐"又从何谈起？毛泽东同志说："语言这东西,不是随便可以学好的,非下苦功不可。"这是真理。因此,我奉劝同学们扎扎实实地读文章,认认真真地读文章,下苦功夫钻研文章。这样做了,才有真快乐；有了真快乐,所谓的下苦功读书也就不为苦了。在默读中,有的同学看到满眼的生字词,就马马虎虎地跳过去,懒得用工具书一个一个地查实,这是不对的。有些文章,单知道其字面意义也能读通,但有的同学不满足,非穷本溯源

不可,这种钻研精神,值得学习。例如臧克家的《闻一多先生的说和做》中有这样一段文字:

> 那时候,他已经诗兴不作而研究志趣正浓。他正向古代典籍钻探,有如向地壳寻求宝藏。仰之弥高,越高,攀得越起劲;钻之弥坚,越坚,钻得越锲而不舍。他想吃尽、消化尽我们中华民族几千年来的文化史,炯炯目光,一直远射到有史以前。他要给我们衰微的民族开一剂救济的文化药方。……他从唐诗下手,目不窥园,足不下楼,兀兀穷年,沥尽心血。杜甫晚年,疏懒得"一月不梳头"。闻先生也总是头发凌乱,他是无暇及此的。饭,几乎忘记了吃,他贪的是精神食粮;夜间睡得很少,为了研究,他惜寸阴、分阴。深宵灯火是他的伴侣,因它大开光明之路,"漂白了的四壁"。

若扫视一番,大致的意思是可以理解的:闻一多先生治学刻苦。但疑问还多着呢!其一,"兀兀穷年"是什么意思?"兀"的音与义是什么?查工具书可以知道,兀,音 wù,兀兀,刻苦用功的样子;语出韩愈《进学解》"焚膏油以继晷,恒兀兀以穷年"。其二,"目不窥园",词义好懂,但只是一般的形容吗?一查检,才知用了典。《汉书·董仲舒传》中写董仲舒因专心致志学习,"三年不窥园"。文中以此形容闻一多先生,着意推崇其钻研文化宝藏精神的惊人。其三,杜甫晚年"一月不梳头"又是怎么回事呢?原来引的是杜甫自己的诗句——"百年浑得醉,一月不梳头"。杜甫奔波一生,难得在成都草堂有较安定的生活,故疏懒得一月不梳头。文中这一句在于反衬,突出闻一多先生孜孜矻矻、日夜不懈的精神。你想想看,把这些问题弄清楚,虽然要花点死功夫,要查好几本书,但是你的理解肯定要深透多了,再回头重读这一小段文字,就会觉得文简意丰,比喻、反衬、用典多么恰到好处啊!

上边说的是，文中有疑难，需要有刨根求源的意志力来解决。其实，真要锤炼默读能力，自己还应想点办法来"考验"自己。《明史》在介绍明末著名学者和文学家张溥小时候爱读书的情形时说：凡是所读的书，他一定要亲自抄录，抄完读一遍之后，烧掉，又再抄。像这样抄了就烧，烧了又抄，反复六七遍之后才停止。由于长期抄书，他右手握笔的地方，手指手掌都磨起了老茧。冬天，他手上皮肤冻裂了，就用热水温几次后再抄书。后来，他就把自己的书房取名为"七录斋"。我们今天读书，也许不必要采用这种办法，但张溥有意磨炼自己意志力的精神是值得学习的。

2. 默读的方法与技巧

上边跟你谈了默读要注入情感，做到披文入情；默读要心理亢奋，积极地发问质疑；默读要磨炼意志，防止贪图轻松，浮光掠影。下边再说说默读的方法与技巧。

（1）点画评注。这是最传统、最易行、也最实用的一种默读方法。运用此法默读，不仅能培养专心致志的读书习惯，还能培养分析理解能力。同时，每读一次都留下思考的印迹，便于以后重复温习，继续进行纵深思考。读文章不作圈画评点，就像雨点落入大海，难有所得。希望你养成这个好习惯。

先介绍几种"点画评注"的符号。一般地，读者以"○"（圈）标出文章叙说或描写的对象；以"·"（点）标出重点，好词，也可以标出疑难词语，同时加上注释；以"△"标出关联词语，以加深对复句句意的理解；以"＿＿＿"（直线）划出中心句，以便把握文章的中心思想；以"～～～"（浪线）或"ᴗᴗᴗ"（连圈）勾出警策句或精彩生动的句子。除了画上这些符号外，读者还可以加上三言两语的眉批，把自己的理解结果简要地记下来。当然，符号可由自己选定，但须划一；这种方法形式灵活，唯求达意，文字可俗可雅，不拘一格，但要求尽可能写得简短而切实。

下面,举一个实例,供同学们参考:

荷 塘 月 色

朱自清

① 点示内心,委婉有致。

这几天心里颇不宁静。①今晚在院子里坐着乘凉,忽然想起日日走过的荷塘,在这满月的光里,总该另有一番样子吧。月亮渐渐地升高了,墙外马路上孩子们的欢笑,已经听不见了;妻在屋里拍着闰儿,迷迷糊糊地哼着眠歌。我悄悄地披了大衫,带上门出去。②

② 写静,与文末相扣。

沿着荷塘,是一条曲折的小煤屑路。这是一条幽僻的路;③白天也少人走,夜晚更加寂寞。荷塘四面,长着许多树,蓊蓊郁郁④的。路的一旁,是些杨柳,和一些不知道名字的树。没有月光的晚上,这路上阴森森的,有些怕人。今晚却很好,虽然月光也还是淡淡的。⑤⑥

③ "路"的特点。
④ "树"的特点。

⑤ "月光"的特点。
⑥ 突出朦胧与清静。

路上只我一个人,背着手踱着。这一片天地好像是我的;我也像超出了平常的自己,到了另一世界里。我爱热闹,也爱冷静;爱群居,也爱独处。像今晚上,一个人在这苍茫的月下,什么都可以想,什么都可以不想,便觉是个自由的人。⑦白天里一定要做的事,一定要说的话,现在都可不理。这是独处的妙处,我且受用这无边的荷香月色好了。⑧

⑦ 内心感受,回答"独处的妙处"。
⑧ 点题,也带出下文。

曲曲折折的荷塘上面,弥望的是田田的叶

子。叶子出水很高,像亭亭的舞女的裙。层层的叶子中间,零星地点缀着些白花,有袅娜地开着的,有羞涩地打着朵儿的;正如一粒粒的明珠,又如碧天里的星星,又如刚出浴的美人。⑨微风过处,送来缕缕清香,仿佛远处高楼上渺茫的歌声似的。⑩这时候叶子与花也有一丝的颤动,像闪电般,霎时传过荷塘的那边去了。⑪叶子本是肩并肩密密地挨着,这便宛然有了一道凝碧的波痕。叶子底下是脉脉的流水,遮住了,不能见一些颜色;而叶子却更见风致了。⑫

　　月光如流水一般,静静地泻在这一片叶子和花上。薄薄的青雾浮起在荷塘里。叶子和花仿佛在牛乳中洗过一样;又像笼着轻纱的梦。⑬虽然是满月,天上却有一层层淡淡的云,所以不能朗照;但我以为这恰是到了好处——酣眠固不可少,小睡也别有风味的。月光是隔了树照过来的,高处丛生的灌木,落下参差的斑驳的黑影,峭楞楞如鬼一般;弯弯的杨柳的稀疏的倩影,却又像是画在荷叶上。塘中的月色并不均匀;但光与影有着和谐的旋律,如梵婀玲上奏着的名曲。⑭

　　荷塘的四面,远远近近,高高低低都是树,而杨柳最多。这些树将一片荷塘重重围住;只在小路一旁,漏着几段空隙,像是特为月光留下的。树色一例是阴阴的,乍看像一团烟雾;

⑨ 连用比喻,写形、态、色、感。

⑩ 移觉。

⑪ 动态之美。

⑫ 叶、水相依,更见风致。

⑬ 泻,浮,洗,笼,妙。

⑭ 树影、月色,和谐之美。

⑮ 写树,突出形态;写远山,突出形态。"阴阴""大意",抓住了特点。

⑯ 表露心情。

但杨柳的丰姿,便在烟雾里也辨得出。树梢上隐隐约约的是一带远山,只有些大意罢了。⑮ 树缝里也漏着一两点路灯光,没精打采的,是渴睡人的眼。这时候最热闹的,要数树上的蝉声与水里的蛙声;<u>但热闹是它们的,我什么也没有</u>。⑯

忽然想起采莲的事情来了。采莲是江南的旧俗,似乎很早就有,而六朝时为盛;从诗歌里可以约略知道。采莲的是少年的女子,她们是荡着小船,唱着艳歌去的。采莲的人不用说很多,还有看采莲的人。那是一个热闹的季节,也是一个风流的季节。梁元帝《采莲赋》里说得好:

于是妖童媛女,荡舟心许;鹢首徐回,兼传羽杯;櫂将移而藻挂,船欲动而萍开。尔其纤腰束素,迁延顾步;夏始春余,叶嫩花初,恐沾裳而浅笑,畏倾船而敛裾。

可见当时嬉游的光景了。这真是有趣的事,可惜我们现在早已无福消受了。于是又记起《西洲曲》里的句子:

采莲南塘秋,莲花过人头;低头弄莲子,莲子清如水。

今晚若有采莲人,这儿的莲花也算得"过人头"了;只不见一些流水的影子,是不行的。<u>这令我到底惦着江南了</u>。——这样想着,猛一抬头,不觉已是自己的门前;轻轻地推门进去,

什么声息也没有,妻已熟睡好久了。⑰　　⑰ 与开头扣合,巧妙自
　　　　(1927年7月,北京清华园)　　　然,令人回味。

　　(2)抽换比较。在默读中,看到一些词句,似乎觉得有独特的表达作用,但又一时讲不明、析不透;此时,不妨选一些词句来替代,在比较中,你的理解可能就具体了,词句之妙也就看得更清楚了。例如魏巍《谁是最可爱的人》中的一段文字:

　　在汉江南岸阻击敌人的日子里,有一天他从阵地上下来做饭。刚一进村,有几架敌机袭过来,打了一阵机关炮,接着就扔下了两个大燃烧弹。有几间房子着了火,火又盛,烟又大,使人不敢到跟前去。这时候,他听见烟火里有一个小孩子哇哇哭叫的声音。他马上穿过浓烟到近处一看,一个朝鲜的中年男人在院子里倒着,小孩子的哭声还在屋里。他走到屋门口,屋门口的火苗呼呼的,已经进不去人,门窗的纸已经烧着。小孩子的哭声随着那滚滚的浓烟传出来,听得真真切切。当他叙述到这里的时候,他说:"我能够不进去吗?我不能!我想,要在祖国遇见这种情形,我能够进去,那么,在朝鲜我就可以不进去吗?朝鲜人民和我们祖国的人民不是一样的吗?我就踹开门,扑了进去。呀!满屋子灰洞洞的烟,只能听见小孩哭,看不见人。我的眼也睁不开,脸烫得像刀割一般。我也不知道自己的身上着了火没有,我也不管它了,只是在地上乱摸。先摸着一个大人,拉了拉没拉动;又向大人的身后摸,才摸着小孩的腿,我就一把抓着抱起来,跳出门去。我一看小孩子,是挺好的一个小孩儿啊。他穿着小短褂儿,光着两条小腿儿,小腿儿乱蹬着,哇哇地哭。"

　　阅读时,可能注意的是事情的过程。因为文字非常浅明,用不着费心思

考。加△号的词再普通不过了,值得赏鉴吗?不妨与下面改换的词句比较一下:

A. 一个朝鲜的中年男人在院子里躺着

B. 我就推开门

C. 只是在地上乱抓

D. 跑出门去

一比较,"倒""踹""摸""跳"这些动词的妙处就看出来了。"躺"是横卧的意思,一般指生命仍在的人的睡姿;"倒"本来是写无生命的物件伏下的样子,这里用来写人的状态,无疑交代了这个人已没有生命气息了,用得非常准确。"踹"比"推"的力量大,指用脚使劲踢开,显然,这个动作更能表现志愿军战士非常焦急的心理和奋不顾身的行为。"抓"是抓取的意思,"摸"是摸寻的意思,用"抓"似乎也可,但联系当时的情境看,"摸"更形象,也更准确。当时的情况是"满屋子灰洞洞的烟,只能听见小孩哭,看不见人",用"摸"更准确地写出了志愿军战士四下寻人的行动特征。"跑"指步伐很快地行走的样子,也能写出救人之心的急切。但"跳"不仅表明心情急切,同时也写出志愿军战士行动的敏捷,因此显得更为传神。

不光是词句可以抽换比较,有些文章的句序也可以作出新的调整加以比较,包括把一些起粘连作用的句子拿掉,看看拿掉与否有何不同。比如读一些很普通的说明文,你也许觉得这类文章语言组织很平常;倘若抽换比较一番,也许看法就不一样了。例如下面一段被抽掉了一些句子的文字:

到了清末维新变法后,兴起了近代思想启蒙运动,不仅学西方,也学日本,新式的藏书楼纷纷设立,面向社会的公共图书馆事业得到发展。全世界每年出版期刊约 10 万种,论文约 430 万篇,图书约 70 万种,这样大的信息量,没有科学的方法管理和检索是不能利用的。目前图书馆还把视听资料列为收藏的对象。视听资料是通过声频、像频等手段,直接记录图像、文字和声音的文献资料。读者通过视觉、听觉获得所记录的信息,主要有唱片、幻灯、录音带、录像带、影片、缩微胶卷、胶片、磁带、光盘等,有的馆还利用了计算机检索。

读起来,意思也能明白,但总觉得句子之间不那么顺畅。如果与下段文字比较一番呢?

　　到了清末维新变法后,兴起了近代思想启蒙运动,不仅学西方,也<u>学日本</u>,新式的藏书楼纷纷设立,面向社会的公共图书馆事业得到发展。图书馆一词就是那时日本人译过来的。① <u>近几十年来,科技信息量急剧增加,科技知识每五年增长一倍</u>。② 全世界每年出版期刊约 10 万种,论文约 430 万篇,图书约 70 万种,这样大的信息量,没有科学的方法管理和检索是不能利用的。<u>因此,图书馆势必朝着现代化的方向发展</u>。③ 目前图书馆还把视听资料列为收藏的对象。视听资料是通过声频、像频等手段,直接记录图像、文字和声音的文献资料。读者通过视觉、听觉获得所记录的信息,主要有唱片、幻灯、录音带、录像带、影片、缩微胶卷、胶片、磁带、光盘等,有的馆还利用了计算机检索。

有了句①,"也学日本"就有了实证,有了这个补充句,意思就更完整了。句②起上下粘连与转换的作用,前边说的是"公共图书馆"事业得到发展,后边说的是科技信息量很大,中间嵌上这一句,文气就畅通,内容就圆合了。句③起过渡作用,既说明科技信息量大是图书馆事业必须发展的原因,又说明了图书馆事业的发展方向是"现代化",后边所介绍的内容都是印证"现代化"的。总之,三句话成了一条线索,把三方面内容有机地串联了起来,既体现了全段内容的层次感,又使文脉畅通一气,显得完整谨严。

(3)心诵默记。默读是用得最多的一种读书形式,虽然有些默读属于随意浏览,比如在新华书店的书架前随意翻读一本小说等。但更多的默读就是精读,比如在课堂上默读课文,在自家的书房里欣赏名家名作等。默读,有时是研究性的,比如发问质疑、圈点评注等;有时则是记忆性的,这就叫作"默而识之"。在名家名作中,有许多精彩词句、绝妙章节是值得识记的。记住它们,一则是为了吸纳精神养料和语言范例,二则也是为了更深刻地理解。善于读书的人都有这样的经验与体会:一篇好文章或好文章中的某些段落,不一定在阅读的初期就求得深入透彻的理解,往往是先记住了再说。通过记忆,储存在大脑仓库中,说不定某日某时受到某种启发,就无师自通,豁然开朗了。当然,在默读过程中的"心诵默记"是多种多样的,除了一字不落地照着原文背诵外,还有如下两种。

一是在心里朗读。默读是不出声的,主要是通过眼睛扫描视线来"搜索"语言材料中的关键性语言信息。但是,口虽不发声,心却要发声。什么叫"心"在发声呢?所谓"心"发声并不是说"心"里还有什么发声器官在起作用,而是"心"在"读"主要语言信息。比如,当你眼睛注视着"这几天心里颇不宁静"这句话的时候,"心里""不宁静"这几个关键词的读音也同时在你"心"中响起。这是一种心口合一的阅读活动;"口"未言,"心"有"声",表明你读得细、抓得准,并且对一些重点词句产生了注意。因此说,"在心里朗读"的过程往往就是在心里捕捉重点语言信息的过程,这对你在默读中加深理解是很有帮助的。比如朱德《母亲的回忆》中的一段文字:

<u>母亲这样地整日劳碌着</u>。我到四五岁时就很自然地在旁边帮她的

忙,到八九岁时就不但能挑能背,还会种地了。记得那时我从私塾回家,常见母亲在灶上汗流满面地烧饭,我就悄悄把书一放,挑水或放牛去了。有的季节里,我上午读书,下午种地;一到农忙,便整日在地里跟着母亲劳动。这个时期母亲教给我许多生产知识。

佃户家庭的生活自然是艰苦的,可是由于母亲的聪明能干,也勉强过得下去。我们用桐子榨油来点灯,吃的是豌豆饭、菜饭、红薯饭、杂粮饭,把菜籽榨出的油放在饭里做调料。这类地主富人家看也不看的饭食,母亲却能做得使一家人吃起来有滋味。赶上丰年,才能缝上一些新衣服,衣服也是自己生产出来的。母亲亲手纺出线,请人织成布,染了颜色,我们叫它"家织布",有铜钱那样厚。一套衣服老大穿过了,老二老三接着穿还穿不烂。

如果让你放声朗读,画直线的句子一定是在朗读时加以强调的地方。现在不要你朗读,而是默读,虽然口不出声,但你"心里"依然会"强调"这些句子。"在心里朗读"是一种默读感觉,这种感觉是有滋有味的,如鱼饮水,冷暖自知。

二是默记大致的意思。读一篇文章,实际上就是在记一篇文章的意思,但过目不忘者极少;再则,有时读有的文章,也无须全记所有的内容。更多的情况是把文章的大致意思记下就可以了。有两种记忆情况:一是记住重点内容,等同于背下重点词句;二是泛记内容梗概,等同于用自己的话复述所读的内容。试举两例说明,先看鲁迅先生《藤野先生》中的一例:

东京也无非是这样。上野的樱花烂漫的时节,望去确也像绯红的轻云,但花下也缺不了成群结队的"清国留学生"的速成班,头顶上盘着大辫子,顶得学生制帽的顶上高高耸起,形成一座富士山。也有解散辫子,盘得平的,除下帽来,油光可鉴,宛如小姑娘的发髻一般,还要将脖子扭几扭。实在标致极了。

中国留学生会馆的门房里有几本书买,有时还值得去一转;倘在上午,里面的几间洋房里倒也还可以坐坐的。但到傍晚,有一间的地板便常不免要咚咚咚地响得震天,兼以满房烟尘斗乱;问问精通时事的人,答道,"那是在学跳舞。"

到别的地方去看看,如何呢?

读完这段文字,记不住全段内容,但有两处描写,也许你掩卷之后能脱口而出:一是"高高耸起,形成一座富士山";二是"还要将脖子扭几扭。实在标致极了"。为什么会记住这两句话呢?可能在你的记忆仓库里,这样的描写句例还没有,你有新鲜感,于是很快就记住了;也可能伴随理解,你觉得这两句描写刻画了"清国留学生"的丑态,生动传神,讽刺辛辣,给你的印象很深,于是你很快就记住了。用不着多举例,我想这种阅读感受,你是熟知的。我只是想提醒你,这种默读中的自觉记忆,是一种很好的习惯。让所读文字某一处亮光闪现在头脑中,实际上是给自己的记忆增加一种暗示,留下一个标记。过了很长一段时间,文章忘了,甚至连作者是谁也忘了,但这一处亮光难以从脑海中抹去。当与别人讨论的时候,或是写作需要举例的时候,它便迅即闪现于你的脑际,呼之欲出,跳上你的笔端。这自然是一种默读的收获。

还有一种是泛记梗概内容,如鲁迅先生《故乡》中的一例:

我们那时候不知道谈些什么,只记得闰土很高兴,说是上城之后,见了许多没有见过的东西。

第二日,我便要他捕鸟。他说:

"这不能。须大雪下了才好。我们沙地上,下了雪,我扫出一块空地来,用短棒支起一个大竹匾,撒下秕谷,看鸟雀来吃时,我远远地将缚在棒上的绳子只一拉,那鸟雀就罩在竹匾下了。什么都有:稻鸡,角鸡,鹁鸪,蓝背……"

我于是又很盼望下雪。

闰土又对我说:

"现在太冷,你夏天到我们这里来。我们日里到海边检贝壳去,红的绿的都有,鬼见怕也有,观音手也有。晚上我和爹管西瓜去,你也去。"

"管贼么?"

"不是。走路的人口渴了摘一个瓜吃,我们这里是不算偷的。要管的是獾猪,刺猬,猹。月亮地下,你听,啦啦的响了,猹在咬瓜了。你便捏了胡叉,轻轻地走去……"

我那时并不知道这所谓猹的是怎么一件东西——便是现在也没有知道——只是无端的觉得状如小狗而很凶猛。

"他不咬人么?"

"有胡叉呢。走到了,看见猹了,你便刺。这畜生很伶俐,倒向你奔来,反从胯下窜了。他的皮毛是油一般的滑……"

我素不知道天下有这许多新鲜事:海边有如许五色的贝壳;西瓜有这样危险的经历,我先前单知道他在水果店里出卖罢了。

"我们沙地里,潮汛要来的时候,就有许多跳鱼儿只是跳,都有青蛙似的两个脚……"

阿!闰土的心里有无穷无尽的希奇的事,都是我往常的朋友所不知道的。他们不知道一些事,闰土在海边时,他们都和我一样只看见院子里高墙上的四角的天空。

读后,你可能记下的是这样的内容:

闰土说如何捕鸟,在下雪天用一些工具来捕捉,听了我就盼望下雪。闰土又说了管西瓜的事,很有趣,特别是捏了胡叉刺猹这个东西,刺不着,猹反而从胯下窜了,他还说青蛙,不,说跳鱼儿只是跳,有青蛙似的两只脚。真是稀奇的事,都是我往常的朋友所不知道的。……

这也是一种默记,虽然是模糊的,不够具体,但毕竟记住了大致的内容,并且用自己的话作了"翻版"。这种默记对自己读书作文也很有作用。从读上讲,由于头脑中留下了这道痕迹,以后回忆起来就方便多了。从写上讲,既可以作为写作材料,又可以在分析时用作实例。即便是要完整引用,查阅起来也就方便了。我们要读很多文章,哪能篇篇都记得牢靠呢?除了有意背诵外,恐怕大多数文章都是靠这种默记方法来记忆的。

(4) 借用资料。默读一篇文章,是免不了要拿一些资料来帮助自己理解的。或是遇到不认识的字,要查字典;或是对照注释来理解词义或背景内容;有时候,还要翻查一些评论文字,帮助自己欣赏。这些都是默读应有的习惯。遇有生字查字典,这里就不说了,单说说借用"注释"默读和借用其他评论文章默读。

怎样借用"注释"默读?举毛泽东同志《中国人民寻求救国真理的道路》这个例子,如:

我们党走过二十八年了,大家知道,不是和平地走过的,而是在困难的环境中走过的,我们要和国内外党内外的敌人作战。谢谢马克思、恩格斯、列宁和斯大林,他们给了我们以武器。这武器不是机关枪,而是马克思列宁主义。

列宁在1920年在《共产主义运动中的"左派"幼稚病》一书中,描写过俄国人寻找革命理论的经过①。俄国人曾经在几十个年头内,经历艰难困苦,方才找到了马克思主义。中国有许多事情和十月革命以前的俄国相同,或者近似。封建主义的压迫,这是相同的。经济和文化落后,这是近似的。两个国家都落后,中国则更落后。

被注的"经过",在词义上很好理解,可以不注;然而编者却注了一大段文字,为什么?这是因为作者说"列宁在1920年在《共产主义运动中的'左派'幼稚病》一书中,描写过俄国人寻找革命理论的经过",这句话是依据听话者或读者的认识条件的,也就是说,只要点到"经过",作者心目中的读者就知道是怎么回事,所以,作者点到即止,不再详细介绍。作者心目中的"读者"是有所专指的,即对革命理论或对列宁的这篇文章有所了解的人。而作为一般中学生,没有读过列宁的这篇文章,自然也就不知道"经过"是怎么回事了。所以,编者特为加注。再一点,就理解这篇文章而言,是否知道"经过"是怎么回事,关系不大,跳过去,单看"俄国人曾经在几十个年头内,经历艰难困苦,方才找到了马克思主义"这一句,也就可以了。但为了使读者在理解上更具体、更深透一些,编者还是加注了。明确了编者加注的意图,读一读注释,了解大致内容就算了,行吗? 还不行。还要结合全文的中心观点来读"注释"。作者的观点是寻求革命真理是艰难的,据此,我们再读"注释"就会发现,所注的内容也正好可以作为一条论证观点的事实论据。由此,我们对"艰难

---

① 见《共产主义运动中的"左派"幼稚病》第二章。列宁说:"在上一世纪40年代至90年代这大约半个世纪期间,俄国进步的思想界,处在空前野蛮和反动的沙皇制度的压迫之下,曾如饥似渴地寻求正确的革命理论,孜孜不倦地、密切地注视着欧美在这方面的每一种'最新成就'。俄国在半个世纪期间真正经历了闻所未闻的痛苦和牺牲,以空前未有的革命的英勇气概、难以置信的毅力和舍身忘我的精神,从事寻求、学习和实验,它经过失望,经过检验,参照欧洲经验,终于找到了马克思主义这个唯一正确的革命理论。"(《列宁选集》第4卷,人民出版社1972年版,第182页)

困苦"这个断语的理解就具体透彻了。这个例子告诉我们,不能孤立地来读"注释",要把"注释"的内容纳入到全文中,使之成为所读文章的一部分,这样,"注释"对我们的帮助就大了。

有些文章的"注释"对我们理解文章内容有很大作用,如:

阿 Q 正 传①

鲁 迅

宣统三年九月十四日——即阿 Q 将搭连卖给赵白眼的这一天——三更四点,有一只大乌篷船到了赵府上的河埠头。这船从黑魆魆中荡来,乡下人睡得熟,都没有知道;出去时将近黎明,却很有几个看见的了。据探头探脑的调查来的结果,知道那竟是举人老爷的船!

那船便将大不安载给了未庄,不到正午,全村的人心就很摇动。船的使命,赵家本来是很秘密的,但茶坊酒肆里却都说,革命党要进城,举人老爷到我们乡下来逃难了。惟有邹七嫂不以为然,说那不过是几口破衣箱,举人老爷想来寄存的,却已被赵太爷回复转去。其实举人老爷和赵秀才素不相能,在理本不能有"共患难"的情谊,况且邹七嫂又和赵家是邻居,见闻较为切近,所以大概该是伊对的。……

这条"注释①"有三部分内容,一是说明本文的出处,二是说明所选的文字属于《阿 Q 正传》哪些部分,三是阐述了《阿 Q 正传》的主题思想。显然,关于主题的这部分内容对于我们正确理解所选文字的内容是极有

---

① 节选自《呐喊》的《阿 Q 正传》。这是其中的第七章《革命》的部分内容。《阿 Q 正传》这篇小说反映了辛亥革命前后农村中的阶级压迫和阶级斗争,描写了封建势力在革命前残酷剥削、压迫农民,在革命到来后又利用资产阶级"咸与维新"的错误主张,混进"革命党",镇压革命等情景,它通过尚未觉悟的贫苦农民阿 Q 要投向革命,却不准他革命,最终被挂着革命党牌子的"长衫人物"送上刑场的悲剧,深刻地揭露了封建势力凶残、狡猾的反动本质,批判了资产阶级领导的旧民主主义革命的妥协性和不彻底性。

提示作用的。借用这条注释,可以使我们确定阅读的思路:根据注释,阅读全文;在了解全文内容的基础上又回过头来读注释。读文读注,相互结合,无疑会大大减轻我们的阅读难度。

再来说说借用评论性资料来默读。

一般来说,读一篇文章,一路顺风,不用别的评论文章来参考,也能正确理解所读文章的思想内容及艺术特色。但有的同学多一个心眼儿,他不满足,心里想:"我是这样理解的,别人又是如何理解的呢?"于是,他想方设法找一些别人的评论文字加以研究,把自己的所得和别人的所得对照起来。显然,这也是一个默读的好习惯。有砥砺,就有长进,有比照,就有收获。比如读《孔乙己》,对小说的人物形象、艺术特点有了理解,可以放下了。如果翻捡杂志,找点研究资料,在理解深度上就可能更深一层。有一则小资料是这样说的:

> 小说通过孔乙己肉体与内心的痛苦同众人以此取笑逗乐的对比描写,揭示封建社会人际关系的冷漠。小说为我们展示了这样一个冷漠的现实,孔乙己的痛苦就是众人的快乐。孔乙己脸上"又添上新伤疤了"是"所有喝酒人"取笑他的笑料,甚至孔乙己被丁举人打断了腿也"同平常一样"被众人说笑,被掌柜取笑,就是"恳求"也无济于事。孔乙己肉体上的痛苦"使人快活",精神的痛苦更"使人快活",旁人取笑他"连半个秀才也捞不到",尽管孔乙己"显出颓唐不安的样子,脸上笼上了一层灰色",灵魂深处的疮疤已被深深地刺痛,"众人"却仍"哄笑"着,"店内外充满了快活的空气"。

这个分析是有道理的,对我们理解小说的表达艺术有启迪作用。如果你由此再钻研一番,也许能看到更多的对比妙处,如小说通过对孔乙己"第一次"与"最后一次"的外貌、动作、语言、神态的对比描写,凸显了孔乙己的性格特征与不幸遭遇；小说通过科举考试的失败者与获胜者的对比，揭露科举制度的罪恶，失败者是孔乙己，获胜者是丁举人；丁举人毒打孔乙己，正说明科举制度造就了两种读书人，少数爬上去的，成为残酷的统治者、压迫者，多数爬不上去的，成为悲惨的牺牲品。

当然，借用资料读文章要有所选择。有些资料并不准确，甚至漏洞百出，讹误很多，要特别注意，不妨在老师指导下借用资料。

把无声的文字变成有声的语言
——朗读声情并茂

当你读到一篇绝妙精品时,当你在默读中被某一段文字强烈感染时,当你在平日的休息中,感到有一种情绪要借助某些诗文来表达时,你总会情不自禁地朗读!

如果单从了解知识、获取信息上看,默读就可以了,为什么要朗读呢?

可见,朗读的主要目的不在于了解知识、获取信息(当然,在朗读过程中肯定是要了解知识、获取信息的),而在于抒发情感、唤醒心灵、强化感悟,甚至是对原作进行再创造。

与默读相比,朗读是一种特殊的阅读形式,不动情,不朗读,没有情,不朗读。只有在激情的驱使下,有不"读"不快之感时,朗读才显得那么扣人心扉,牵动情肠;又由于有了这样一种朗读,所读的文章似乎也焕发了生机,展现出新的动人风采!

朗读必须声情并茂。

在这里,我想跟你谈谈朗读的几个主要问题。

一、对朗读的基本认识

什么叫朗读?朗读是书面语言的有声化,是化无声的文字为有声语言的阅读活动,并且是一种眼、口、耳、脑并用的创造性的阅读活动。

它有三个特点：一是声音性。朗读是有声语言的一种，声音性使它与书面语言相区别，但是又有联系，即以书面语为朗读依据。二是规范性。朗读必须使用规范的语音——北京语音；当然也要使用规范的词汇——北方方言为基础方言；同时要符合语法规范——典范的现代白话文著作的语法。三是创造性。虽然作品是朗读的依据，但朗读本身又是一种创造，像语气、语调、顿挫、轻重、缓急等口语特点，书面语很难全都表达出来，因此，需要朗读来补充。再一点，作品所描述的情景，由于朗读者参与，通过有情感的有声语言来表达，往往显得更生动，更有感染力。

二、朗读的基本要求

随便拿一篇文章，发出声音读，这不能叫朗读，至少不能达到声情并茂的朗读效果。因此，朗读前必须做好一些准备工作。

1. 全面把握文章内容

通过默读，对全文的材料、结构、主旨等应有准确的理解，这是朗读能够表情达意的前提。

首先要了解作品写了哪些内容。特别是一些篇幅长的文章，朗读前要了解重点内容是什么，次要内容是什么。比如读翦伯赞的《内蒙访古》，首先从整体上来把握全文：作者把游览的所见所闻与对见闻的认识和评论融合在一起，既描写自然风光、古迹人物，又追寻历史、评价史实与人物，取材广阔，重点突出。再从两部分的重点来看：第一部分以古长城为中心，作者从"崎岖的山路"写到"广阔的原野"，从阴山北麓写到阴山南麓，从南麓的沃野写到民族之间的争占，从民族关系上的风浪引出一段古长城遗址，从赵长城遗址联想到赵武灵王的英雄业绩。第二部分以大青山下的汉代古城为中心，从古城堡分布的地理位置推断出汉王朝在阴山一带的战略部署，突出了古城堡的军事作用；从出土文物推断出民族之间的文化交流,指出古城堡有经济文化交流的作用,在考察昭君墓时,更突出汉蒙人民的传统友谊。

其次要了解作者是怎样表达有关内容的。仍以《内蒙访古》为例,上述内容主要是运用叙议结合——在叙述时引用,在叙述中议论,表明看法,得出结论——的方法来表达的。如"一段最古的长城"一段,先讲了赵武灵王为什么和在什么地方筑起了一条长城,接着引用《史记·匈奴传》上的有关记载,并考察了目前遗留下的一段古长城遗址的地理位置,最后得出结论:"这段古长城正是赵长城遗址。"再如"在大青山下"一段中,引用《史记·匈奴传》《括地志》等文献资料加以说明,并得出结论:"由此看来,当汉武帝时汉王朝在阴山以北筑了很多城堡,几乎是步步为营,把它的势力远远地推到阴山以北的地方。"将文献和考古资料穿插在叙述和议论之中,做到实事求是,言必有据,这样就更有力地表明了作者的看法。

全面把握文章内容还有其他一些要求,如文章的结构形式对表达内容的作用,语言特点与内容表达的关系,等等。总之是为了达到一个目的:读懂全文。对文章写了什么,没有搞清楚;对文章内容的核心意义,没有准确的认识,朗读是不可能获得成功的。因此说,"识文"是朗读的第一关。

2. 深入体会文章的思想情感

真正体会了作品深邃的情感,就可以用声音语气加以准确的表达。要是朗读者自己没有什么感受,硬要用矫揉造作的腔调去读,则必然要破坏原文的感染效果。比如闻一多先生《最后一次讲演》中的文字:

这几天,大家晓得,在昆明出现了历史上最卑劣、最无耻的事情!李先生究竟犯了什么罪,竟遭此毒手?他只不过用笔写写文章,用嘴说说话,而他所写的,所说的,都无非是一个没有失掉良心的中国人的话!

大家都有一支笔,有一张嘴,有什么理由拿出来讲啊! 有事实拿出来说啊!(闻先生声音激动了)为什么要打要杀,而且又不敢光明正大的来打来杀,而偷偷摸摸的来暗杀!(鼓掌)这成什么话?(鼓掌)

今天,这里有没有特务?你站出来!是好汉的站出来!你出来讲!凭什么要杀死李先生?(厉声,热烈的鼓掌)杀死了人,又不敢承认,还要诬蔑人,说什么"桃色事件",说什么共产党杀共产党,无耻啊! 无耻啊!(热烈的鼓掌)这是某集团的无耻,恰是李先生的光荣!李先生在昆明被暗杀是李先生留给昆明的光荣!也是昆明人的光荣!(鼓掌)

这个文段的感情基调是悲愤,语气自然是慷慨激越的,但画线处四个"啊"字不容易把握。前两个"啊",如果用感叹语气来读,不妥;后两个"啊",如果拉长了语调,也不妥。这要体会闻一多先生演讲时的感情。"有什么理由拿出来讲啊! 有事实拿出来说啊!"不在感叹,而在质问,表达了作者对反动派无理无据随意杀人的丑恶行径的强烈谴责。"无耻啊",强调点是"无耻",附着"啊",语气更强。如果读成"无耻啊——",让语气词"啊"的声音拖长,变得舒缓,便破坏了感情基调,须知这与读"这里的水真美啊"的"啊"是不同的。

怎样体会作品的思想感情呢?

一是要了解作品的感情基调。比如读鲁迅先生《孔乙己》中的一段文字:

掌柜仍然同平常一样,笑着对他说,"孔乙己,你又偷了东西了!"① 但他这回却不十分分辨,单说了一句"不要取笑!""取笑?要是不偷,怎么会打断腿?"孔乙己低声说道,"跌断,跌,跌……"他的眼色,很像恳求掌柜,不要再提。② 此时已经聚集了几个人,便和掌柜都笑了。③ 我温了酒,端出去,放在门槛上。他从破衣袋里摸出四文大钱,放在我手里,见他满手是泥,原来他便用这手走来的。不一会,他喝完酒,便又在旁人的说笑声中,④ 坐着用这手慢慢走去了。

整个作品的感情基调是悲哀的,尽管作品中写了不少令人发笑的情节,但这都是含泪的笑,因此,朗读时必然是以悲哀、低沉的语气为主,如果读得兴奋而又高亢就错了。当然也要根据文中人物的思想与身份来判断。比如①句,说话者是"掌柜",对孔乙己是无情无义的,朗读时,自然要用"掌柜"的语气,把"你又偷了东西了"加以重读,以体现"掌柜"对孔乙己的嘲弄态度。而②③④句,看起来是客观叙述,但融入了"我"的感情,没有嘲弄、鄙视的意味,因此读起来要低沉、舒缓,以表达"我"对孔乙己的同情与怜悯的感情。试想,如果不能把握作品这样的基调,而是以读一般幽默喜剧的轻快、兴奋的腔调来朗读,自然就要误传作者的真实情感,破坏作品的悲剧气氛。

二是要摸清作品的感情线索。例如朱自清《荷塘月色》一文,开头一句"这几天心里颇不宁静"是全文感情线索的总起点,"我"对国家民族命运忧心忡忡而又苦于找不到出路,一个"颇"字便道出了心中难以排遣的苦闷与烦躁的程度。在第二部分,着意描绘荷塘月色。一段内心独白,又表明了"我"来到这一片"世外桃源",什么都可以想,什么都可以不想的一丝喜悦;接下来的具体描写,不仅勾起人无限的遐思与神往,而且又使我们感到,"我"在此时此地,整个身心都浸润在美的境界之中。随后笔锋一转,又写出苦闷。对于蝉和蛙的"热闹","我"喟然长叹:"我什么也没有。"蝉和蛙可以自由自在的歌唱,而人却没有这个自由,这一句可谓传神之笔,点破了全文着意构造的那种恬静朦胧,透出作者苦闷的心境。最后写对江南的思念,又添了一份新愁。尽管古远的江南幻境令人神往,但只不过是回味与凭吊而已,眼前仍然是"什也没有!"作者本来负载着许多愁绪"悄悄"出来,以求解脱,也得到了片刻的宁静与愉悦,但最后还是带着更沉重的愁闷又"轻轻"地回到现实之中。文章的感情真是一波三折,意味深长。把握了文章的感情线索与起伏变化,朗读时,什么时候轻快,什么时候凝重,什么时候高亢,什么时候低沉,也就好把握了。

三是要了解作品的感情强调点。在文章中,感情之波的掀扬是有节制、有节奏、有强调点的。有时,为了表达的需要,作者直抒胸臆。这些地方弄清楚了,朗读时也就能够准确地有针对性地加以体现。比如鲁迅先生《故乡》的结尾:

我在朦胧中,眼前展开一片海边碧绿的沙地来,上面深蓝的天空中挂着一轮金黄的圆月。我想:希望是本无所谓有,无所谓无的。这正如地上的路;其实地上本没有路,走的人多了,也便成了路。

这一段话是作者深邃感情与思想的最后点示与强调,表达了作者对新生活的一种期望之情。体会到这一点,朗读时就可以分出两个层次:"我想"之前的文字要读得舒缓,富有抒情性;之后的文字要读得坚定、响亮一些,把深邃的哲理之思抑扬顿挫地表达出来。

三、朗读训练的几个基本环节

怎样提高朗读能力?明确上述要求是一方面,还要注意基本环节的训练,即读音、停顿、速度、语调等。

1. 读音训练

第一条,要发标准音,做到吐字清晰,发音正确。这可以读一些拼音读物,也可以自己给作品注音,依正确的标音来朗读。如《汉语拼音小报》(1994年5月3日)上的一篇文章:

骆驼和老鼠

有一只骆驼离开主人,独自漫步在偏僻的小道上。长长的缰绳拖在地下,它却漫不经心地只管自己溜达着。这时,正好来了一只老鼠。它咬住缰绳的一头,牵着这只大骆驼就走。老鼠得意地想:"嘿,瞧我的力气多大啊!我能拉走一头大骆驼呢!"

一会儿,它们来到河边。大河拦住了去路,老鼠只好停了下来。

这时,骆驼开口了:"喂!请你继续往前走啊!"

"不行啊!"老鼠回答说,"水太深了。"

"那好吧,"骆驼说道,"让我来试试看。"骆驼到了河中心便站住了,它回头叫道:"你瞧,我没说错吧,水不过齐膝盖深呢。好啦,尽管放心下来吧!""是的。"老鼠答道,"不过,正如你所看到的,你的膝盖和我的膝盖之间可有一点小小的差别啊。劳驾,请你渡我过河去吧!"

"好,你总算认识到自己的不足了,"骆驼说,"你很傲慢,夜郎自大。要是你能保证今后谦虚一点,那我才肯渡你过河。"

老鼠不好意思地笑着答应了。就这样,它俩一起平平安安地到了对岸。

普通话说得不太好的同学,可字字注音;说得较好的同学,可选择咬不准的字注音。这一条依自己的普通话语音能力来定。

第二条,也是最重要的一条,即确定"重音"。"重音"符号(有的书上叫"重读")用重点号"."表示。如魏巍《谁是最可爱的人》中的一段话:

在朝鲜的每一天,我都被一些东西感动着;我的思想感情的潮水,在放纵奔流着;我想把一切东西都告诉给我祖国的朋友们。但我最急于告诉你们的,是我思想感情的一段重要经历,这就是:我越来越深刻地感觉到谁是我们最可爱的人!

为什么要这样确定重音呢?一是为了突出这些词句在文章中的地位和

作用;二是为了加强听者的印象,显示文章的感人力量;三是为了使朗读体现抑扬顿挫、起伏有致、强弱有别的节奏之美。

对于你来说,最想知道的问题是怎样确定重音;或者说,按照什么标准来确定重音。下边举几个例子作点提示。

一是在抒情的语段中,作者往往突出或强调某些词句,这些词句就应读重音。如魏巍《谁是最可爱的人》中的文字:

亲爱的朋友们,当你坐上早晨第一列电车驰向工厂的时候,当你扛上犁耙走向田野的时候,当你喝完一杯豆浆、提着书包走向学校的时候,当你坐到办公桌前开始这一天工作的时候,当你往孩子口里塞苹果的时候,当你和爱人一起散步的时候……朋友,你是否意识到你是在幸福之中呢?你也许很惊讶地说:"这是很平常的呀!"可是,从朝鲜归来的人,会知道你正生活在幸福中。请你意识到这是一种幸福吧,因为只有你意识到这一点,你才能更深刻了解我们的战士在朝鲜奋不顾身的原因。朋友!你是这么爱我们的祖国,爱我们的伟大领袖毛主席,你一定会深深地爱我们的战士,——他们确实是我们最可爱的人!

二是在描写形象时,作者所用的一些关键词句对突出形象特点发挥了很好的作用,因此,这些词句也应该读重音。例如鲁迅先生《祝福》中的一段文字:

况且,一想到昨天遇见祥林嫂的事,也就使我不能安住。那是下午,我到镇的东头访过一个朋友,走出来,就在河边遇见她;而且见她瞪着的眼睛的视线,就知道明明是向我走来的。我这回在鲁镇所见的人们中,改变之大,可以说无过于她的了:五年前的花白的头发,即今已经全白,全不像四十上下的人,脸上瘦削不堪,黄中带黑,而且消尽了先前悲哀的神色，仿佛是木刻似的；只有那眼珠间或一轮。还可以表示她是一个活物。她一手提着竹篮，内中一个破碗，空的；一手拄着一支比她更长的竹竿，下端开了裂：她分明已经纯乎是一个乞丐了。

三是在议论文中，直接表达思想观点的词句，也应该读重音。如巴甫洛夫《给青年的一封信》中的文字：

我对于我国献身科学的青年们的希望是什么呢？
首先，要循序渐进。我一谈到卓著有效的科学工作所应具备的这个最重要的条件，心情就不能不激动。循序渐进，循序渐进，再循序渐进。你们从一开始工作起，就要在积累知识方面养成严格的循序渐进的习惯。

四是在结构上，起过渡、转换作用的词句，由于它们给读者以提示，因此，一般也要读重音。例如魏巍《谁是最可爱的人》中的文字：

在朝鲜的每一天，我都被一些东西感动着；我的思想感情的潮水，在放纵奔流着；我想把一切东西都告诉给我祖国的朋友们。但我最急于告诉你们的，是我思想感情的一段重要经历，这就是：我越来越深刻地感觉到谁是我们最可爱的人！
谁是我们最可爱的人呢？我们的战士，我感到他们是最可爱的人。

五是对举(有时是对比)的词语也应读重音，如魏巍《谁是最可爱的人》中的文字：

也许还有人心里隐隐约约地说：你说的就是那些"兵"吗？他们看

来是很平凡、很简单的哩,既看不出他们有什么高深的知识,又看不出他们有什么丰富的感情。可是,我要说,这是由于他跟我们的战士接触太少,还没有了解我们的战士:他们的品质是那样的纯洁和高尚,他们的意志是那样的坚韧和刚强,他们的气质是那样的淳朴和谦逊,他们的胸怀是那样的美丽和宽广!

确定重音还不止于以上五个方面。基本原则是:根据感情表达的需要和作品内容的重点来确定。必须指出的是,读重音要和读其他词句相比较,稍稍加重读音;读重音,有时也不是要大声重重的读,比如杨朔《茶花赋》中的一句话:

今年二月,我从海外回来,一脚踏进昆明,心都醉了。

这个"醉"字,音量并不要读得很大;音低而又有力度,才可表达作者赞美、满足的心情。

2. 停顿训练

朗读中的停顿,也就是朗读时声音的间歇,它是语言节奏的表现。在传情达意的朗读中,正确停顿起很大作用。

停顿有两种情况。第一是语法停顿,它是与段落、标点符号相一致的。在时间上,段落应大于句号,句号应大于分号,分号应大于逗号,逗号应大于顿号。这是一般常识,如魏巍《谁是最可爱的人》中的文字:

让我还是来说一段故事吧。|

还是在二次战役的时候,|||有一支志愿军的部队向敌后猛插,|||去切断军隅里敌人的逃路。||当他们赶到书堂站时,|||逃敌也恰恰赶到那里,|||眼看就要从汽车路上开过去。||这支部队的先头连就匆匆

占领了汽车路边一个很低的光光的小山冈，|||阻住敌人。||一场壮烈的搏斗就开始了。||敌人为了逃命，|||用了32架飞机、10多辆坦克发起集团冲锋，|||向这个连的阵地汹涌卷来，|||整个山顶的土都被打翻了，|||汽油弹的火焰把这个阵地烧红了。||但是，|||勇士们在这烟与火的山冈上，|||高喊着口号，|||一次又一次把敌人打死在阵地前面。

"|"＞"||"＞"|||"……可作为语法停顿的符号。一般说，朗读时不用标出这样的符号，心中有数就可以了。

第二是强调停顿。这种停顿在处理时有一定难度，因为它与理解与感受有密切关系。你觉得为了表达情感、强调内容，在声音上应有所间歇，就停顿下来，这与标点符号没有关系。但是，这种强调停顿也应是有规律可循的，正如确定重音一样，你在确定停顿时要以文章内容及作者感情的实际情况为依据。

为了强调、突出对象，必须停顿。如茅盾《白杨礼赞》中的文字：

然而刹那间，要是你猛抬眼看见了前面远远的一排——不，或者只是三五株，一株，傲然地耸立，像哨兵似的树木的话，那你的恹恹欲睡的情绪又将如何？我那时是惊奇地叫了一声的。

<u>那就是白杨树</u>，西北极普通的一种树，然而实在是不平凡的一种树！

第1段是描写"一种树"并表达自己的感受，至于是什么树，没有明说。第2段直接交代，因此，在"那就是"与"白杨树"之间，应有一个明显的停顿，同时重读"白杨树"。这样，礼赞的对象就突出了。由于停顿，作了强调，听者的印象也就更深刻了。

为了强调某种感情，当读到重点词语时，也应有所停顿。比如鲁迅先生《记念刘和珍君》中的文字：

我没有亲见;听说,她,刘和珍君,那时是欣然前往的。自然,请愿而已,稍有人心者,谁也不会料到有这样的罗网。但竟在执政府前中弹了,从背部入,斜穿心肺,已是致命的创伤,只是没有便死。同去的张静淑君想去扶起她,中了四弹,其一是手枪,立仆;同去的杨德群君又想去扶起她,也被击,弹从左肩入,穿胸偏右出,也立仆。但她还能坐起来,一个兵在她头部及胸部猛击两棍,于是<u>死掉了</u>。

始终微笑的和蔼的刘和珍君确是<u>死掉了</u>,这是真的,有她自己的尸骸为证;沉勇而友爱的杨德群君也<u>死掉了</u>,有她自己的尸骸为证;只有一样沉勇而友爱的张静淑君还在医院里呻吟。当三个女子从容地转辗于文明人所发明的枪弹的攒射中的时候,这是怎样的一个惊心动魄的伟大呵!中国军人的屠戮妇婴的伟绩,八国联军的惩创学生的武功,不幸全被这几缕血痕抹杀了。

不说别的,单读文中三个"死掉了"就要在停顿上有所注意。前面两个"死掉了"写刘和珍惨遭毒手。从"我没有亲见"到"猛击两棍"止,语速可稍快<u>些</u>。读到"于是",有所停顿,并对"死掉了"轻声重读,一则表达作者无比哀痛的心情,一则也表达作者对刽子手的深切痛恨的感情。"死掉了"三个字,在停顿后轻声重读,便具有强烈的感染力。第二个"死掉了"的停顿稍短<u>些</u>,但也要读出来;第三个"死掉了"也作同样的处理。总之,要反复突出这三个字。

停顿与重读相并用,对一<u>些</u>重点词语的处理往往都是这样的。读一般的说明性文字,比如黄沐朋的《蛇岛》:

生存着蝮蛇的小小孤岛,世界上就此<u>一处</u>。① 这种经历千百万年而形成的生物学现象,具有重大的<u>科学价值</u>。② 蝮蛇③ 还是一种具有广泛药用价值的药物资源。明代医药学家李时珍在《本草纲目》中说,蝮蛇④能治"诸恶风、恶疮、瘰疬、皮肤顽癣、半身枯死、手足脏腑重疾"。现在,我国医学界研究用蝮蛇毒液治疗某些出血性疾病,效果很好;用蝮蛇粉、蝮蛇酒、蝮蛇蒸馏液治疗淋巴结核、肺结核、骨结核、风湿性关节炎、麻风病等,也有一定的疗效。另外,蝮蛇的热测位器⑤还可以用于军事科学研究。可见,蛇岛是我们祖国的一个宝岛。⑥

画线词语既要停顿,又要重读。①处在"世界上"后停顿,重读"就此一处";②处在"重大的"后略作停顿,重读"科学价值";③处在"蝮蛇"后略作停顿,重读"药物资源";④处在"蝮蛇"后略作停顿,重读"蝮蛇";⑤处"热测位器"既重读又停顿;⑥处在"祖国的"后停顿,重读"宝岛"。这样读,有两个作用:一是强调了说明内容;二是由于有了语气间歇,长句子主要内容的表达显得更加清晰。

在朗读中,为了表达情感和说清内容的需要,有些句子甚至要有两次以上的停顿。比如朱自清《背影》中的一段文字:

近几年来,父亲和我都是东奔西走,家中光景是一日不如一日。①他少年出外谋生,独立支持,做了许多大事。哪知老境却如此颓唐!他触目伤怀,自然情不能自已。情郁于中,自然要发之于外;家庭琐屑便往往触他之怒。他待我渐渐不同往日。但最近两年的不见,他终于忘却我的不好,只是惦记着我,惦记着我的儿子。我北来后,他写了一信给我,信中说道:"我身体平安,惟膀子疼痛厉害,举箸提笔,诸多不便,大约大去之期不远矣。"②我读到此处,在晶莹的泪光中,又看见那肥胖的、青布棉袍黑布马褂的背影。③唉!我不知何时再能与他相见!④

句①,读"父亲和我"与"都是"之后都应有略微停顿,然后重读"东奔西走";读"家中光景"与"一日"后也要有略微停顿,然后重读"不如一日"。句②,读"大约"后略作停顿,读"大去之期"略作停顿后重读"不远矣"。句③,读"青布棉袍"后略停顿,读"黑布马褂的"有较大停顿,然后重读"背影"。句④,读"何时"与"再能与他"均略作停顿,并重读"相见"。

3. 速度训练

在朗读中,必须控制好速度。或快或慢,或缓或急,都要处理得适当、妥帖。把握速度,是表情达意的需要;把握速度,由文章内容来决定。

怎样把握速度呢?请掌握以下要领。

一是感情奔放、言辞急切的作品或语段宜快读。比如高尔基《海燕》中的文字:

在苍茫的大海上,狂风卷集着乌云。在乌云和大海之间,海燕像黑色的闪电,在高傲地飞翔。

一会儿翅膀碰着波浪,一会儿箭一般地直冲向乌云,它叫喊着,——就在这鸟儿勇敢的叫喊声里,乌云听到了欢乐。

在这叫喊声里——充满着对暴风雨的渴望!在这叫喊声里,乌云听出了愤怒的力量、热情的火焰和胜利的信心。

这段文字,既描写了海燕灵巧而又强劲的迎风搏斗的矫健之姿,也表达了作者礼赞海燕、歌颂顽强斗争精神的思想感情,言辞急切,感情奔放,非快读不能表达这种斗争情境和作品的感情。

二是描写快速的动作或紧张场面的文字宜快读。例如《为了六十一个阶级弟兄》中的文字:

……为了挽救六十一位同志的生命,在这重要的时刻,就是冒天大的危险,他们也心甘情愿!

听到敲门的声音,船工从酣睡中醒来:"敲门干什么?"

"请摆我们渡河!"

"黄河渡口,自古以来,夜不行船,等天亮吧!"

"不能等!为了救人,今夜非过河不可!"

听说是为了挽救六十一个祖国建设者,老艄工不顾自己正发喘,<u>猛然从热乎乎的被窝里跳了起来,系上褡包</u>,吆喝一声:"伙计们,走!"后面几个人紧紧跟上。来到岸边,<u>二话不说,驾起船,直奔河心</u>。凭着与黄河巨浪搏斗了几十年的经验,凭着一颗颗赤诚的心,终于打破了黄河不夜渡的老例,把取药人安全送到了对岸。

可是,三门峡市没有这种特效药!

这已经是二月三日的中午了。

张村公社医院又来了电话:"如果明晨以前拿不到'二巯基丙醇',十四名重患者中将会有人死亡!"

找药的电话不断地打回来了:

<u>运城县没这种药!</u>

<u>临汾县没这种药!</u>

<u>附近各地没这种药!</u>

县委第一书记斩钉截铁地说:"为了六十一位同志的生命,现在我们只好麻烦中央,向首都求援。……"

画线处文字,只有通过快速朗读,才能把紧张的气氛和事情紧急程度表达出来。

三是景物描写特别是静态景物描写文字,宜慢读,以便交代清楚景物的特征和细微的变化,给听者以清晰的印象。例如鲁迅先生《从百草

园到三味书屋》中的文字:

不必说碧绿的菜畦,光滑的石井栏,高大的皂荚树,紫红的桑椹;也不必说鸣蝉在树叶里长吟,肥胖的黄蜂伏在菜花上,轻捷的叫天子(云雀)忽然从草间直窜向云霄里去了。<u>单是周围的短短的泥墙根一带,就有无限趣味。油蛉在这里低唱,蟋蟀们在这里弹琴。翻开断砖来,有时会遇见蜈蚣;还有斑蝥,倘若用手指按住它的脊梁,便会拍的一声,从后窍喷出一阵烟雾。何首乌藤和木莲藤缠络着,木莲有莲房一般的果实,何首乌有拥肿的根。</u>有人说,何首乌根是有像人形的,吃了便可以成仙,我于是常常拔它起来,牵连不断地拔起来,也曾因此弄坏了泥墙,却从来没有见过有一块根像人样。<u>如果不怕刺,还可以摘到覆盆子,像小珊瑚珠攒成的小球,又酸又甜,色味都比桑椹要好得远。</u>

相比较而言,画线文字宜慢读,以突出表现所描写事物的特点。

四是思想沉重、情调低沉的文字宜慢读。例如读朱自清《背影》中的文字:

我与父亲不相见已二年余了,我最不能忘记的是他的背影。

那年冬天,祖母死了,父亲的差使也交卸了,正是祸不单行的日子。我从北京到徐州打算跟着父亲奔丧回家。到徐州见着父亲,看见满院狼藉的东西,又想起祖母,不禁簌簌地流下眼泪。

语速要慢,语调也要低,同时也要注意重音,这样,真实哀婉的情感才可"读"出来。

要指出的是,快读与慢读是相对于一般中速朗读而言的。在朗读一篇作品时,有时要读得快一些,有时要读得慢一些,这样,才能产生快慢谐调、缓急有致的朗读效果。

4. 语调训练

语调是指声音的高低、强弱、粗细及快慢的变化,由朗读者自己操纵。但不能随意操纵,要以作品的内容和情感为依据。作品有什么样的思想感情,就应该读出什么样的语调。

操纵语调朗读,有以下几个要领。

一是文章内容体现喜悦、兴奋、活泼、肯定、坚决的心情和态度,语调就应该高昂、轻快、响亮。例如朱自清的《春》:

盼望着,盼望着,东风来了,春天的脚步近了。

一切都像刚睡醒的样子,欣欣然张开了眼。山朗润起来了,水涨起来了,太阳的脸红起来了。

小草偷偷地从土里钻出来,嫩嫩的,绿绿的。园子里,田野里,瞧去,一大片一大片满是的。坐着,躺着,打两个滚,踢几脚球,赛几趟跑,捉几回迷藏。风轻悄悄的,草软绵绵的。

这几段文字描写了春天万物复苏、一片明丽的胜景,表达了作者欣喜、轻快的心情,因此朗读时要用轻快、响亮的语调,就像置身于春景之中,让声音带出喜悦的情绪,给听者以感染,使人们产生对春天无比向往的情感。

二是朗读表示宁静、平淡、疑虑甚至抑郁忧伤的心情和态度的文字,语调自然要舒缓、低沉,使声音特点和作品情感特点一致。有的作品内含一种忧伤情绪,而文字则显得平淡,朗读时必须把内含的情感"读出来",让人一听就能鲜明地感受到。比如读鲁迅先生《故乡》中的文字:

我这次是专为了别他而来的。我们多年聚族而居的老屋,已经公同卖给别姓了,交屋的期限,只在本年,所以必须赶在正月初一以前,永别了熟识的老屋,而且远离了熟识的故乡,搬家到我在谋食的异地去。

　　第二日清早晨我到了我家的门口了。瓦楞上许多枯草的断茎当风抖着,正在说明这老屋难免易主的原因。几房的本家大约已经搬走了,所以很寂静。我到了自家的房外,我的母亲早已迎着出来了,接着便飞出了八岁的侄儿宏儿。

上一段叙述"我"回故乡的目的和打算,下一段写老屋的破败与寂静,语言平实,深含复杂的情感。上一段点出一个"别"字,别老屋,别故乡,离别之情浸润着朴素的文字;下一段写枯草的断茎,写老屋寂静,给人以破旧、清冷之感。因此,朗读时,应用低沉、缓慢的语调,让声音带出离愁别绪。

　　三是朗读文学作品时,要区别作品人物语言和叙述人语言在语调上的不同。叙述人的语言,要读得低一些,平稳一些;读作品人物语言要体现人物的身份、地位,符合说话时的心境和意图。但要注意:不要模仿人物说话,因为朗读和表演式的朗诵是有明显区别的。例如鲁迅先生《故乡》中的文字:

　　母亲和宏儿下楼来了,他们大约也听到了声音。

　　"老太太。信是早收到了。我实在喜欢的了不得,知道老爷回来……"闰土说。

　　"阿,你怎的这样客气起来。你们先前不是哥弟称呼么?还是照旧:迅哥儿。"①母亲高兴的说。

　　"阿呀,老太太真是……这成什么规矩。那时是孩子,不懂事……"闰土说着,又叫水生上来打拱,那孩子却害羞,紧紧的只贴在他背后。

"他就是水生？第五个？都是生人，怕生也难怪的；还是宏儿和他去走走。"母亲说。②

宏儿听得这话，便来招水生，水生却松松爽爽同他一路出去了。母亲叫闰土坐，他迟疑了一回，终于就了坐，将长烟管靠在桌旁，递过纸包来，说：

"冬天没有什么东西了。这一点干青豆倒是自家晒在那里的，请老爷……"

我问问他的景况。他只是摇头。

"非常难。第六个孩子也会帮忙了，却总是吃不够……又不太平……什么地方都要钱，没有定规……收成又坏。种出东西来，挑去卖，总要捐几回钱，折了本；不去卖，又只能烂掉……"

这几段文字写了"母亲"和"闰土"这两个人物的对话，画线处是叙述人的话。①②两处是"母亲"的话，朗读时表现轻微的责怪（①处）和询问（②处）的口吻就可以了，不要去模仿"母亲"，表演"母亲"的语调；其他是闰土的话，朗读时表现闰土性格迂缓、吞吞吐吐的样子就可以了，读得缓一些，沉一些，也不必模仿闰土这一角色来"表演"。总之，这些内容的朗读，语调基本上是自己声音的本色，体现朴素自然的特点，只要传达人物的内在的思想感情即可，不要直接模仿人物的声音。

四、要抓住文体特点朗读

先说记叙性作品的朗读。

记叙性作品或写人，或叙事，或写景，或状物，重在把事实展现出来，让读者感同身受。因此，朗读时要接近于生活口语，尽量像述说自己的亲身经历一样，读得亲切自然、有声有色。当然，记叙性作品门类很多，朗读也是有区别的。

散文,朗读要注意感情的起伏,不论是朗读情感奔放的散文,还是朗读情感内蓄、语言质朴的散文,都要紧扣"情"字,把作品的感情特点读出来。

小说,朗读要注意人物性格、情绪、心理活动的发展变化及其个性特点。人应有人"自己的"语言,读时给人以"如见其人""如闻其声"之感。当然,这并不像演戏要改变声音去扮演人物。同时要注意叙述语言与人物语言的朗读区别。

寓言,朗读的语调要比其他叙述作品来得夸张和强烈一些,体现一点儿童口语特点,但也不必去扮演寓言中的角色。另外,有些寓言,间有议论,阐发哲理,朗读时要语速适中,语调平稳,体现语重心长、郑重有力的特点。

再说说议论文的朗读。

总起来说,朗读议论文,就像作者在说理一样,要态度鲜明,而感情要稳健持重,语速适中,语调明快。读论点时,要用十分肯定的语气读,如"我们中国人是有骨气的"这一句,"我们中国人"可重读,表现出自豪、自信的感情;"是有骨气的"要突出强调,语气坚定有力,语调响亮、鲜明。读论据时,用说明的口气读,语速中等,以表达意思清楚为准。有些议论文的末尾内容有号召性特点,朗读时,语调要高昂,咬字要清晰,语气要有力,有一定鼓动性。

最后谈谈说明文的朗读。

说明文的特点是语言平实,以介绍、说明为主,没有较多的感情因素。因此,朗读时要把主要精力用在停顿上。因为说明文重在把事理说清楚,而注意停顿就是突出主要语言成分;又由于说明文中的长句多,修饰性限制性词语多,因而只有注意停顿才能把中心词突现出来。

同学们,朗读能使我们领会课文的内容和意义,感受作品的气势和韵味,在接受感染的同时又得到教育。朗读可以使书面语言和口头语言沟通起来;朗读文章,能使我们在口头上逐渐习惯文章的用词用语,自然地吸收书面语言。同时,通过朗读,可以检测我们对文章学习的程度。理解得怎样,朗读能够清楚地反映出来;感受得怎样,朗读也能充分地表露出来。因此,我希望同学们经常地朗读名家名作,用琅琅书声为我们的校园增添春色,用青春的激情来叩开一篇篇名作的情感大门!

一目十行与一目二十行
——训练阅读速度

十行(háng),指十行书,表示行数多;一目十行,形容看书速度很快。宋人刘克庄在《杂记六言五首》中写道:"五更三点待漏,一目十行读书。"《红楼梦》中的林黛玉善于快读,她说:"你说你会过目成诵,难道我就不能一目十行了?"一目十行与十行俱下的意思一样,《梁书·简文帝纪》中说:"读书十行俱下。"古人读书,讲求速度,我们当代青少年读书更要讲求阅读速度了。

速度总是相对而言的,就像讲求阅读的深度一样,要因文而异、因人而异,不可强求一律。标准只有一个,即能以自己的阅读速度为起点并不断求得最大的进步就算优等了。

有的同学会问我:"老师,人家都说读书不可贪多求快,以细嚼慢咽为好,你讲要追求速度,不妨碍理解吗?"

其实,慢读与快读是两种阅读方法。不以慢读废快读,也不以快读废慢读,两种读法各有各的用途,各有各的效果。前边讲默读,主要讲精细的默读,其实,默读中也含有快读这一种读法。为了讨论的方便,就把快读提出来在这里专门讨论了。慢读的作用,你能理解;快读的作用又是什么呢?

第一,快读有助于我们扩大知识积累,开拓阅读视野,尽可能多地获取新的信息。对任何人来说,书总是读得越多越好,然而知识无涯,时间有限,"量"与"时"发生了矛盾,怎么办？善读的人无非是从两方面想办法,一是挤时间,二是充分地利用时间,提高阅读速度。前者是有限度的,再挤,一天也是24小时;后者潜力很大,阅读速度很快,很可能一天能完成两三天的阅读量。另外一个实际问题是,随着时代的飞速发展,知识量也在急剧增多。作为当代青年,必须紧跟时代步伐,一方面要读通读透一些书,作为立身之本;一方面也要广开视野,尽可能了解更多的信息,不断扩大知识面。既要提高学习的"质",又要丰富知识的"量",这对提高自身的文化素质无疑是非常重要的。再一点,就同一个读者说,阅读目的是多种多样的。有的作品,重在精读,求深求透,比如我们读教科书,这需要慢读,不能囫囵吞枣,一知半解;有的报刊,是传递新信息的媒介,而且这些信息,我们只要大致了解一下就可以了,没有必要钻进去寻根探源,因此,这需要快读,不求甚解,关系无妨。

第二,为了精读的需要。快读是以精读为基础的,不会精读,就不会快读。为了取得精读的最大效益,提高精读质量,往往需要快读来帮忙。比如你读鲁迅先生的小说《孔乙己》,越读越细,越读越深,越发觉得有不少问题需要进一步分析、证实、理解;为此,苦思冥想是不行的,要去翻读很多的关于鲁迅先生作品研究的资料（甚至还要读一些与鲁迅先生作品无关的资料）,而这些资料汗牛充栋、浩如烟海,你要在这资料山中寻找你最需要的资料,快读就发挥作用了。不停地翻检、搜寻,有的书几乎是几分钟就读完了,最后找到你最想得到的"那一部分"。此时的阅读愉悦,就是快读给你的。由于你善于快读,翻检的资料就多,这对你精读时作出结论,无疑是极为有益的。许多做学问的人说,做学问要穷根问底。这"穷根问底"包括两方面意思：一是对问题本身的研究要深入底里,钻深钻透;一是对涉及这一问题的其他论述与材料要广为搜集,求全面,求周详。两方面工作做得好,才算是达到了目的,否则,心中就无底了。

第三,有助于培养敏捷的思维力。快读时,只用眼、脑,不用口、耳、手;注意力要高度集中,不容有丝毫的其他念头;眼睛和头脑要作高速反应,眼所见,脑即思,眼脑同步运动,眼睛看到"什么",对"什么"的思考结论便立即产生了。因此说,没有敏捷的思考力,要达到快速的目的是很困难的。敏捷性不是天生的,要靠多种途径来培养,快读,就是一种好办法。比如限定时间,要你读一段文字并归纳基本意思,作概括复述。此时,你的眼睛是紧盯着这段文字的,"大脑"不断地操纵你的眼睛在字里行间捕捉最为重要的语言信息(如重点词,重点句等);捕捉到了重要信息,"大脑"还要立即进行加工、整理,用自己的语言来表述。在这个过程中,思维机器是紧张而又快速的运转着的。经常这样训练,思维的敏捷性就必然会不断提高。

综上所述,我们应该懂得:训练阅读速度,提高快读能力是很重要的一件事。

怎样科学地训练阅读速度,提高快读能力呢?这里,我们来讨论两个基本问题。

一、根据自身实际,正确安排阅读速度的训练过程

有的老师也在安排学生进行快速阅读训练,做法是,给你一篇千字文,要你在3分钟内读完全文,然后回答若干个问题。你回答问题的程度就是你快速阅读的能力水平了。这种训练算是快速阅读训练形式,但太笼统了,有不少弊端。一是这种训练"一刀切",没有针对同学们快速阅读的差异性;大家都这样读,有的效果好些,有的效果差些;差一些的同学又不知道问题的症结在哪里。二是这种训练重在检测,只重视结果,忽略了过程以及快速阅读的具体环节,尤其是对于快速阅读能力较弱的同学来说,训练的实效不大。

要真正培养快速阅读能力,就要针对实际,把快速阅读过程分作三

个阶段。

先看同学们的实际。一是很多同学在快速阅读时不能抓住关键的词句,仅仅是浮光掠影地浏览一遍,然后凭自己的初步印象,想当然地说出一个大概。二是很多同学在快速阅读时不能根据作品内容理出内容发展的线索,有的地方有些印象,有的地方就没有印象,因此,复述内容时往往"丢掉西瓜",只抓住"芝麻"。三是很多同学在快速阅读时不能根据文体特点来进行有针对性的速读,比如读议论文时,注意到了材料,却不知道作者的基本观点是什么。诸如此类的问题,都是一些同学快速阅读的弱点。

针对这样一类的弱点,以下三个阶段的训练是必要的:

第一,从字词认读到句意把握。一般的阅读,都是逐字逐词地认读的,这样读的好处是读得细致、读得具体,对于作品是先来个"眉毛胡子一把抓",然后再去分解,确定思考重点。而训练速读,首先就要改变这一习惯,不是逐字逐词认读,一一体味,而是选出几个重点词语,拣出来,通过理解,求得一句话的基本意思。这是初步速读形式。阅读鲁迅先生《论雷峰塔的倒掉》中的画线句子:

<u>那时我惟一的希望,就在这雷峰塔的倒掉。</u>① 后来我长大了,到杭州,看见这破破烂烂的塔,心里就不舒服。后来我看看书,说杭州人又叫这塔作保叔塔,其实应该写作"保俶塔",是钱王的儿子造的。<u>那么,里面当然没有白蛇娘娘了,然而我心里仍然不舒服,仍然希望他倒掉。</u>②

现在,他居然倒掉了,则普天之下的人民,其欣喜为何如?

这是有事实可证的。试到吴越的山间海滨,探听民意去。<u>凡有田夫野老、蚕妇村氓,除了几个脑髓里有点贵恙的之外,可有谁不为白娘娘抱不平,不怪法海太多事的?</u>③

读句①,视线扫描的时候,要抓住"希望""倒掉";读句②,主要是"仍然不舒服""希望""倒掉";读句③,要作更多的省略,抓住"抱不平""太多事"。这样,就能大致地说出三句话的基本意思了:① 希望雷峰塔倒掉;② 不舒服、仍希望倒掉;③ 大家都抱不平,怪法海多事。

这个例子启示我们:速读要从句意上来把握,做到一句一句地读。显然,这比逐字逐词认读,速度要快得多。同时也要注意,把握句意又离不开重点词语;忽视了重点词语,句意就理解得不周全了。

第二,由把握某一个句子的意思到把握一段话中若干重点句子的意思,达到把握一段话基本意思的目的。一个段落,一般是由若干个句子组成的。段落的篇幅越长,句子数量就越多。这些句子对于表达一个段落的基本意思都有作用,一般的阅读,对每句话都要有所理解。而进行速读就不同了,往往是选读一些重点句子,并迅速加以综合理解,来确定这一段话的基本内容。既然是"选读",就必然有所"省略";那么,该"选读"什么?又该"省略"什么呢?根据速读经验,可抓住这样的"选读"要领:一是抓首句。一段话的第一句往往是中心句,即使不是中心句,也有引出话题的作用。二是抓末一句。一般说来,末一句或者是一段话推导出来的中心句,或者是对一段话进行总结的带有强调意味的句子。三是抓段落中间的在内容上起层次推进作用的句子。快速阅读一段话并把握其基本意思,就按照这个前—中—后的顺序来"选读"。下边各举一例加以说明。

例1,抓首句。请读吴伯箫《记一辆纺车》中的文字:

那是一辆普通的纺车。说它普通,一来它的车架、轮子、锭子跟一般农村用的手摇纺车没有什么两样;二来它是延安上千上万辆纺车中的一辆。那个时候在延安的人,无论是机关的干部,学校的教员和学员,也无论是部队的指挥员和战斗员,在工作、学习或者练兵的间隙里,谁没有使用过纺车呢？纺车跟战斗用的枪，耕田用的犁，学习用的书和笔一样，成为大家亲密的伙伴。

在延安，纺车是作为战斗的武器使用的。那是在抗日战争最艰苦的年月，国民党反动派发动反共高潮，配合日寇重重封锁陕甘宁边区，想困死我们。我们边区军民热烈响应毛主席的"自己动手，丰衣足食"的伟大号召，结果彻底粉碎了敌人困死我们的阴谋。在延安的人，在所有抗日根据地的人，不但吃得饱，穿得暖，而且坚持了抗战，取得了抗战的最后胜利。

以上两段的第一句都是该段的中心句。抓住了，后边的内容即使跳过去不读，也能说出段落的基本意思了。这时的速读，往往不需要较多的思考，因为作者已经很明确地把"答案"告诉给你了。你的注意力，主要用在理解这一句话的基本意思上。

例2，抓末句。请读胡绳《想和做》中的文字：

在学校里，有些同学很"用功"，可是不会用思想。他们学习语文，就硬读课文。因为只读不想，同一个语言文字上的道理，在这一课里老师讲明白了，出现在别一课里，他们又不理解了。他们学习数学，就硬记公式。因为只记不想，用这个公式算出了一道题，碰到同类的第二道题就又不会算了。从旧经验里得到的道理，不能应用在新事物上，这就是不会用思想的缘故。另外也有些同学，他们能想出些省力的有效的方法，拿来记住动植物的分类，弄清历史的年代。我们固然不赞成为了应付考试想出一些投机取巧的办法；但是我们承认，在学习各种功课和训练记忆力上，是可以有一些比较省力的有效的方法的。这些方法也得从学习的经验中取得。假如只是埋头苦读，不动脑筋想一想，那就得不到。除了功课以外，做种种课外活动，也要把想和做联结起来。例如开会,演说,办壁报,组织班会和学术团体,这些实际的行动,如果光凭一腔热情,埋头苦干,不根据已有的成绩和经验,想想怎样才能把这些事情做得更好,更有效果,那么,结果常常会劳而无功。

上段末一句(见画线处)是总结文段基本意思的句子,理解它,就理解了作者在这一段主要说的是什么。有的同学会问:抓首句比较容易些,因为它比较显眼,只要它直接表达了一个肯定的意思,就很可能是中心句。而抓末一句则难多了,你总不能前边一句不读就读末一句吧?再说,即使只读末句,你又怎么能断定它表达了这一段的基本意思了呢?这个问题提得好,可从两方面来说明:其一,确定末一句是否表达该段基本意思的句子,应该要先通览全段,不过在浏览时要迅速作出判断。比如,你读上段首句,就可判断这句话只提出了问题,指出了一种现象,至于作者对此有什么看法,不明确。有了这个认识后,你就要迅速浏览中间内容。由于你捕捉到了"他们学习语文""学习数学""另外也有些同学"等词句,你就可以迅速作出判断:作者在这里是举例子。因此,你不必再做细读,就可以直接关注末尾的内容了。其二,读了开头,读了中间,有了认识,预测作者的基本思想与态度可能在末尾说明,这只是提示自己要留心末尾。至于末尾说了什么,此时还不清楚,因此,要采用前边说到的由理解重点词语来把握句子意思的方法,来选读末一句中的重点词语。比如上段,先抓"如果"(知道这是有所假设),再抓"那么"(知道后边要下结论),然后抓"劳而无功"一词,联系起来,你就可以断定作者在末一句是说只做不想"常常会劳而无功"这个意思。这是作者的看法,也是对全段的总结,因此,说它是全段的基本观点就不会错了。

例3,抓中间句。请读《中国现代文学作品选讲》(安徽师大内部资料)中的一段文字:

潘先生在上海车站的最初亮相,是全家四口"一条蛇"似地手牵着手,在人流如潮的车厢里和站台上左冲右突。这"一条蛇"的镜头,贴切地表现出潘先生的自私和书卷气。潘先生回让里后,到红十字会弄了两面旗子、四枚徽章,"藏在贴身小衫的一个口袋里",以为这样一来全家四口"加保了一重险"。这个特写镜头,夸张而不离真实,典型地刻画出主人公"保全自己"的性格特征。潘先生处在战争频仍、朝不虑夕的社会环境下,没有勇气和黑暗环境抗争,政治上达到麻木不仁的地步。在上海英租界,小儿子害怕印度巡捕,潘先生竟然说他们是"背着枪保护我们"的;在让里,听说正安失守,他躲进洋人的红房子去避难;而当战云散开,他又用"功高岳牧""威镇东南"和"德隆恩溥"这类词儿,替凯旋的军阀歌功颂德了。正是借助于这一串串珍珠般的细节,从多方面刻画了潘先生的性格。

这是一篇评论人物形象专题论文中的一段文字,评的是"潘先生"的思想性格特征。快读时,可把这一段分作三层,先读第一层(前五行),大致可知道,这是举例说明"潘先生"的行为的;再读末一层(后五行),也大致知道,作者仍然是写"潘先生"的行为表现的。作者评论的话在哪里呢?必须读中间一层(中部三行),你就会注意到"潘先生处在战争频仍、朝不虑夕的社会环境下,没有勇气和黑暗环境抗争,政治上达到麻木不仁的地步"这句话,头脑里立即作出反应:这是作者的看法,集中表达了作者的基本思想。再回想第一层(前五行)中有"自私""书卷气"及"保全自己"这些词语,那么你就可以明白:这一段文字的基本内容就是评论"潘先生"的思想性格特点了。

第三,由段的内容把握再进一步扩大认读面,达到把握全篇内容要点的目的。把握全篇内容的速读方法与把握一段内容的速读方法差不多,就不再举例了。有一点要说明,由于一篇文章往往要分写几方面内容,因此,速读时有必要注意过渡句或过渡段。过渡句或过渡段一则在结构上起承上启下的作用,一则在内容上也有提示说明的作用,予以注意,对我们把握全篇内容很有助益。请读黄沐朋《蛇岛》中的文字:

　　生物是进化的,现存的复杂、高等的生物,是从古代较简单、较低等的生物变化来的。蛇是爬行动物中最后产生的较高级的种类,毒蛇又是蛇类中后起的一支,是从无毒蛇发展来的,产生的时间大约距现在有一千二百多万年。

　　<u>在生物进化过程中,蛇类经历了从无到有、从少到多的过程。蛇岛也经历过一个产生发展的过程。</u>

　　据地质学的研究,蛇岛岩石的岩层组成和结构与附近的辽东半岛相一致,这说明蛇岛原是辽东半岛的一部分。距现在约一亿三千多万年至二三百万年间,先后有燕山、喜马拉雅山造山运动,使渤海地区下陷,形成渤海,而辽东半岛和山东半岛也从此被海水隔开。蛇岛是受它的影响,从大陆断离而成的。断离的时间约在距现在一千万年至三百万年之间。从地质变迁可以知道,毒蛇出现得比蛇岛要早一些,大概早了几百万年。可以设想,在蛇岛离开大陆前,辽东半岛一带,不但有无毒蛇,也有毒蛇。当蛇岛离开大陆时,这些无毒蛇和毒蛇可能都被留到岛上。这地方一离开大陆,一个新的环境出现了。在这最初不到一里见方的小天地里,没有常年的积水,因而也没有鱼和蛙。鱼和蛙是蛇通常的食物。面对着没有食物的现实,被困在孤岛上的蛇,要么改吃别的食物,要么等着饿死。

　　画线段落是一个过渡段。在这一段中,后一句话又是下边内容的要点。一般地说,过渡段,作者总是特意安排的,常常有意把前后内容在这里点示一下,速读时有所注意,就可以知道全篇内容展开的趋向与线索了。

以上说了各阶段的速读要领。要指出的是,这些操作要领不是截然分开使用的。读一段话,明确基本意思,往往既要抓首句,也要抓中间句或末句;既要弄清句意,也要弄清一些关键性词语的意思;既要选读一些重点句子,也不能忽略其他一些句子。只不过是为了速读的需要,各有侧重罢了。进行这样的速读训练,具有跳跃性(从一段跳到三、四段)、选择性(抓重点词句)和预测性(由已知内容判断下边内容)特点,在时间上,没有精读花时间多;在效果上,以理解基本意思、捕捉主要信息为主。有目的地分阶段训练,旨在形成一般的速读习惯,掌握基本的速读程序。

二、为了达到不同的速读目的,要运用不同的速读方法

(1) 为了达到基本了解作品内容的目的,可采用循环浏览的方法。所谓"浏览",就是从上到下、从前到后进行大致的扫读。如果一次扫读还不能达到目的,可再进行一两次。就时间说,扫读次数越少越好,但目的在于掌握内容,因此不要过于刻板地限制时间。

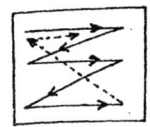
循环浏览的视线运动走势,大致如图所示:方框表示一页书,直线表示第一次浏览走势,虚线表示循环浏览走势。例如唐弢《同志的信任》中的文字:

这是方志敏同志生前从狱中用米汤写给鲁迅先生的一封信。

方志敏同志在信里说,他已经抱定牺牲的决心,没有任何牵挂和留恋。只有一点,他希望鲁迅先生能把送上的三张空白毛边纸和一束文稿,设法转给中国共产党中央委员会。他虽然不认识鲁迅先生,也从来没有通过信,可是确信鲁迅先生一定能够满足一个共产党人临死之前的这个庄严的要求。

一股悲愤的感情涌上鲁迅先生的心头,他目不转睛地看完这封信,苍白的脸色越来越严肃了。他从报上知道,这个写信的人几个月之前,已经在南昌英勇就义,现在却接到了他的亲笔信。事情是千真万确的,这封信就在眼前。鲁迅先生又从头读了一遍。盆里的水逐渐浸渍字迹,字慢慢地模糊起来,模糊起来,终于什么也没有了。

鲁迅先生团起浸湿的纸,揉烂了,把它放进炉子里。他擦干两手,将另外三张空白毛边纸收起,小心地翻阅着墨笔写成的文稿:一篇《清贫》,一篇《可爱的中国》。

展现在眼前的是通篇的文字,为了快速浏览,可从第一句读起,然后转跳到"他虽然不认识鲁迅先生"这一句上,再读"……临死之前的这个庄严的要求","一股悲愤的感情涌上鲁迅先生的心头",继之又转读"鲁迅先生又从头读了一遍……终于什么也没有了","鲁迅先生团起浸湿的纸……",最后落脚在"文稿:一篇《清贫》,一篇《可爱的中国》"这末一句上。把所读到的信息归拢起来,就可得到这样的初步认识:"这是方志敏给鲁迅先生的信。虽然不认识鲁迅先生,但提出了庄严的要求。鲁迅先生心头涌起悲愤的感情,又读了一遍,团起浸湿的纸,知道有两篇文稿《清贫》和《可爱的中国》。"这就是上段文字的大意。如果想了解得更具体些,可再用这种读法浏览一遍。不过,请注意,运用此法快读,不是让视线在文面上扫一遍了事,而是要注意捕捉重点词句。

(2) 为了完成预先提出的任务,提取部分所需要的内容,可采用间隔选读的方法。有的作品以前细读过,此次再读是为了选取部分想要的材料,因此不必从头读起,而是根据要选取材料所具有的特征,在文中选读。选读时必然要跳过一些内容,前边找到一些,再到后边找一些,至于中间内容可忽略不读。比如《一面》一文早先读过,此次快读是为了选用肖像描写的文字,你就可以这样读:

我一翻那定价：一元八角！

"先生，我买不起，我的钱不够……"我的话低得连自己都听不见了，我不知道怎样才好。

我低了头，头脑里轰隆轰隆的。我不敢看他的脸。只听见一个声音在问我：

"一块钱你有没有？一块钱！"

"有！"我抬起头，顿时恢复了勇气。

"我卖给你，两本，一块钱。"

什么？我很惊异地望着他：黄里带白的脸，瘦得教人担心；头上直竖着寸把长的头发；牙黄羽纱的长衫；隶体"一"字似的胡须；左手里捏着一支黄色烟嘴，安烟的一头已经熏黑了。这时，我忽然记起哪本杂志上的一段访问记——

"哦！您，您就是——"

我结结巴巴的，欢喜得快要跳起来了。一定是他！不会错，一定是他！那个名字在我的心里乱蹦，我向四周望了一望，可没有蹦出来。

他微笑，默认地点了点头，好像我心里想着要说的，他已经统统知道了一样。

开头语句是分行写的，是对话，可全部跳过去，扫一眼就可以了；后边内容也作这样处理。剩下的中间一段，可一行一行地扫读，了解表现肖像特点的词语。如果是为了分析研究，不妨做上标记，以备细读。读一篇文章如此，读一本书也是这样。比如一部长篇小说，此次重读是为选取人物对话作例子，那么你就可以一页一页地翻读，大段的叙述文字一概跳过去。碰到分行写的对话文字，就放慢速度，仔细阅读。

（3）为了检验和锻炼识记能力，可采用限时复述的读法。比如读一

段近500字的文字,限定在2分钟内读完,并回答下列问题:

① 观点是什么?

② 举了哪些人作例子?

请看陈群《理想的阶梯》中的文段:

艰苦的环境更能激发有理想的人奋发向上。高尔基从小饱尝了人间的辛酸,旧社会血泪的鞭笞铸成了他伟大的心灵。他坚持在敌人的明枪暗箭下写作,在饥饿与死亡的威胁中战斗,为了共产主义事业,不在任何艰难困苦中屈服、畏缩,永远像海燕一样在雷鸣电闪中展翅翱翔。相比之下,我们的困难又算得了什么呢?有的青年朋友埋怨自己的岗位平凡。他们的岗位平凡,这也可能是事实。但革命需要三百六十行,绝大多数人都要在平凡岗位上工作。无志之人,将使生命比岗位更平凡;有志之人,将在平凡岗位成"状元"。华罗庚年轻时在一个中学干杂活,晚上在昏黄如豆的油灯下演算,为以后成为著名数学家打下牢固根基;开普勒长期操劳杂役,业余苦钻,发现了行星运动三大定律。此外,道尔顿是中学教员,爱因斯坦是小职员,发明纺织机、蒸汽机、飞机、火车的,他们的职业、岗位不也都很平凡吗?可见,根本的问题不在于岗位,而在于有没有一个真正崇高的理想和为这一理想而顽强不息的奋斗精神。一个真正有理想有抱负的青年,决不应让困难攫住自己的心灵,而要在奋斗中舒展自己的双臂。当终生为崇高理想而奋斗的双臂收拢时,抱住的必将是令人欣慰的硕果。

不知你速读的效果如何?相信你会采取这样的办法来读的:① 记住第一句话,记住中间"有志之人,将在平凡岗位成'状元'"这句话和末尾"当终生为崇高理想而奋斗的双臂收拢时,抱住的必将是令人欣慰的硕果"一句话。由此可复述作者的基本观点;② 其余文字快速扫过,记住几个人名就可以了。如果要求你复述的内容更具体一些,比如:文段有几个分论点?各自举了哪些实例?重点写的是谁?外国几人,中国几人?他们都作出了哪些贡献?那么,你的读法就要改变了,可分层浏览,找出分论点,然后记住相应的实例。当然,所用的时间要多一些。

最后,我对同学们说的是,一目十行甚至一目二十行的阅读,难度是较大的。在中学阶段,还是以精读、细读为主,可适当进行快速阅读训练。所谓快速是相对而言的,不一定非要精确到每分钟读多少字。另外,快速阅读能力的形成有一个较长的过程,有多种因素(如理解力、知识面等)的制约,专门讲求速度,欲速则不达。

通观全文,整体把握
——从整体感知入门

阅读文章,都得依照"整体—局部—整体"这个路子进行。第一个"整体",即整体感知,也就是要通观全文,了解全文概貌,整体把握文章的内容、感情、脉络、特色等。"局部",是对文章进行分类研究,分项钻研,或重在语言的体味,或重在结构的分析,或重在题旨的理解,或重在风格的确认,总之是根据自己的阅读兴趣和理解上的疑难点进行专项思考。最后一个"整体",虽然也是指全篇,但在理解程度上是大不相同的。由于经过了局部分析这一环节,你对文章的理解显然要高于第一阶段的初步感知。有时候,是认识上的提高(初步感知肤浅,第二次整体理解更为深入)。有时候是认识上的拓展(初步感知往往只注意本篇,通过局部钻研,可能会产生联想,提出新的问题)。有时候是认识上的纠偏(初步感知可能有片面性甚至有错误,由于深入理解,对问题便会看得更准、更明、更透,使原来认识上的错觉与误解得到及时纠正)。由此可见,最后一个"整体"理解非常重要,它直接关系到你对作品的理解程度。

"整体—局部—整体"这三者是相互起作用的。没有初步的整体感知,很难发现局部问题;不对局部问题进行深入研究,第三步的整体理解又难以达到目的。这个程序是人们认识、理解文章的基本程序,依此阅读就像步步登山、层层上楼,理解越来越深化,所见的风景自然也就越来越瑰奇了。

单就阅读的第一阶段——整体感知来说,其意义也不可轻视。

其一,初步整体感知是阅读需要决定的。读文章无非是满足需要,或认识其思想,或借鉴其表达艺术,或吸收其语言营养,或与其作感情交流,以作品为知音朋友,或积累其中出现的新的知识……而一篇文章拿到手,还不知道它在哪些方面能满足自己的需要,因此要初步认读,整体感知,而后才能发现你最感兴趣、最想需要的那一部分。在进行局部研究前,你心中有目标,脚下有路子,研究时就不至于盲目了。

其二,初步整体感知是文章特点决定的。文章是以语言材料来表达思想感情的。表达思想感情又有一定的组织程序,即按照一定的思路,采取一些手段把多项内容有机地融为一体。内容既然是丰富多彩的,因此你读一处内容还不能把握通篇集中表达的主旨。为了表达内容,作者又往往采用多种表达方式,此处是描写,彼处也许是议论。因此,只关注某一处的表达还不能给全篇的表达风格下结论。凡此种种,都决定你必须通读全文,完整感知,否则就会产生只知其一不知其二,只见树木不见森林的认识上的片面性。有的作品结构奇巧,读了大半,也不明确是何用意、有何意趣,只有读到末尾,才有豁然开朗之感。

其三,初步感知通篇内容是提高理解能力的需要决定的。人们认识事物,理解问题总是一步步发展、一次次提高;从浅入深,由易到难,从低级走向高级,由表象到本质,是理解能力逐步提高的过程。而在逐步提高过程中,总得依据一定的基础,总得有一个前进的起点,否则,所谓的理解就会落空。万丈高楼平地起,理解也同样需要条件。条件固然很多,而感知全文则是不可缺少的认知前提。对文章有了一个基本理解,深入研究的钻求就知道在哪里开掘了。我们说从整体感知入门,道理就在这里。入口处没有找到,又怎么能谈得上登堂入室呢?

明确了整体感知的意义,下面继续讨论两个问题。

一、整体感知什么

文章拿到手,泛泛读一读,算不算整体感知?不算。因为这只是做出来的整体感知的样子,并未体现整体感知的本质特点。这里要说说感知。"感知"是一个心理学名词。我们且不往心理学上说,只说它的基本特点:一是对语言这一物质形式的认读;二是对语义进行思维,并加以适当的记忆和联想、想象。简单地说,在认读过程中要进行记忆和思考,形成大致的感受,明确基本内容。比如鲁迅先生《故乡》中的两段话:

> 我冒了严寒,回到相隔二千余里,别了二十余年的故乡去。
> 时候既然是深冬;渐近故乡时,天气又阴晦了,冷风吹进船舱中,呜呜的响,从篷隙向外一望,苍黄的天底下,远近横着几个萧索的荒村,没有一些活气。……

如果是粗略一读,你至多知道这是写景。其实真正的感知更应深入一层。"既然""阴晦""萧索""活气"这几个词是什么意思?了解了,这是词义上的感知。这段景物描写表现了故乡什么特点?了解了,这是内容上的感知。作者写这段话,表达了什么情感?了解了,这是情感上的感知。另外,你还应该通过思考,知道鲁迅先生仅用几笔就画出了一幅被帝国主义侵略和军阀混战蹂躏得残败不堪的农村景象,并在头脑中通过想象而塑造起当时农村的表象。达到这一步,你的感知就比较具体、准确、鲜明、深入了。真正的感知就应该达到这个要求。

那么,就一篇文章来说,我们究竟要感知什么呢?

1. 通读全文,了解基本内容

例如下面一篇短文:

丑　石

贾平凹

　　我常常遗憾我家门前的那块丑石呢：它黑黝黝地卧在那里，牛似的模样；谁也不知道是什么时候留在这里的，谁也不去理会它。只是麦收时节，门前摊了麦子，奶奶总是要说："这块丑石，多碍地面哟，多时把它搬走吧。"

　　于是，伯父家盖房，想以它垒山墙，但苦于它极不规则，没棱角儿，也没平面儿；用錾破开吧，又懒得花那么大气力，因为河滩并不甚远，随便去搞一块回来，哪一块也比它强。房盖起来，压铺台阶，伯父也没有看上它。有一年，来了一个石匠，为我家洗一台石磨，奶奶又说：用这块丑石吧，省得从远处搬运。石匠看了看，摇着头，嫌它石质太细，也不采用。

　　它不像汉白玉那样的细腻，可以凿下刻字雕花，也不像大青石那样的光滑，可以供来浣纱捶布；它静静地卧在那里，院边的槐荫没有庇覆它，花儿也不再在它身边生长。荒草便繁衍出来，枝蔓上下，慢慢地，竟锈上了绿苔、黑斑。我们这些做孩子的，也讨厌起它来，曾合伙要搬走它，但力气又不足；虽时时咒骂它，嫌弃它，也无可奈何，只好任它留在那里去了。

　　稍稍能安慰我们的，是在那石上有一个不大不小的坑凹儿，雨天就盛满了水。常常雨过三天了，地上已经干燥，那石凹里水儿还有，鸡儿便去那里喝饮。每每到了十五的夜晚，我们盼那满月出来，就爬到其上，翘望天边；奶奶总是要骂的，害怕我们摔下来。果然那一次就摔了下来，磕破了我的膝盖呢。

　　人都骂它是丑石，它真是丑得不能再丑的丑石了。

　　有一天，村子里来了一个天文学家。他在我家门前路过，突然发现了这块石头,眼光立即就拉直了。他再没有走去,就住了下来;以后又来了好些人,说这是一块陨石,从天上落下来已有二三百年了,是一件了不起的东西。不久便来了车,小心翼翼地将它运走了。

这使我们都很惊奇!这又怪又丑的石头,原来是天上的呢!它补过天,在天上发过热,闪过光,我们的先祖或许仰望过它,它给了他们光明、向往、憧憬;而它落下来了,在污土里,荒草里,一躺就是几百年了!?

奶奶说:"真看不出!它那么不一般,却怎么连墙也垒不成,台阶也垒不成呢?"

……

"是的,"天文学家说,"正因为它不是一般的顽石,当然不能去做墙、做台阶,不能去雕刻、捶布。它不是做这些小玩意儿的,所以常常就遭到一般世俗的讥讽。"

奶奶脸红了,我也脸红了。

我感到自己的可耻,也感到了丑石的伟大;我甚至怨恨它这么多年竟会默默地忍受着这一切。而我又立即深深地感到它那种不屈于误解、寂寞的生存的伟大。

这篇散文深含哲理,要多读几遍,然后思考这样几个问题:① 文章开头即表明了作者对丑石的原有态度与看法,试用作者的话说出来。② 其他人对丑石的态度与看法是什么?是怎样对待丑石的?列出要点。③ 写"奶奶"与天文学家的对话,有何用意?④ 文末的议论表明作者的思想发生了怎样的变化?

对第一个问题,可用原文"我常常遗憾我家门前的那块丑石呢"来回答。"遗憾"一词表明了作者的态度与看法,不是为丑石得不到别人理解而遗憾,而是觉得自家门口有这么一块丑石挡着,既不好看,又没有用处,有讨厌之意。回答第二个问题要全面:① "奶奶"的态度与看法先是认为"多碍地面",搬走了事,后是觉得可作砌房之用;② 石匠则"嫌它石质太细",也不采用;③ 孩子们也讨厌起它来,"时时咒骂它,嫌弃它";④ 天文学家以之为奇,认为"是一件了不起的东西"。大多数人的态度是一致的,只有天文学家与众不同。回答第三个问题,要抓住两人言论的区别:"奶奶"是从实用角度来说的;"天文学家"则是从非实用的特殊功用上来说的。作者意在通过对话揭示人们对丑石的认识有天壤之别,为议论铺底子。回答第四个问题,要抓住"伟大"一词思考。"伟大"在什么地方?作者用"默默地忍受""不屈于误解"和"寂寞的生存"来概括。这是赞语。联系到开头所说的态度,我们可看出作者的思想感情发生了由"厌"到"赞"的变化;在赞扬之时还表达了自我谴责的感情。

回答了上述问题,你就可以概括文章的基本内容了:描写了丑石之"丑",叙述了人们对丑石的多种态度,最后揭示了思想感情的变化。

这是对短小文章内容的感知。如果是读长文章,还要划分其部分与层次,先归纳段落大意,再在此基础上概括全文的基本内容。这样,对内容的把握就不会遗漏。限于篇幅,这里就不举例了。

2. 通读全文,感知词句,扫清障碍

例如鲁迅先生的《这个与那个》中的文字:

近来对于青年的创作,忽然降下一个"流产"的恶谥,哄然应和的就有一大群。我现在相信,发明这话的是没有什么恶意的,不过偶尔说一说;应和的也是情有可原的,因为世事本来大概就这样。

我独不解中国人何以于旧状况那么心平气和,于较新的机运就这么疾首蹙额;于已成之局那么委曲求全,于初兴之事就这么求全责备?

智识高超而眼光远大的先生们开导我们:生下来的倘不是圣贤,豪杰,天才,就不要生;写出来的倘不是不朽之作,就不要写;改革的事倘不是一下子就变成极乐世界,或者,至少能给我(!)有更多的好处,就万万不要动!……

那么,他是保守派么? 据说:并不然的。他正是革命家。惟独他有公平,正当,稳健,圆满,平和,毫无流弊的改革法;现下正在研究室里研究着哩,——只是还没有研究好。

什么时候研究好呢? 答曰:没有准儿。

孩子初学步的第一步,在成人看来,的确是幼稚,危险,不成样子,或者简直是可笑的。但无论怎样的愚妇人,却总以恳切的希望的心,看他跨出这第一步去,决不会因为他的走法幼稚,怕要阻碍阔人的路线而"逼死"他;也决不至于将他禁在床上,使他躺着研究到能够飞跑时再下地。因为她知道:假如这么办,即使长到一百岁也还是不会走路的。

古来就这样,所谓读书人,对于后起者却反而专用彰明较著的或改头换面的禁锢。近来自然客气些,有谁出来,大抵会遇见学士文人们挡驾:且住,请坐。接着是谈道理了:调查,研究,推敲,修养……结果是老死在原地方。否则,便得到"捣乱"的称号。我也曾有如现在的青年一样,向已死和未死的导师们问过应走的路。他们都说:不可向东,或西,或南,或北。但不说应该向东,或西,或南,或北。我终于发现他们心底里的蕴蓄了:不过是一个"不走"而已。

坐着而等待平安,等待前进,倘能,那自然是很好的,但可虑的是老死而所等待的却终于不至;不生育,不流产而等待一个英伟的宁馨儿,那自然也很可喜的,但可虑的是终于什么也没有。

倘以为与其所得的不是出类拔萃的婴儿,不如断种,那就无话可说。但如果我们永远要听见人类的足音,则我以为流产究竟比不生产还有望,因为这已经明明白白地证明着能够生产的了。

在词语方面,像"恶谥""委曲求全""求全责备""流弊""彰明较著""禁锢""蕴蓄""宁馨儿""出类拔萃""足音"等词语要一一做上标记,查词典解释其意义。这是一篇杂文,幽默讽刺性强,有不少句子的意思要准确理解。如"近来对于青年的创作,忽然降下一个'流产'的恶谥,哄然应和的就有一大群"。用"降下",不用"传出",说明"恶谥"来得突然,且无根无据;"哄然……一大群"写很多人跟着传播"恶谥",形象地画出了这伙人跟着起哄,像一堆苍蝇哄然飞起,嗡嗡乱叫的丑态。又如"现下正在研究室里研究着哩,——只是还没有研究好"。这是反语,并非指"他们"真的在研究室研究,而是讽刺这种人无端指责,找不出理由。再如"近来自然客气些,有谁出来,大抵会遇见学士文人们挡驾:且住,请坐。"这也是反说,并非说"他们"真的"客气",有谦和商量的样子,而是揭露这种人比古时的"所谓读书人"更为狡猾,巧于改头换面而行禁锢之实的虚伪嘴脸。文中还有些话深刻解剖了禁锢者的险恶用心,如"他们都说:不可向东,或西,或南,或北。但不说应该向东,或西,或南,或北。我终于发见他们心底里的蕴蓄了:不过是一个'不走'而已"。"不可"与"不说"都表明了"他们"的禁锢态度,而禁锢的用心就在于扼杀青年,不让他们走路,有所探索。还有些议论句富有深刻的思想含义,不能单从字面上理解。比如"但如果我们永远要听见人类的足音,则我以为流产究竟比不生产还有望,因为这已经明明白白地证明着能够生产的了"。句中的"流产"与"生产"不能实解其义,而应该理解为"不成熟的探索"和"成功的创造"。整个句子的含义是:如果我们要推动人类历史前进,就应该进行大胆的探索,即使初步探索还不够成熟,也比故步自封要好得多,因为这种探索能充分地证明,探索毕竟是朝着成功的创造走去,创造的条件已经具备。这句话表明了作者的思想观点,即鼓励探索,提倡创造,反对禁锢。

感知词句,扫清障碍,是理解作品基本意思的前提,一般要做好这样几件常规工作:一是准备有关工具书,以便随时查阅;二是对一些疑难句子做上标记,专门进行分析,求得准确的理解;三是理解词句含义时,要结合文章语境来看,以便准确把握这些词句在该文中的特殊意义。

3. 通读全文,感知写作意图,把握文章主旨

基本内容了解了,词句关也过了,接下来就要归纳文章的中心或主题了,既明白作者写作该文的意图,也能正确找到文章的主旨所在。达到这一点,才算是理解了作品。例如下面的短文:

大山与小溪的对话
——"生与死"的遐想

从维熙

巍峨是大山的肖像,威严是大山的华装。大山常以巍峨和威严,显示它至高无上的存在和生命的永恒。

跳跃是山溪的形影,嬉闹喧哗是溪水的性格。她唱着歌儿从大山脚下流淌而过,大山觉得她有点玩世不恭。

大山说:"你不能安静点吗?"

小溪说:"那我的生命就结束了。"

大山不以为然:"你姐姐也是水,她庄淑贤雅,像个大家闺秀,你怎么总是疯疯癫癫地乱蹦乱跳?"

小溪回答:"她是被你锁在山环里一泓漂亮的死水,永远流不出山峦的闺帏。我不喜欢作姐姐的叠影。"

"湖里有片片白帆,"大山说,"还有游人的彩艇。"

"可是姐姐快乐吗?"溪水询问大山说,"我怎么总听不见她的歌声?"

"她日子比你过得安闲多了,"大山以洪亮的声音回答,"多少游人恋栈忘返,多少照相机为她倩影拍照。"

溪水在乱石中跳蹦着,咯咯地对着大山笑了:"她自由吗?她能像我这么无拘无束地撒欢吗?她知道山外世界的色彩吗?她——"

大山快快不快地打断了小小溪流的话："你要的是哪家的自由？你疯疯癫癫地要流淌到哪儿去？你诞生在大山脚下，就该有山的遗传基因，我站在这儿一动不动，与天上的日月星辰为伍，已然有几千年了。我看见只有咱们这座大山的后代，最安分守己，最克己让人；最文明古老，最恪守山规。"

小溪依然笑着，一束束浪语向大山提出质询："您是挺高的，高得可以和天穹媲美。可是您看见月亮上有飞船着陆过吗？您看见过您头顶上的'太空行人'吗？"

大山仿佛得了聋耳症的人，反问脚下的小溪说："你说什么——你说什么——月亮上只有捣药的兔儿爷和嫦娥，什么时候有过'飞船'落脚？几千年来，除了太阳、月亮、星星和云彩出现在我的头冠之上，再没有别的东西比我高了，哪儿有过什么'太空行人'？"

"您确实是太老了，"小溪歌声里出现了几分忧伤，"只知采昔日天地日月之精华，不知吸吮今日宇宙天穹之甘露，这样下去，您的灵魂会枯萎的，直到没了大山的魂魄！"

大山愤怒了，向小溪狂吼道："站住——你给我停下奔跑的脚步。"

小溪被大山的施威吓哭了。每束跃起的浪花，都是她晶莹的泪雨。是的，她生于斯长于斯，山表里不断奔涌而出的泉水，是生养她的母体；沟壑中挡路的嶙峋怪石，又赋予她一往无前的勇气。但是，像远祖大山那么僵直、一动不动地站立，与其说它活着，还不如说它已然死去。因而，她泪花飞溅地向大山告别说："不，我没有姐姐的安分，我向往山外的江，山外的河——我要和流淌着的大江、大河并网挽臂，在流动中燃烧自己，发热、发电、发光！"

大山急了，向小溪发出最后告诫："你知道吗，大江大河最后的归宿是大海，那你就完全没了'大山家族'，'山不可移'的本性了！"

"只有流动的东西，生命才能永恒。"小溪的泪雨，化作摇撼山岳的涛声,"再见吧——我的远祖——"

这是一篇寓言体散文,运用拟人手法写"大山"与"小溪"的对话。怎样正确理解文章的主题,要费一些周折。首先看内容。文章用对比手法在开头点出了"大山"与"小溪"的不同形象特点:"大山"巍峨威严,"小溪"嬉闹喧哗。继之写对话,分三层:第一层写"大山"要求"小溪"向"姐姐"学习,安分,安闲;而"小溪"否定了"姐姐"的生活,追求自由。这是点出"小溪"的品性。第二层写"大山"遭到"小溪"的质问和嘲弄,揭示了"大山"的本质弱点。第三层写"大山"向"小溪"施威,"小溪"虽然伤心,但还是坚定信念,执着追求,向往更新更美的生活。最后交代结果:"小溪"摆脱了"大山"的束缚,告别"大山",向新生活、新世界奔去。到这里,你似乎可以归纳作品的主题了:通过大山与小溪的对话描写,赞扬了小溪的追求自由、向往美好生活、锐意进取的精神品质,教育读者要向小溪学习。这样看待主题,似乎比较贴近作品内容,但还没有抓住作品本质,还有进一步挖掘的必要。为此,要重读标题,揣摩作者的写作意图。文章正题是"大山与小溪的对话",副题是"'生与死'的遐想"。这个副题耐人咀嚼。首先要考虑,作者为什么要加这个副题?我们知道,安排副题主要是为了补充正题内容。作者安排的正题概括了文章字面上的内容——对话,至于作者写这段对话的目的则是由副题来揭示的,即由此来表达对"生与死"这一重大问题的思考。继之,我们还要考虑,作者没有直接讨论什么是"生",什么是"死",那么"生"和"死"的表现又是怎样的呢?这就要从文章中找答案。在作者看来,像"大山"那样安于现状,安分守己,恪守旧规,固执己见,拒绝新事物,缺乏更新精神,便面临着死亡的危险;而像"小溪"那样,追求自由,向往美好未来,敢于进取,不断地"流动"着,"生命才能永恒"。原来作者是在借"大山"与"小溪"的对话来揭示"生命"怎样"才能永恒"的真谛。不错,作者是在赞扬"小溪"的精神,但更重要的是在阐释一种哲理:一个人,一个民族,一个国家,只有像"小溪"一样"流动"着,才会焕发蓬勃生机。应该说,理解到这一步,才算真正把握了作品的主旨。

这个例子告诉我们,感知作品主旨,一要实,即结合作品具体内容看,不能架空分析;二要深,即挖掘作品的底层含义,不能滞留于文字表面;另外,还有必要根据作者的写作意图来揣摩。有时候,还要体味作品的言外之意,比如读寓言式作品,就要产生联想。

二、整体感知的步骤和方法

对一篇文章的字词句、基本内容以及主旨的感知是读文活动过程中第一阶段要做的工作。这些工作做好了,下一步研究重点问题就有了认知基础与理解条件了。字词句、内容、主旨的感知是贯串于阅读文章全过程的,有具体的步骤和方法。一般说来有以下两点。

1. 一段一小结——写段意

读文章,总是一段一段地往下读,读一段,总得知道这一段写了什么。读完了,各段的大意摸清了,全篇的内容也就明白了。因此,在整体感知过程中,要眼、脑、手并用,眼睛"读"一段文字,脑子想"写了什么",同时也用笔及时记下所想的结果。也可能记下的"结果"还不深透,甚至还有错误,这没有关系,可留待下一步处理,或补充,或修正。记下初步感知所得,比泛泛而读,不留下点滴感知记录要好得多。这样做,一则是自己引导自己阅读,使感知更切实一些;二则也是为下一步局部研究作准备,懂了哪些,不懂哪些,懂到什么程度,心中有数,下一步研究就不至于无的放矢;三则也可以与后期的研究结果形成比照。初读时,是这样理解的,再读、三读时,理解有了变化,前后一比较,就可以看清自己的进步有多大。

记录感知结果,包括很多内容,最主要的还是写段落大意。请阅读下面的短文：

火 光

[俄] 柯罗连科

很久以前，在一个漆黑的秋天的夜晚，我泛舟在西伯利亚一条阴森森的河上。船到一个转弯处，只见前面黑魆魆的山峰下面，一星火光蓦地一闪。①

火光又明又亮，好像就在眼前……②

"好啦，谢天谢地！"我高兴地说，"马上就到过夜的地方啦！"③

船夫扭头朝火光望了一眼，又不以为然地划起桨来。④

"远着呢！"⑤

我不相信他的话，因为火光冲破朦胧的夜色，明明在那儿闪烁。不过船夫是对的：事实上，火光的确还远着呢。⑥

这些黑夜的火光的特点是：驱散黑暗，闪闪发亮，近在眼前，令人神往。乍一看，再划几下就到了……其实却还远着呢！……⑦

我们在漆黑如墨的河上又划了很久。一个个峡谷和悬崖，迎面驶来，又向后移去，仿佛消失在茫茫的远方，而火光却依然停在前头，闪闪发亮，令人神往，——依然是这么近，又依然是那么远……⑧

现在，无论是这条被悬崖峭壁的阴影笼罩的漆黑的河流，还是那一星明亮的火光，都经常浮现在我的脑际。在这以前和在这以后，曾有许多火光，似乎近在咫尺，不止使我一人心驰神往。可是生活之河却仍然在那阴森森的两岸之间流着，而火光也依旧非常遥远。因此，必须加劲划桨……⑨

然而，火光啊……毕竟……毕竟就在前头！……⑩

为了讨论的方便，我们将各段编上序号。读段①，知道是写时间、地点，所见和所作之事;读段②,知道是写灯光的明亮及"我"的感觉;读段③,知道是写"我"的认识和心情;读段④⑤,知道是写船夫的态度和认识(纠正我的错觉);读段⑥,知道是写"我"由不相信船夫的话到信服船夫的判断;读段⑦知道是写灯光的特点,进一步表示对船夫判断的信服;读段⑧,知道是写行船的感受,用事实证明船夫的话是完全正确的;读段⑨,知道作者是在生发议论,含蓄地点明一条哲理;读段⑩,知道作者是在表达坚定的信念。这样顺着自然段阅读并作小结后,再把相近内容归到一起,划分部分,所得结果如下:

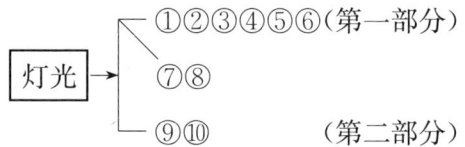

第一部分是实写,灯光看起来很近,其实很远;第二部分是虚写,由实有灯光产生联想,生发议论,揭示哲理,表达信念。在第一部分中,内容又有两个层次:一是写"我"和船夫的认识不同;二是用事实证明船夫的话是正确的。

2. 逐段提问题——寻找思考的引发点

归纳段意,旨在概括地把握文章内容;而提问题,则是逐段找出思考点,以备下一步研究。有的作品,语言比较艰深,内容比较含蓄,疑惑之处很多,一边读,一边寻找问题是不难的;有的作品,明白如话,没有文字障碍,内容也具体明了,似乎提不出什么问题,对此,要集中注意力,特别留神,不妨多读几遍,从无疑状态进入有疑之境。从无疑到有疑是一大进步,是思考深化的标志。产生疑问是思考的结果,尤其是自我生疑更是如此。对于自己提出的疑问不能作答是正常的,初步感知时,注意力放在生疑上,至于释疑,可暂时搁下。下面举《中学生阅读》1992年第2期刊登的德国里克特的《两条路》,供参考:

两　条　路

　　新年的夜晚。一位老人伫立在窗前。他悲戚地举目遥望苍天,繁星宛若玉色的百合漂浮在澄静的湖面上。老人又低头看看地面,几个比他自己更加无望的生命正走向它们的归宿——坟墓。①老人在通往那块地方的路上,也已经消磨掉六十个寒暑了。<u>在那旅途中,他除了有过失和懊悔之外,再也没有得到任何别的东西。</u>②他老态龙钟,头脑空虚,心绪忧郁,一把年纪折磨着老人。

　　年轻时代的情景浮现在老人眼前,他回想起那庄严的时刻,父亲将他置于两条道路的入口——一条路通往阳光灿烂的升平世界,田野里丰收在望,柔和悦耳的歌声四方回荡;另一条路却将行人引入漆黑的无底深渊,从那里涌流出来的是毒液而不是泉水,蛇蟒到处蠕动,吐着舌箭。③

　　老人仰望昊天,苦恼地失声喊道④:"青春啊,回来!父亲哟,把我重新放回人生的入口吧,我会选择一条正路的!"可是,父亲以及他自己的黄金时代都一去不复返了。

　　他看见阴暗的沼泽地上空闪烁着幽光,那光亮游移明灭,瞬息即逝了。那是他轻抛浪掷的年华。⑤他看见天空中一颗流星陨落下来,

通观全文,整体把握

① 老人为什么又看天,又看地?

② 这句话有何含义?

③ "两条道路"是实有的路,还是有所比喻?
④ 为什么要"苦恼地失声喊道"?

⑤ 为什么用沼泽地上空闪烁着的幽光来比喻"年华"?

消失在黑暗之中。那就是他自身的象征。徒然的懊丧像一支利箭射穿了老人的心脏。他记起了早年和自己一同踏入生活的伙伴们,他们走的是高尚、勤奋的道路,在这新年的夜晚,载誉而归,无比快乐。⑥

⑥ 这一段突出表现老人懊丧的心情,老人为什么懊丧?

高耸的教堂钟楼鸣钟了,钟声使他回忆起儿时双亲对他这浪子的疼爱。他想起了发蒙时父母的教诲,想起了父母为他的幸福所作的祈祷。强烈的羞愧和悲伤使他不敢再多看一眼父亲居留的天堂。老人的眼睛黯然失神,泪珠儿泫然坠下,他绝望地大声呼唤:"回来,我的青春!回来呀!"⑦

⑦ 两次写老人的呼唤,有何用意?

老人的青春真的回来了。原来,刚才那些只不过是他在新年夜晚打盹儿时做的一个梦。尽管他确实犯过一些错误,眼下却还年轻。他虔诚地感谢上天,时光仍然是属于他自己的,他还没有堕入漆黑的深渊,尽可以自由地踏上那条正路,进入福地洞天,丰硕的庄稼在那里的阳光下起伏翻滚。⑧

⑧ 老人的青春真的回来了吗?对这段话如何理解?

依然在人生的大门口徘徊逡巡,踌躇着不该走哪条路的人们,记住吧,等到岁月流逝,你们在漆黑的山路上步履踉跄时,再来痛苦地叫喊:"青春啊,回来!还我韶华!"那只能是徒劳的了。⑨

⑨ 这段话是告诫后人的,但有一处读来感到矛盾:前边写老人呼唤,青春真的回来了,这里又说再来叫喊,"只能是徒劳的",这怎么理解?

文章旁边提出了九个问题，抓住了疑难。相信进一步阅读文章，加深理解，问题是能解决的。人们都认为解决问题是一种快乐，其实提问题也是一种快乐。提问题，就等于拉开了思考的序幕，理解的霞光便在眼前飞起来了。

这里要说的是，提问题有会提和不会提之分。所谓会提，就是善于动脑，准确抓住文章的疑难点，所提出的问题有思考与研究的价值。要做到这一点，须掌握几个要领：一是从难以理解的词句上提问题；二是从文章主旨上提问题；三是从文章结构艺术上提问题；四是从写作目的上提问题；五是从表达方式上提问题；六是与其他文章比较，从异同点上提问题。当然还可从其他方面提问题。明确这些要领，提问就有了路子，有了抓手了。

最后，交代一下以上九个问题的答案：① 看天看地，表示老人在思虑之中。看天，意在渴望追求理想；看地，表明是对现实的认识。② 说明一生没有任何收获，白白浪费了时光。③ 比喻两种人生，一是成功之路，一是失败之路。④ 表示非常懊悔。⑤ 说明年华难以复得。⑥ 因为一生无任何收获。⑦ 表明老人对"青春"的渴盼与珍视。⑧ 青春并没有真正回来，这里是表明老人的觉醒虽然迟了，但这个"觉醒"非常重要，对后人有启迪意义。⑨ 并不矛盾，"青春"并没有真的回来，作者用"徒劳"一词告诫人们：最后"觉醒"虽然对后人有启迪作用，但对自己毕竟是太晚了，岁月无情，一切都无法挽回。同学们，你是否同意这些看法？

重视构成语言的建筑材料
——识字辨词第一关

阅读是借助具有客观意义的文字符号去了解别人思想、感情的智力活动,离开对语言的感知与理解,阅读活动就失去了意义,培养阅读能力也就无从谈起。

对语言的感知与理解,第一关就是识字辨词。

据研究,我们读一般的现代文,识字量要达到3 500个上下。也就是说,有了这个识字量,读现代文基本上不需要为字音字形问题去查工具书了。但就我们中学生实际看,这个识字指标并未达到,常用字的字音字形还有生疏的地方;次常用字的认读与理解,问题还要多一些。比如常用字"号",有的同学就写作"号"。比如"携"的读音,有的同学读作"xí"(应读"xié")。词语的理解也有问题。有一位同学写运动员奋力拼搏,想夺得金牌,说"觊觎桂冠",显然他未理解"觊觎"的词义及其感情色彩。同是一个"冠"字,有一个同学朗读课文,把"鸡冠子"的"冠"读作"guàn"(应读平声"guān")。在同学中,读错字,写错字,用错词的事,时有发生,这说明我们在识字辨词上还没有过关,还得下一番苦功才行。

只有准确理解词义,才能准确把握文章的意思,比如毛泽东同志在《人民解放军百万大军横渡长江》一文中写道:"人民解放军百万大军,从一千余华里的战线上,冲破敌阵,横渡长江。"其中"冲破"一词是很讲究的。"破"表示结果,"冲"表示来势勇猛,力量强大,这个词把当时百万大军锐不可当的气势准确地表达出来了。通过理解词义,能更好地认识人物特点,比如鲁迅先生《故乡》中写道:

"阿呀阿呀,真是愈有钱,便愈是一毫不肯放松,愈是一毫不肯放松,便愈有钱……"圆规一面愤愤的回转身,一面絮絮的说,慢慢向外走,顺便将我母亲的一副手套塞在裤腰里,出去了。

用"愤愤",表明杨二嫂因为要不到她所想要的木器家具而气恼;用"絮絮",写她一张利嘴还在继续发泄怨气;用"慢慢",点明杨二嫂伺机想拿东西的心理。这些词又与下文的副词"顺便"、动词"塞"相配合,活画出杨二嫂此时此地的形象特点。理解词义的作用还有很多,下面还要讨论。

有的同学说,词义要理解,我懂;识字也要理解么?回答是肯定的。识字,要记忆,但不必死记。比如《草地晚餐》的"餐",很多同学简写做"歺",这是不对的,属于写错字;有的同学写了十几遍"餐"字,还是写不好,原因在于没有动脑筋分析这个字的结构。这个字是形声字,上下结构。声旁是"奴"(cān),形旁是"食"。同时,你还要辨别"歺"与"月"的区别。前者是"",肉剔后残留的骨;后者是"",即"肉",象形字。如此理解一番,"餐"字就不会写错了,其义也就理解得更透了。

我们中华民族的汉语言是瑰丽神奇的,就像魔方,在语言大师手中千变万化,奇妙无比。辨认字词,揣摩语言,不光是为了掌握语言这一交际工具,还能由此窥见中华文化的灿烂火花,并培养热爱祖国,热爱民族的浓厚感情。

下边,我就跟你讨论识字辨词的方法、要领。

1. 识别与比较

识别,首先要认识,再要知道其特点,能有所区别。比如"友",有的同学误写为"友",多加一点,出错原因就是不了解"友"是一个会意字,不知道它的结构特点。"友",本来写作"𠂇","ヨ"是人手的样子,两只手叠在一起,表示相助之义,引申为朋友。认识这点,"友"就不会写错了。又比如"缀"和"辍",很多人读成一个音"zhuì",把"辍学"读成"zhuì学"。区分一下,这两个字音不同,义也不同。两个字都有"叕",是指事符号:"叕",意思是联缀,字形用几条弧线表示互相牵连。但两个字的偏旁"纟""车"是有区别的,"纟",本义是细丝,跟"叕"组合为"缀",缝合之意;而"辍"则是指车子不能前进,停止的意思。认读字,要识别;理解词,也要识别。我们常说,字不离词,词不离句,句不离篇,意思是说识字、解词、析句要联系具体的语言环境。如果机械地搬用词典中诠释的含义,就难以体会作者遣词造句的匠心。好的文章从来讲求词语的推敲,在怎样的语言环境里选用怎样的词语最能传情达意是大有讲究的。法国大作家福楼拜曾有这样精彩的论述:"不论描写什么事物,要表现它,唯有一个名词;要赋予它运动,唯有一个动词;要得到它的性质,唯有一个形容词。"作者苦心琢磨,寻找那"唯一"的。我们阅读时就要潜心思索,识别那"唯一"的佳妙,大而化之,一晃而过,就不能体会。比如臧克家《闻一多先生的说和做》是以"他,是口的巨人。他,是行的高标"来收束全文的,言简意赅,贮满赞颂之情。其中,"巨人"一词,我们常用,易理解,而"高标"就不见得理解会用了。不妨先查工具书,求得"高标"的含义,即高耸物体的末端叫"高标",例如杜甫《同诸公登慈恩寺塔》诗中有"高标跨苍穹,烈风无时休"的句子。用来写人,当然不是指人的"末端",而应解释为超群、出众。单独理解这个词到这一步,未尝不可,但还应识别它在文中的含义。它在文中与"巨人"对应,是名词,着眼于"高",意即高高耸起的标志。用这个词总括闻一多先生的"行",就把人物的精神拎了起来,升华到相当的高度,给人以高山仰止的感觉。如果换作"榜样""模范""楷模",皆不确切,高超的意味淡了。我们再来识别周立波《娘子关前》中的几个词语。文中写道:"山西的荒野山间,常常有牧羊人,拿着铁铲,守望一群绵羊和山羊。""守望"是"守卫"和"瞭望"的合并,为什么用"守望"而不用"看望""照看"这类词语呢?用意有二:一是这里"到过敌人",敌人把"猪牛和鸡"抢劫一空,老百姓心中铭刻着仇恨,"守"就是防止敌人再次侵夺和野兽的突然袭击;二是这里经过敌人的掠夺,成了"荒野","分外的寂寞与荒凉",老百姓处在绝望的境地,只有把生存的希望寄托在这些"绵羊和山羊"身上,一个"守"字表达了坚决守护的情意。文中还写道:"居民生活的大半,倚靠畜产。"按一般写法,"倚靠"应作"依靠"。但作者在这里选用"倚靠"别有用意。"倚",即借助其他物件支撑依靠;"依"虽也同样有靠近的意思,但依仗的程度远远没有"倚"强。作者写老百姓"倚靠畜产",目的是说老百姓再也没有其他的生活依靠了,只有把维持生存的所有希望放在畜产身上。老百姓生活的极端贫困、艰难,由此可见一斑。

比较是提高识别能力的有效方法。同义词、近义词的细微差别,词语的褒贬色彩,词序的排列与变化,词义的范围及轻重,等等,都可以用比较的方法来识别。比如下列几个句子,由于判断词"是"的位置不同,句意的强调性也就有了变化。

① 我在家里是给他打了一次电话(强调听话的人是谁)。

② 我是在家里给他打了一次电话(强调打电话地点)。

③ 我在家里给他是打了一次电话(强调打电话一事)。

还有词义的轻重也可以通过比较看出来。比如《连升三级》讲的是张好古的发迹史,不少同学认为故事之所以形成绝妙的讽刺,是因为金榜题名并进入翰林院的张好古竟然是个文盲。有学生说,把"文盲"改成"不学无术"好,也有的认为可用"胸无点墨""目不识丁""不识一丁"。比较一下,就可识别用"不学无术"对张好古还是轻了,还是把张好古看高了,对于他来说,谈不上学问不学问;"胸无点墨""目不识丁"与文盲词义相同,要合适得多。总之,比较的方法还有很多,这里仅是举例而已,相信你经常比较、推敲,那么辨微析毫、审情度理的能力必会提高。

2. 想象与再现

想象力强的人能通过无声的文字展现立体的图景,能获得深切的感受。再现是想象的结果,即让作者创设的形象在我们的脑海中浮现出来。各类课文,只要认真琢磨,都有激发想象的地方,都可以再现某种情景或形象。

比如读记叙类作品,魏巍《我的老师》中有这样的细节描写:"她从来不打骂我们,仅仅有一次,她的教鞭好像要落下来,我用石板一迎,教鞭轻轻地敲在石板边上,大伙笑了,她也笑了。我用儿童的狡猾的眼光察觉,她爱我们,并没有存心要打的意思。孩子们是多么善于观察这一点啊。"既然"从来不打骂我们",怎么又"打"了呢?再现这"打"的情景,就可真正理解。应抓住"落""迎""敲""笑"等表动作、表情态的词语推敲,展开想象,再对"好像""狡猾"等字眼加以咀嚼,体会到老师的"打"是假怒,假怒的背后是对学生真挚的爱;学生洞悉老师的内心世界,故用"狡猾"的眼光表示;师生融洽,"心有灵犀一点通",所以"大伙笑了,她也笑了"。这样理解、想象,你就有了身临其境之感。有些写景状物的文字,通过想象与再现,所得感受更真切,更细致,读着读着,就觉得眼前出现了美妙的景致。如莫怀戚《散步》中的文字:

这南方初春的田野,大块小块的新绿随意地铺着,有的浓,有的淡;树上的嫩芽儿也密了;田里的冬水也咕咕地起着水泡……这一切都使人想着一样东西——生命。

"新绿",你应想到这是庄稼、小草;"浓""淡"指色彩层次不同;"嫩芽儿"的"嫩"可想到细小、毛茸茸;一个"密"字,写"芽儿"多;"起着水泡"的

"起"是泛起的意思,写"水泡"的动态……这是对实写内容的具体想象,同时还可进行补充想象,想到春日的阳光,想到微风,想到小鸟的啼鸣,想到人们的笑脸……一字一句都是想象点,经过你的补充,内容就显得更加丰富多彩,一片春情也变得更加浓郁而又深厚!

读议论文有时也需要想象。议论文是表明态度和看法的,而态度与看法,作者均用概括性强的词语来表达,不像记叙文那样做具体的形象描绘。阅读时不妨据此虚拟情境,加以想象,化"抽象"为形象。如毛泽东同志《继续保持艰苦奋斗的作风》中的一段文字:

我们很快就要在全国胜利了。这个胜利将冲破帝国主义的东方战线,具有伟大的国际意义。夺取这个胜利,已经是不要很久的时间和不要花费很大的气力了;巩固这个胜利,则是需要很久的时间和要花费很大的气力的事情。资产阶级怀疑我们的建设能力。帝国主义者估计我们终久会要向他们讨乞才能活下去。因为胜利,党内的骄傲情绪,以功臣自居的情绪,停顿起来不求进步的情绪,贪图享乐不愿再过艰苦生活的情绪,可能生长。因为胜利,人民感谢我们,资产阶级也会出来捧场。敌人的武力是不能征服我们的,这点已经得到证明了。资产阶级的捧场则可能征服我们队伍中的意志薄弱者。可能有这样一些共产党人,他们是不曾被拿枪的敌人征服过的,他们在这些敌人面前不愧英雄的称号;但是经不起人们用糖衣裹着的炮弹的攻击,他们在糖弹面前要打败仗。我们必须预防这种情况。

文中写帝国主义和资产阶级对胜利后的"我们"的看法与态度,用了三个词,一是"怀疑",一是"估计",一是"捧场"。"怀疑"与"估计"是表判断的,而"捧场"则是表行为表现的。"捧场",就是吹捧,意思不难理解,而其具体表现则是多方面的。在什么情况下捧场?怎样用语言和行动捧场？捧场的动机是什么？"意志薄弱者"面对捧场又是一个什么样子？所有这些，都可通过想象，设想具体情境；有了具体情境补充，捧场的诡诈性、危害性就可以理解得更加真切。

想象与再现在读说明文过程中也能起到帮助理解的作用。比如茅以升《中国石拱桥》中的关于赵州桥的说明文字：

……（二）大拱的两肩上，各有两个小拱。这个创造性的设计，不但节约了石料，减轻了桥身的重量，而且在河水暴涨的时候，还可以增加桥洞的过水量，减轻洪水对桥身的冲击。同时，拱上加拱，桥身也更美观。（三）大拱由28道拱圈拼成，就像这么多同样形状的弓合拢在一起，做成一个弧形的桥洞。每道拱圈都能独立支撑上面的重量，一道坏了，其他各道不致受到影响。（四）全桥结构匀称，和四周景色配合得十分和谐；就连桥上的石栏石板也雕刻得古朴美观。唐朝的张鷟说，远望这座桥就像"初月出云，长虹饮涧"。赵州桥高度的技术水平和不朽的艺术价值，充分显示了我国劳动人民的智慧和力量。桥的主要设计者李春就是一位杰出的工匠，在桥头的碑文里还刻着他的名字。

第一句"两肩"就值得想象，以准确把握"大拱"与"小拱"的位置与关系。"小拱"既不是与"大拱"并排的，也不是在"大拱"之上，更不是与"大拱"相距较大，而是处在大拱曲线左右偏上的侧面位置。这样，你对"拱上加拱"就有了准确理解。文中写"大拱""由28道拱圈拼成，就像这么多同样形状的弓合拢在一起，做成一个弧形的桥洞"。由"弓"可想象：① 跨度较大，不是一个圆洞；② "28道拱圈"就像28道"弓""合拢"在一起，这个"拢"是指叠合一起，共同支撑桥面。通过这样的想象，你就可以在眼前再现赵州桥的形象了。

还要说的是，想象与再现往往是要反复朗读，调动各种感官一齐起作用的。比如读《社戏》中月夜行舟的描写,在朗读中,可先熟悉描写的景物:山水,月色,渔火,村庄,戏台,笛声,激水声,笑嚷声,等等。再调动感官,增强感受:在夜航中闻到什么?触到什么?看到什么?又听到了什么?通过嗅觉、视觉、听觉、触觉起作用,再加上生活经验作补充,就能使豆麦蕴藻之清香,夜晚扑面之水气,朦胧的月色,淡黑的起伏的连山,婉转悠扬的歌声,以及点点的渔火具体化、形象化,活泼泼的动人图景就会浮现在眼前。阅读时,"外物"的图景再现得好,对作品中"我"的"内情"的理解就比较具体:水乡夜色令人陶醉,故而"我的心""沉静""自失",甚至达到了和笛声一起弥散在豆麦蕴藻之香的夜气里的境地。

3. 积累与储存

同学们在阅读过程中要自觉地注意词语的积累与储存,一则是为了阅读,一则也是为了表达。通过点点滴滴的积累,不断提高语言修养。在日常交际或文章写作中,有的同学词汇丰富,信手拈来最恰当的词语表情达意;有的同学则词语贫乏,语言粗糙、干瘪。这个事实说明,积累和储存词语是多么的重要!

当然,积累与储存词语不能单靠死记硬背(通过背诵文章,强行记忆是必要的),更主要的是想办法巧记巧学,注重一个"巧"字。有经验的人往往采用以下方法:

一是寻根溯源。探索词语的根源及变化,既可提高自己遣词造句的能力,拓宽知识视野,又能养成咬文嚼字的习惯。比如"犹豫","犹",兽名,猴属,《尔雅》中说:"犹如麂,善登木。"实际经后人考证,"犹"为犬,人带着犬行路,犬预先走在人前,等不到主人时,又回来迎接。此喻人临事不决,就叫"犹豫"或"犹豫不决"。像这样寻根溯源,词语就会铭记在心中,永远不会忘记。当然,寻根溯源总是在阅读中有所触动才进行的,不会心血来潮,偏要找一个词来研究一番。在阅读中有所触动,实际上就是根据理解词义的需要对词语产生了刨根问底的欲望与兴

趣,比如《美"挑战者"号航天飞机升空后爆炸》中的一段话:

"挑战者"号上的七名宇航员中,有一名来自新罕布什尔州中学的女教师麦考利夫。她是第一名来自民间的航天飞机乘员,是从1万1千名报名应征的教师中选出来的。她为参加这次飞行接受了120个小时的宇航训练。她准备在轨道上向她的学生讲授"太空课"。今天,兴高彩烈的学生们在教室里观看载有自己的教师的航天飞机腾空实况时,突然陷入混乱和悲哀。

这段文字里没有生字难词,单一个"兴高彩烈"在小学就学习过了,词义也好懂。但好思的同学也许就对这个词产生疑惑:"兴高彩烈"讲兴致很高,情绪热烈;"兴高",可以讲兴致很高,"彩烈",就是情绪热烈吗?从来没听说过"彩"当情绪讲啊! 这一想,确实抓住了症结。查工具书得知,"兴高彩烈"原来不是讲人的情绪热烈。兴,指志趣;兴高,指志趣高。彩,本作采,指文采;采烈,指文采浓烈。兴高彩烈,构成因果关系,因为"兴高",所以"彩烈"。这个词来源于南朝时刘勰的《文心雕龙》。《文心雕龙》在《体性》一篇中讲人的本性对文章有重要影响,以嵇康为例,说:"叔夜(嵇康)俊侠,故兴高而采烈。"后人才用以形容人的兴致很高,情绪热烈。比如鲁迅先生在《阿Q正传》中写道:"阿Q看见自己的勋业得到赏识,便愈加兴高采烈起来。"说到这里,又有一个问题出来了:"采""彩"本是两个字,到底是"兴高彩烈"还是"兴高采烈"? 于是好思的同学一定又要探究这个"采"字了。一查工具书,问题就迎刃而解了。"采",上下结构,上是"爫",是"ヲ"(手);下是"木",意思是人用手在植物头上采摘叶子或花等,现在还有这个字义,如"采茶""采桑"等。"彩"是派生出来的一个字,本来是指文章,后来与"采"通用。因此写"兴高采烈"或"兴高彩烈"都可以。这里仅是举例说明问题而已,其实,你可以探究下去,为"采"这个字可以写一篇专文的。

二是扩展,即读一个词可以连带出若干个字。如"差强人意"有"强"这个字,还有不少词语也用了它,如"年富力强""强弩之末""倔强""勉强""强词夺理""强人所难""强颜""强迫"。这些"强",字形虽同,其意义和读音都有变化和不同,作一番研究,是很有意趣的。通过扩展,词语会越积越多,可以分类,比如把同义词归为一类,把反义词归为一类等;归类时,又可以进行辨析。比如你把"依靠""依赖"归为一类,可以辨别它们相同的地方和区别所在。"依靠"和"依赖"都是动词,都有"凭借外力,依仗别人"的意思。但二者在语言轻重和感情色彩上略有区别:"依靠"指"指望别人或事物来达到一定的目的",例如"他们上得山来,头一件事就是来到竹林里,依靠这青青毛竹,盖房落脚"(袁鹰《井冈翠竹》);"依赖"指"依靠别的人或事物而不能自主或自立",如"特别是那些还没有定居下来的骑马的游牧民族,更要依赖自然的恩赐,他们要自然供给他们丰富的水草"(翦伯赞《内蒙访古》)。"依赖"比"依靠"语意重,虽然都是中性词,但有时在用法上,"依赖"多含贬义,如"青少年不要依赖父母"。

在读文章过程中,一般不宜把注意力用在某一个词上,弄懂这个词在本文中的意思也就可以了。但有时为了理解词义,理解文章的需要,适当地寻根溯源和扩展归类,并加以分析,对丰富词汇量,扩大对词义的理解,还是有很大作用的,我希望同学们在这方面多加注意。

上边讲的是识字辨词的方法。方法应因人而异,因文而用,除了老师传授一些给你外,主要的还是靠你自己去摸索,不必生硬搬套。不管用什么方法,都是要有原则的,要符合一定的要求。下边就跟你讲讲识字辨词的基本要求。

要联系具体的语言环境来识字辨词。就识字而言,必须联系句子的意思,特别是要把这个字放在词中来认识。比如"棱",在"见棱见角"

一词中,读"léng",意思是"物体上不同方向的两个平面接连的部分";也指物体表面上的条状突起,如"瓦棱""搓衣板的棱儿"。而在"穆棱县"这个名称中,读"líng"。有的同学把"棱角"读作"lìng角"显然是读错了。像"出差""参差""差强人意""物质条件较差"中的"差"的读音就更要注意了,因为音不同,义也不同。辨析词语的意义更要联系语境。比如叶圣陶《苏州园林》中的文字:

设计者和匠师们因地制宜,自出心裁,修建成功的园林当然各个不同。可是苏州各个园林在不同之中有个共同点,似乎设计者和匠师们一致追求的是:务必使游览者无论站在哪个点上,眼前总是一幅完美的图画。为了达到这个目的,他们讲究亭台轩榭的布局,讲究假山池沼的配合,讲究花草树木的映衬,讲究近景远景的层次。总之,一切都要为构成完美的图画而存在,决不容许有欠美伤美的败笔。他们唯愿游览者得到"如在画图中"的美感,而他们的成绩实现了他们的愿望,游览者来到园里,没有一个不心里想着口头说着"如在画图中"的。

文中的"层次",有特定的意义,指近景远景的距离与高下的变化、区别,跟我们讲"划分文章内容层次"的"层次",意义有明显的区别。因此,不能脱离本文而孤立解释。文中的"败笔"一词,也有特定意义:本来它是指写字、作画、写文章出现的毛病(如构思、立意、运笔用墨、着色、遣词造句等),而在本文中,它指在"布局""配合""映衬"及"层次"方面的失误。

联系语境理解词义,要注意感情色彩,特别是要注意褒词贬用或贬词褒用的情况。否则,按原义理解,会闹出笑话。比如鲁迅先生在《革命文学》一文中说:"从指挥刀下骂出去,从裁判席上骂下去,从官营的报上骂开去,真是伟哉一世之雄,妙在被骂者不敢开口。"其中的"伟哉一世之雄"是赞赏的意思,"伟"是"伟大","一世之雄"是"一代最杰出的人物"。显然,作者在这里并不是真的赞扬,而是用了反语,褒词贬用,意思是讽刺"骂人者"的装腔作势、依势压人、色厉内荏的丑态。这种褒词贬用,作者有时是加了引号的,用以提示读者,表示这是反说,如鲁迅先生在《藤野先生》一文中写道:

……每当夜间疲倦,正想偷懒时,仰面在灯光中……于是点上一枝烟,再继续写些为"正人君子"之流所深恶痛疾的文字。

其中的"正人君子"本来是指"品行端正的人",这里是讥刺那些替军阀政客张目却自命正人君子的反动走狗文人。褒词贬用,更具有讽刺性,更能表达极端厌恶的感情。

联系语境理解词语,还要注意作者的意图,分析词语的特殊用法。比如毛泽东同志在《反对党八股》一文中写道:"有些天天喊大众化的人,连三句老百姓的话都讲不出来,可见他没有决心跟老百姓学,实际他的意思是'小众化'。""小众化"是作者自造的,一般情况下,没有这个说法。这种巧妙化用"大众化",变"大"为"小",正好把与"大众化"相反的言行说明白了,而且大大增强了语言的幽默感。鲁迅先生的文章里也有相似的例子。比如《这个与那个》一文中写道:

一个阔人说要读经,"嗡"的一阵,一群狭人也说要读经。岂但"读"而已哉,据说还可以"救国"哩。

"阔人"的说法很常见,指有权势有经济地位的人,含贬义;"狭人"一词,从未见过,单独看,无法理解,一与"阔人"对照,就知道作者是依"阔人"而仿制的。这样仿制词语,既增强了表达的幽默感,又体现了讽刺意图。根据语境看,"狭人"当指那些依附权势者、甘当权势者走狗的卑鄙文人。要提醒你的是,这种仿制词语的表达方法,即使是在语言大师那里也不多用,我们有所了解就行了。倘要学用,一定慎重,否则,有画虎成猫,弄巧成拙之嫌。

揣摩，体会，欣赏，积累
——语句深意细推敲

  文章总是一句一句地读；读一句，总要理解一句话的基本意思，这，每个同学都是明白的。

  但事实上，我们读文章时，并不是对每一句话都予以同样的"关心"，这是怎么回事呢？有阅读见识和经验的同学一定会这样说，文章中的各句话，表达作用是不一样的。有的句子像文章的骨架，失去它们，文章的血肉就支撑不起来，显然，对这些"主干性"句子要多一份注意。有的句子像文章的眼睛，是情致与理趣的窗户，显然，对其多加揣摩，能有助于我们明白文章的主旨。有的句子像掩藏在内容血肉之中的血脉；由于它们的牵连，文章思想感情有了一条发展与变化的线索，抓住这条线索，自然有助于我们摸清作者感情、思想变化的轨迹与特点。另外，句子表达的风格和特点也不一样，有的如清流，描物写态，细腻动人，脉脉含情；有的如惊雷，议论风生，振聋发聩，令人警醒；有的如平沙，质朴无华，平淡实在，耐人寻味；有的如红叶，娇艳华美，色彩斑斓，灿烂迷人……总之，像这些富有特色、结构巧妙、表意深邃的句子，在阅读时我们理应多加揣摩、体会、欣赏、积累。揣摩，在于发现它的作用；体会，在于把握其意义；欣赏，在于抓住它的特点；而积累，则在于为自己的运用寻找范例。

  下面，就从这四个方面作点讨论。

一、揣摩一些含义深刻的句子在文中不同的表达作用

1. 有的句子意思具有一定的包容性,作者让它在一段之中发挥统率作用。理解这种句子,要看它包括了哪些意思,中心意思是什么,再认识它在一段之中是怎样统领其他句子的。例如余心言《为中华崛起而读书》中的文字:

<u>人各有志。千百年来,对于为什么而读书有过多种不同的答案。</u>"书中自有黄金屋,书中自有千钟粟,书中自有颜如玉。"许多人为了升官发财而读书,书不过是他们的敲门砖。门敲开了,书就丢到一边了;门敲不开,书对他们也不再有什么用处了。渺小的目的,当然不可能产生持久而伟大的动力。周恩来根本反对只是为个人找出路而读书。1913年,他考上了天津南开学校。有一次,大家讨论为什么上中学。有的同学说,南开很有名,在这里毕了业,就能有个好前途。周恩来却说:我们生活在20世纪列强竞争的时代,国家贫弱不振,外国侵略者一天紧逼一天,眼看中国就要灭亡,青年人怎么能只想个人的前途呢?只有国家独立富强了,个人才能有前途。

开头句子(画直线的),是本段内容的总领句,也叫中心句。把它看作是中心句,不是因为它处在开头位置,而是因为它的含义包括了两个方面,即"有过多种不同的答案":一是为了升官发财,一是为了国家的富强。而这两点正是本段论述的重点。作者先引用三句格调不高的所谓格言,点明为升官发财而读书者的思想基础;继之概述这类人的表现,并对这些表现进行简要剖析;然后转到周恩来的读书观的论述上来,通过言论对比,揭示周恩来思想的崇高,抱负的伟大。这两方面内容都是对中心句的具体说明。

2. 有的句子,因其含义深刻,集中而又突出地表达了作者的思想感

情、观点看法，所以在文中起到了点明题旨的作用。理解这类句子要看它表情达意的核心是什么，并分析这个核心是不是揭示了全文的中心意思。请读美国 F. 奥斯勒《送花》中的文字：

生活的真谛并不神秘，幸福的源泉大家也知道，只是常常忘了，于是这才有点奥妙。

故事是由一个守墓人亲身经历和看到的。一连好几年，这位温和的小个子守墓人每星期都收到一个不相识的妇人的来信，信里附着钞票，要他每周给儿子的墓地放一束鲜花。后来，有一天他们照面了。那天，一辆小车开来停在公墓大门口，司机匆匆来到守墓人的小屋，说："夫人在门口车上，她病得走不动，请你去一下。"

一位上了年纪的孱弱的妇人坐在车上，表情有几分高贵，但眼神已哀伤得毫无光彩。她怀抱着一大束鲜花。

"我就是亚当夫人，"她说，"这几年我每礼拜给你寄钱……"

"买花。"守墓人应道。

"对，给我儿子。"

"我一次也没忘了放花，夫人。"

"今天我亲自来，"亚当夫人温存地说，"因为医生说我活不了几个礼拜了。死了倒好，活着也没意思了。我只想再看一眼我儿子，亲手来放这些花。"

小个子守墓人眨巴着眼睛，没了主意。他苦笑了一下，决定再讲几句。

"我说，夫人，这几年您总寄钱来买，我总觉得可惜。"

"可惜？"

"鲜花搁在那儿，几天就干了。没人闻，没人看，太可惜了！"

"你真这么想？"

"是的，夫人，您别见怪。我是想起来自己常跑医院、孤儿院，那儿的人可爱花了。他们爱看花，爱闻花。那儿都是活人。可这儿墓里哪个活着？"

老妇人没有作答。她只是又小坐了一会儿，默默祷告了一阵，没留话便走了。守墓人后悔自己一番话太率直，太欠考虑，这会使她受不了。

可是几个月后，这位老妇人又忽然来访，把守墓人惊得目瞪口呆；她这回是自己开车来的。

"我把花都送给那儿的人们了，"她友好地向守墓人微笑着，"你说得对，他们看到花可高兴了，这真叫我快活！我的病好转了，医生不明白怎么回事，可我自己明白，我觉得活着还有些用处！"

不错，她发现了我们大家都懂得却又常常忘记的道理：<u>活着要对别人有些用处才能快活</u>。

这篇小小说以"送花"为题写了一个小故事：老妇人开头是给自己的孩子送花，以寄托骨肉分离之情；尔后为医院的病人送花，以表达与人亲善的真情。这本来是一个平凡细小的故事，然而，由于作者带着揭示"生活真谛"的目的写，力图表达爱别人才能得到快乐的思想，故事便焕发出动人的情采，深刻的理趣。最后一句说她"发现了我们大家都懂得却又常常忘记的道理"，实际上是借小说人物的感悟来表达作者本人的写作意图。全文因为有了"活着要对别人有些用处才能快活"这句充满哲理的话而显得厚重、深刻。这句话的核心意思就是全篇的核心所在，有了它，题旨便显豁了。

3. 有的句子看起来平淡，但由于作者倾注了感情，使之多次在文中反复出现，便具有不同寻常的意义，并且这种思想意义贯串全文，我们便认为它在文中起到了牵连感情线索的作用。例如当代作家贾宝泉的

揣摩，体会，欣赏，积累

散文《故乡的小路》在开头是这样写的：

  妹妹来信说，母亲的病轻些了，刚能走动，她就让妹妹把她扶到村西头的小路上。她久久地站着，不言不语地向北方张望。妹妹问她干什么，开始她沉默着。问得多了，才低声说："要是你大哥回来，一定从这条路上走……"

  唉，母亲，小路，

  小路，母亲。

  沿着海河上溯，便进入一条滏阳河。沿着滏阳河上溯到华北大平原的南端，在河身向右急转弯处，离开河道向南走出四五里之遥，便是一条小路。

  它不是"桃李不言，下自成蹊"的那种蹊径，因为沿着它走去，并不能见到芬芳的桃李。它也不是"吴宫花草埋幽径"的那种幽径，因为路的两旁并没有名胜古迹，不会使人抚今追昔，发思古之幽情。它只是一条约二尺宽，不平也不直，被无数只脚踩出来的小路，也许以后的哪一天，一个不大的原因，就会被泯灭掉。然而，故乡的小路，我却被它牵萦得好苦！

由母亲的关照，点出"路"，继之以复唱的形式写"唉，母亲，小路"，"小路，母亲"，把"小路"和"母亲"联系起来。由此可看出作者写"小路"寄寓了一种特殊感情。到底是一种什么样的感情？再读下一段就明白一部分了：

  上中学时，正好赶上了三年困难时期。尽管学校想出了许多办法，包括吃代食品、早睡晚起等，仍然平息不了咕噜的饥肠。一天夜里，我躺在床上正要入睡，朦胧中，一个声音在窗外轻轻地响起："孩子，孩子。"啊,是母亲叫我! 我急忙披上衣服冲出门外。我知道,从家乡到县城里的中学有十来里路,而夜间走过那段小路,谁知道她那双小脚要越过多少坎坷,更何况她又体弱多病。此刻,我只知道流泪,却说不出话来。倒是娘先开口了:"孩子,饿了吧!"

"嗯——不。"我说。

"快吃吧!"她从一个布包里摸出两个菜团子。我懂得,唯有顺从地吃下,才是对她的最大的孝敬。我吃了,母亲高兴地点点头:"那你睡吧,我回去了。"

"不,我送你。"

"不用。这条路我熟。"

这里叙述了一件事:母亲为"我"送来了"菜团子"。由此,可看到母亲的一片爱子之情。行文的巧妙就在于把事情和"小路"紧紧扣住;要"走过那段小路,谁知道她那双小脚要越过多少坎坷"。在结构上,这一句又与前面的复唱形成了照应。

到文末,作者又直抒胸臆,借"梦"抒情:

"苦一点儿怕啥! 窝头咸菜还不一样养活人?"娘的语调很坚定。我又顺从了。我明白,她要回到那块生养了她的先辈也养育了她的儿女的故土上耕耘劳作,最后便长眠在那里的地下。孩子也让母亲带走了。尽管这个小小的生命会少吃一些牛奶、巧克力之类的食品,但在他身上增添的将是母亲的美德和泥土的芬芳。而这些,则是衡量生命价值的砝码,也是一切成就的基石。

夜里,我做了一个梦:我踏上了村头的小路,母亲站在路边,我再也禁不住自己,不由得狂奔起来……

这两段虽然没有具体议"路",但由于作者礼赞了母亲的美德,并且把"美德"和"泥土"的"芬芳"看作是"衡量生命价值的砝码","一切成功的基石",因此,我们可以领悟到,作者反复写"路"除了表达母子之情外,还在于揭示母亲的精神是人生之路的路标这层道理。作者最后写"梦",说自己"狂奔起来",一则表达了思念母亲的感情,二则再次点示"路",与文中其他写"路"的文字相呼应。文章开头由"路"起笔,文中由"路"串起许多故事,文末由路抒发情感,一"路"写来,起伏跌宕,感情线索一贯到底,感情浪花,阵阵推涌,确实体现了作者的艺术匠心。

二、体会重点语句在文中的深刻含义

每一句话都有它的意思,重点语句更体现了文章的核心思想与深刻内容。因此,钻探重点语句的含义并仔细、准确地体味其情味、意趣,是读懂全篇内容的重要一环。怎样体会重点语句在文中所表达的深刻含义呢? 不妨抓住以下要领。

(1) 从文章思想感情的底蕴上体会。散文《散步》是作家莫怀戚的成功之作,写的是家庭生活,切取的也只是"散步"这生活的一角,由于以深沉的爱作为底色,文章便摇曳着动人的情致。文章先描写了春天美妙的景致,接着叙述了一件事:

我和母亲走在前面,我的妻子和儿子走在后面。小家伙突然叫起来:"前面也是妈妈和儿子,后面也是妈妈和儿子。"我们都笑了。

后来发生了分歧:母亲要走大路,大路平顺;我的儿子要走小路,小路有意思。不过,一切都取决于我。我的母亲老了,她早已习惯听从她强壮的儿子;我的儿子还小,他还习惯听从他高大的父亲;妻子呢,在外面,她总是听我的。一霎时我感到了责任的重大。我想一个两全的办法,找不出;我想拆散一家人,分成两路,各得其所,终不愿意。我决定委屈儿子,因为我伴同他的时日还长。我说:"走大路。"

但是母亲摸摸孙儿的小脑瓜,变了主意:"还是走小路吧。"她的眼随小路望去:那里有金色的菜花,两行整齐的桑树,尽头一口水波粼粼的鱼塘。"我走不过去的地方,你就背着我。"

这件小事,如一滴水珠折射了一家人和谐、融洽、深厚的感情之光。"小家伙"幼稚天真,"母亲"仁慈与宽厚,"我"和"妻子"对浓郁感情的调配,很是得体。这番骨肉之情,确是令人感动。把握了全文的感情基调,你对下文末一句的理解就容易了:

这样,我们在阳光下,向着那菜花、桑树和鱼塘走去。到了一处,我蹲下来,背起了母亲。妻子也蹲下来,背起了儿子。我的母亲虽然高大,然而很瘦,自然不算重;儿子虽然很胖,毕竟幼小,自然也轻;但我和妻子都是慢慢地,稳稳地,走得很仔细,好像我背上的同她背上的加起来,就是整个世界。

加点的这句话写出了作者的真切感受,其含义是:世界充满真情,背着的是人类感情中最美的东西——爱。作者为什么会有这种感受?我们对作者的感受为什么要作出这样的理解?这都基于对前面所写内容的准确把握。"母亲"疼爱"小孙子",改变主意;"我"则偏爱"母亲",决定"委屈儿子",而之所以这样做,都是为了不愿"分成两路,各得其所"。这番感情如一条小溪,水到而渠成,感受自然就从胸中涌出。如果对全篇内容的情感缺少总体感知,你就会觉得这末一句话说得奇怪:背的是人,怎么说是背着整个世界呢?

再如读吴伯箫的散文《记一辆纺车》,在理解末一句"跟困难做斗争,其乐无穷"的含义时,也会感到把握文章思想感情底蕴对准确理解

"乐"的真义是非常必要的。作者说"克服困难不也是一种享受吗?""跟困难做斗争,其乐无穷",这里的"享受""乐",是作者真切的感受。一般说来,艰苦、困难与"享受""乐"是对立着的,作者以苦为乐,自有一层深义;而这层含义,单读末一句无法理解,只有把它和前边所写的场景以及作者对生活的透彻认识联系起来,才会找到正确答案。前文分别写了几种生活感受:一是写纺车是战斗的武器,粉碎了敌人困死我们的阴谋;二是写纺车纺出的线织成衣服,穿起来格外舒适,朴素自然,感受到的是生活的朴素美;三是写纺线劳动"简直有艺术创作的快感";四是写通过纺线,品尝到了"收获的愉快";五是写在纺线劳动中有所"创造发明"……正如作者所言:"就因为这些,我常常想起那辆纺车。"也正因为作者带着这一份思想感情写"纺车",所以,才有"其乐无穷"的真切体会。由此可见,"享受"也好,"乐"也好,包含的深刻内涵都是"革命乐观主义精神",而不是从个人立场上体会的自私自利的乐趣。

(2) 抓住句子中的关键词来体味。有些句子的深刻含义是通过几个关键词来体现的。关键词的含义搞明白了,句子的完整内涵也就理解了。例如老舍在《济南的冬天》一文中写道:"真的,济南的人们在冬天是面上含笑的。他们一看那些小山,心中便觉得有了着落,有了依靠。"这句话看起来并无奇特之处,无非是写人们心里有底罢了。但是,如果把"着落""依靠"和"面上含笑"联系起来看,就会觉得"着落""依靠"两个词是作者特意选用的,它们揭示了济南人之所以在冬天"面上含笑"的根本原因。既然如此,我们理解这一句话就必须抓住这两个词来推敲了。"着落"和"依靠"是指得到了保证,有了凭借的意思。作者说济南人把小山当作过冬的保证和凭借,是写"小山"在济南人心目中的位置多么重要! 济南人对"小山"真是至爱无比。济南人寄寓小山这份真爱,并不是虚假的、空洞的,因为这一群"小山"组合起来像"一个小摇篮",挡住了北风,给济南人带来的是一片温暖;因为有了这些"小山",济南才有如此温暖与纯美的冬天。由此可见,作者选用"着落""依靠",既表明了济南人对"小山"的特殊感情,又表达了作者描写这些小山的特殊感情。

在美丽的花丛中,有一束花与众不同,她招引着你;在文章的字里行间,也有那几个关键词,像忽闪忽闪的大眼睛注视着你,你不能不为之心动。在一段文字中,一句话是一道闪电,而关键词便是闪电上迸发的火花。比如朱自清《荷塘月色》中的一段文字:

路上只我一个人,背着手踱着。这一片天地好像是我的;我也像超出了平常的自己,到了另一世界里。我爱热闹,也爱冷静;爱群居,也爱独处。像今晚上,一个人在这苍茫的月下,什么都可以想,什么都可以不想,便觉是个自由的人。白天里一定要做的事,一定要说的话,现在都可不理。这是独处的妙处,我且受用这无边的荷香月色好了。

"我也像超出了平常的自己,到了另一世界里"是饱含思想感情的句子。首先要抓住"平常"思考:"平常"是怎么回事?这要结合生活背景来看。当时的朱自清正生活在国难当头、民不聊生的动乱时期,许多志士,包括朱自清的挚友闻一多为了反抗邪恶、争取民主和自由而不顾生死;朱自清虽然是一个沉静的学者,但同样有着一腔憎恨黑暗、渴望光明的激情与热血,只不过是表现的方式不同而已。因此,用作者自己的话说,"平常的自己"也就是"心里颇不宁静"的自己。与"平常"相对的是"另一世界"。这"另一世界"指的是什么?要根据文中的描写来研究,即有着充分自由的像月下荷塘一样无比美好的世界。由此可知,这句话写出了作者此时此刻由平常的心意烦闷到眼下深感自由,什么都可以想、什么都可以不想的思想状态;深情地表达了作者对这种自由天地的渴望之情。正是因为作者带着这样的心情来看眼下的景物,所以景物在作者的笔下显得那样的美好。这句话是全文思想感情的凸显,是我们准确体会全文思想感情的"抓手"。而要理解这句话,就不能不从"平常"与"另一世界"这两个词上揣摩。

(3)通过分析句间关系来体会。理解某一句的深刻含义,有时候要与相邻的句子联系起来,分析句子之间的关系,找出句子含义的强调点。例如冰心的《小桔灯》有几句话是这样写的:

① 我提着这灵巧的小桔灯,慢慢地在黑暗潮湿的山路上走着。② 这朦胧的桔红的光,实在照不了多远;③ 但这小姑娘的镇定、勇敢、乐观的精神鼓励了我,我似乎觉得眼前有无限光明!

①②句是实写,第③句是虚写,抒发感受,其中的"无限光明"是有深刻含义的,不是指小桔灯的灯光,而是指向往与追求中的新的生活,新的希望。为了突出这层意思,作者先用①②句铺叙,然后笔锋一转,使思想感情发生转折。认识这种转折关系,我们就会知道作者有意强调的是后一句话,而这句话正是思想含义的凝聚点。

再如朱自清《背影》中的两句话:

① 我读到此处,在晶莹的泪光中,又看见那肥胖的、青布棉袍黑马褂的背影。② 唉!我不知道何时再能与他相见!

句①是承上而来,写读信时产生的幻觉,表明思念父亲感情之深;句②是感叹,一个"唉"字出神入化,表达作者黯然神伤,无可奈何,心情失落的哀愁。这后一句是感情宣泄句,少了它,文章之收笔就平淡如水了。为了更透彻地理解句②的浓郁感情,不妨与句①联系起来。句①写幻见,句②写见不到;幻觉与真实形成了难解的矛盾。按作者的心情,是恨不得立即见到"父亲";而作者又深知现实无情,是一时见不到"父亲"的,因此,以"我不知何时"出之,这真是世事难料,人生难期。越感到会面难期,就越是思念;越感到思念非常,也就越觉得会面难期!思念与难见的矛盾就是这样尖锐对立,因此,作者只好长叹一声"唉",以无望的失落作结,陡然使文章产生了余味无穷,情思绵长的效果。由此,我们深深感到,这后一句话的感情分量有多么沉重!

阅读议论文,理解表达思想观点的概括性句子的具体含义,更要从分析前后句子之间关系入手。例如毛泽东同志的《人的正确思想是从那里来的?》中的一段文字:

人的正确思想是从那里来的?是从天上掉下来的吗?不是。是自己头脑里固有的吗?不是。人的正确思想,只能从社会实践中来,只能从社会的生产斗争、阶级斗争和科学实验这三项实践中来。<u>人们的社会存在,决定人们的思想。</u>而代表先进阶级的正确思想,一旦被群众掌握,就会变成改造社会、改造世界的物质力量。人们在社会实践中从事各项斗争,有了丰富的经验,有成功的,有失败的。无数客观外界的现象通过人的眼、耳、鼻、舌、身这五个官能反映到自己的头脑中来,开始是感性认识,这种感性认识的材料积累多了,就会产生一个飞跃,变成了理性认识,这就是思想。这是一个认识过程。这是整个认识过程的第一个阶段,即由客观物质到主观精神的阶段,由存在到思想的阶段。

请注意文段中画线的一句话。这句话概括地表达了作者的思想观点。如何理解"社会存在"?要看前一句话,即"三项实践";如何理解"决定人们的思想"中的"决定"?即"社会存在"是怎样"决定人们的思想"的?为此,你要看后面几句话,尤其是"无数客观外界……这就是思想"这一句,因为它把"决定"的过程说清楚了。这句话为什么要安排在这里,而不放在开头或是结尾？这是表达思路决定的：开头设问，引出结论，继之用这句话加以概括，仍然是作结论。作者把结论摆在开头写，有突出、强调的意思；虽都是写结论，但回答问句的内容写得具体，画线句则高度概括；先具体，后概括，自然妥帖。接下来就是说理分析了，即回答"社会存在""决定""思想"的过程与特点。由此可见，这画线句不仅是对前面内容的总结，也是对后面分析内容的提领。瞻前顾后，才能完整而具体地理解这一句话的真正内涵。

三、欣赏和积累含义深刻、风格各异的精彩语句

在阅读过程中，我们要把语句放在文章的大语境中理解，这样才能准确地理解其深刻的含义。由于我们对文章内容比较熟悉，加之有些语句也具有独立欣赏的价值，同时也是为了我们积累典范语言材料的需要，因此，我们也可以在结合文章理解语句深意的前提下，把重点语句"抽"出来，作为独立的欣赏对象，抄记在"美言佳句本"上。这是不少同学学习语言的成功经验，建议你不妨一试。

我们知道，古诗文由于篇幅短小，便于背诵，因此应着眼于全篇的记忆；现代文篇幅长，散句多，记忆难度大，不适宜全篇背诵（少数短小精悍者，另当别论），因此，抄记一部分精彩段落或语句，就显得很有必要了。例如鲁迅先生《故乡》中的一段名言，是应该背诵或抄录下来以备欣赏的：

我在朦胧中，眼前展开一片海边碧绿的沙地来，上面深蓝的天空中挂着一轮金黄的圆月。我想：希望是本无所谓有，无所谓无的。这正如地上的路；其实地上本没有路，走的人多了，也便成了路。

像这样的名言警句，单独记忆，并不妨碍对其内容的理解，应该使之烂

熟于心；就像一颗颗种子埋在心灵的沃土中，积少成多，相互融合，在适当的时候，它们就化为你的语言血肉，开出灿烂的语言之花。很多人出口成章，语言典雅，说理透辟，描述生动，往往得益于此。

从欣赏的角度说，要根据不同体裁作品的特点，确定欣赏重点语句的侧重点。

欣赏记叙类作品的语句，重在内在感情的挖掘。不论是记人作品还是叙事作品，不论是写景作品还是状物作品，"情"总是它们的内核，因此要扣住一个"情"字来体味。也有的作品，其语句深含哲理，但这个"理"不是空洞的，它与"情"融为一体，"情"始终是闪光的底色。例如朱自清《春》中的一段名言：

> 天上风筝渐渐多了，地上孩子也多了。城里乡下，家家户户，老老小小，也赶趟儿似的，一个个都出来了。舒活舒活筋骨，抖擞抖擞精神，各做各的一份儿事去。"一年之计在于春"，刚起头儿，有的是工夫，有的是希望。
>
> 春天像刚落地的娃娃，从头到脚都是新的，它生长着。
>
> 春天像小姑娘，花枝招展的，笑着，走着。
>
> 春天像健壮的青年，有铁一般的胳膊和腰脚，领着我们上前去。

作者无比深情地礼赞春天，把春天比作"刚落地的娃娃"，旨在赞颂她富有无穷无尽的生命力；把春天比作"小姑娘"，旨在赞颂春天形象的美好与多情；把春天比作"健壮的青年"，旨在赞颂春天给人以力量，催人奋发向上。作者由描春到赞春，都是沿着一条感情线索而发展的：愿人们热爱春天，更要在春天里得到启示，看到希望，吸取力量。

欣赏议论类作品的语句，重在思想观点的分析。议论文是发表观点与看法的。有些语句或段落，说理透辟，入木三分，思路清晰，逻辑性

强,我们要分析其特点,把握其思想实质。例如鲁迅先生《拿来主义》中的一段话:

所以我们要运用脑髓,放出眼光,自己来拿!

譬如罢,我们之中的一个穷青年,因为祖上的阴功(姑且让我这么说说罢),得了一所大宅子,且不问他是骗来的,抢来的,或合法继承的,或是做了女婿换来的。那么,怎么办呢?我想,首先是不管三七二十一,"拿来"!但是,如果反对这宅子的旧主人,怕给他的东西染污了,徘徊不敢走进门,是孱头;勃然大怒,放一把火烧光,算是保存自己的清白,则是昏蛋。不过因为原是羡慕这宅子的旧主人的,而这回接受一切,欣欣然的蹩进卧室,大吸剩下的鸦片,那当然更是废物。"拿来主义"者是全不这样的。

他占有,挑选。看见鱼翅,并不就抛在路上以显其"平民化",只要有养料,也和朋友们像萝卜白菜一样的吃掉,只不用它来宴大宾;看见鸦片,也不当众摔在毛厕里,以见其彻底革命,只送到药房里去,以供治病之用,却不弄"出售存膏,售完即止"的玄虚。只有烟枪和烟灯,虽然形式和印度,波斯,阿剌伯的烟具都不同,确可以算是一种国粹,倘使背着周游世界,一定会有人看,但我想,除了送一点进博物馆之外,其余的是大可以毁掉的了。还有一群姨太太,也大以请她们各自走散为是,要不然,"拿来主义"怕未免有些危机。

总之,我们要拿来。我们要或使用,或存放,或毁灭。那么,主人是新主人,宅子也就会成为新宅子。然而首先要这人沉着,勇猛,有辨别,不自私。没有拿来的,人不能自成为新人,没有拿来的,文艺不能自成为新文艺。

第1~3段是形象化阐释,最后一段是概括作结,我们要欣赏和背记这一段文字。"总之",表示承上概括;"我们要拿来"是基本主张;继之作者用"我们要或使用,或存放,或毁灭"进一步说明"拿来"后采取的应有态度和措施,然后推出结果:"主人是新主人,宅子也就会成为新宅子。"你看,这三句话,环环相扣,显得多么连贯而又严密!"或使用,或存放,或毁灭"中的三个"或"字能否去掉? 不能,它表明有三种办法,要选择使用;"主人是新主人,宅子也就会成为新宅子"中的"也就会成为"能否用"是"来代替? 不能,因为"主人"成为"新主人"是前提,只有主人"新","宅子"才会"新",这种既陈述条件,又说明因果的句间关系体现了非常严密的逻辑性。这段话的末尾,用对偶句式总结,意深,理明,句美。

欣赏说明类作品的语句,重在准确性的把握。说明文的要求和特点都是一个"明"字;"明"除了在思路、方法、结构上体现外,更主要的是在说明语言上体现出来;而说明语言的"明"又主要表现为准确。因此,把握说明语言准确表达意义的特点是我们欣赏的侧重点。例如叶圣陶《苏州园林》中的一段文字:

苏州园林里的门和窗,图案设计和雕镂琢磨功夫都是工艺美术的上品。大致说来,那些门和窗尽量工细而决不庸俗,即使简朴而别具匠心。四扇,八扇,十二扇,综合起来看,谁都要赞叹这是高度的图案美。摄影家挺喜欢这些门和窗,他们斟酌着光和影,摄成称心满意的照片。

说"工细"用了"尽量"一词,很有分寸,因为"工细"是没有极限的,只能尽量追求完美、细致。如果把"工细"换作"极其",则有夸大不实之嫌了。说"不庸俗"用了一个"决"字,表明程度,即一点也不庸俗。"庸俗"是低级的,完全可以避免,用"决不",人们信服。"谁都要"指"所有的人都要",指所有的人都会赞叹;"高度"修饰图案美,与前边"尽量工细而决不庸俗"相照应;"斟酌着光和影",表明"斟酌"的对象是"光和影",这里的"斟酌"是"考虑如何更好地利用"的意思,既说明了摄影家的工作态度,也显示了摄影家的心理;图案非常美,如果光与影不选择好,则反而影响了图案的表现。你看,这些加点的词句,无一不是有分寸的,无一不是非用不可的。写到这一步,"明"的目的才算达到了。

最后从积累角度,谈谈分类摘抄的事。

背诵是一种积累,但量有限;因此,分类摘抄是比较切实可行的办法。

你可以按表达方式分类抄记,如叙述、描写、议论、说明、抒情等类别,每类均抄录一些典范例句。

也可按内容分类,如写景、状物、记人、叙事、议论和说明等类别。

还可以有其他一些分类方法,由你选用即可。

洞悉文章各部分之间的联系
——段落、层次及其关系

每一篇好文章都有其充实的内容。内容怎样有序地表达,遵循一定的逻辑,取决于结构的安排。因此,文章的内容与表达内容的结构形式是有机联系着的。把握内容,常常要从结构形式上入手;分析结构,也必须结合内容来思考。基于此,我跟你谈谈在阅读过程中为什么要洞悉文章各部分之间的联系及怎样分析结构、应遵循哪些要求等问题。

人们都说"文无定法"。从结构上讲,这句话也就是指文章的结构没有一个"定体",应是自由灵活的;但是,结构形式不论怎样自由灵活地安排,一些基本要素总是有的,如层次、段落,任何文章都有。因此,我们这里讨论结构主要是讨论层次、段落。

一、什么是层次和段落

层次,指的是文章思想内容的表现次序。事物发展总是有阶段的;人们认识事物,表达内容也有一个先后次序和过程。这里讲的"阶段""次序"反映在文章中,就是层次。层次,有时人们又把它叫作"意义段"或"部分"(如说全文可分几大部分等);有的时候,人们又把一段中意义相对集中的部分称为层次(如这一段可分几层等)。不管是分大层次(全文的"部分"),还是分段落中的小层次,层次的特点是不变的,即它体现着作者思想及文章内容逐步发展与变化的步骤。

段落，有多种说法。一般地是指构成文章的最小单位，具有"换行"的明显标志，是文章思想内容在表达时由于转折、强调、间歇等情况所造成的文字停顿。因此，人们习惯上把段落叫作"自然段"。当然，也有的人把段落说作是"部分"，既用它指自然段，也用它指意义段。这也未尝不可，不过在使用时要有一致的标准和原则。部分指什么？段落指什么？要搞清楚，不能交叉、混乱地使用名称。还是按照段落、层次的一般通用的说法稳当。

层次和段落，关系密切。有时，关系是一致的，即段落的划分正好反映了文章内容的层次，如某篇文章有三段，正好分成三个层次（或叫三个"部分"）。更多的情况，层次包容段落（也即一个"部分"由若干自然段组成）。

二、为什么要认识段落、划分层次

（1）是理解文章内容的需要。读文章，必须理解内容；理解内容，固然有很多方法，但认识段落、划分层次毕竟是主要途径。就一篇文章说，你要知道开头写了什么，中间写了什么，结尾写了什么；也要知道为什么要先写这部分内容而后写那部分内容。要知道这些，一方面从自然段上直接看出来，一方面可从"部分"划分上看出来。即使是对某一自然段中内容的理解，划分其中的"小层次"也是非常必要的。例如吴伯箫《记一辆纺车》中的一段：

纺线，劳动量并不太小，纺久了会腰酸胳膊疼；不过在刻苦学习和紧张工作的间隙里纺线，除了经济上对敌斗争的意义而外，也是一种很有兴趣的生活。纺线的时候，眼看着匀净的毛线或者棉纱从拇指和食指之间的毛卷里或者棉条里抽出来，又细又长，连绵不断，简直有艺术创作的快感。摇动的车轮，旋转的锭子，争着发出嗡嗡、嘤嘤的声音，像演奏弦乐,像轻轻地唱歌。那有节奏的乐音和歌声是和谐的,优美的。

仔细阅读,你就会发现,作者先总括地写"纺线"虽然有时很累,但"也是一种很有兴趣的生活"。然后从两个方面来具体说明"兴趣"所在:一是抽线时"简直有艺术创作的快感",二是发出的声音像乐音和歌声那样"和谐""优美"。依此可分作两小层:第一层总说,第二层分说。由于划分了"小层次",你对内容的认识与理解就更具体、细致了。

读段落如此,读一篇长文更应如此。文章篇幅长,表明内容丰富。如何了解内容的差异和不同,划分"部分"(也即"大层次")就显得非常必要了。

(2)是把握作者思路,认识其构思匠心的需要。前边说过,层次是作者认识问题、表达思想步骤的反映。作者为什么要这样写而不那样写,总是有自己的考虑的。作者在心里想的问题,通过文章体现出来,我们通过分析,就知道他的构思奥妙和内在原因了。分析一篇文章的层次、段落可以窥到作者的写作思路与构思匠心。有时分析一段的小层次也能达到这个目的,例如魏巍《我的老师》中的一段文字:

① 有一件小事,我不知道还值不值得提它,但回想起来,在那时却占据过我的心灵。② 我父亲那时候在军阀部队里,好几年没有回来,我跟母亲非常牵挂他,不知道他的死活。③ 我的母亲常常站在一张褪了色的神像面前焚起香来,把两个有象征记号的字条卷着埋在香炉里,然后磕了头,抽出一个来卜问吉凶。④ 我虽不像母亲那样,也略略懂了些事。⑤ 可是在孩子群中,我的那些小"反对派"们,常常在我的耳边猛喊:"哎哟哟,你爹回不来了哟,他吃了炮子儿啰!"那时的我,真好像死了父亲似的那么悲伤。⑥ 这时候蔡老师援助了我,批评了我的"反对派"们,还写了一封信劝慰我,说我是"心清如水的学生"。⑦ 一个老师

排除孩子世界里的一件小小的纠纷,是多么平常;可是回想起来,那时候我却觉得是给了我莫大的支持!⑧在一个孩子的眼睛里,他的老师是多么慈爱,多么公平,多么伟大的人啊。

这段内容由八句话组成。第①句是总领句,点明有一件事占据过我的心灵。究竟是什么事呢?作者用②③④⑤⑥五句话交代,先说自己因"父亲"不在家而遭到欺负;再写老师"援助"我,安慰我;最后用⑦⑧句谈感慨,抒发情感。由此,我们可以把这段文字分为三层:第①句为第一层;第②③④⑤⑥为第二层;⑦⑧两句为第三层。由这个层次,我们也就看清了作者的思路了,即"引出话题→交代原委→议论抒情"。这个思路是按照事情发生过程确定的:先有遭受欺负一事,才有得到老师安慰一事;事情本来就是这样发展的,叙述时不能颠倒。这个思路也体现了作者的艺术匠心。是先写事,后议论;还是先议论,后写事,没有硬性规定。有的文章往往是先议论,谈感慨,然后再叙事。而本段文字则是先交代事情,再议论抒情。这样写有它的好处,即先让读者了解事情原委,自觉产生对"老师"的好感,再读议论与抒情文字,产生的共鸣就更加强烈。如果倒过来写,先在"占据过我的心灵"之后进行议论和抒情,再交代事情原委,一则显得突兀,不自然;二则读者的共鸣感就要大为减弱;三则就内容来说,也有头重脚轻之嫌。本文以叙为主,应突出"事"。

(3)是培养逻辑思维能力,利于组织说话和作文的需要。阅读优秀作品,目的之一就是提高自己的表达能力。每一篇篇优秀文章都在告诉我们话应该怎么说,文章应该怎么写。借鉴之处当然很多,除语言、思想外,章法特点、结构艺术自然也是学习的重点;吸取其精华,为我所用,无论是说话,还是作文,组织内容的能力都会有所提高。比如说话,有的同学说到重要内容,不注意"停顿",一口气说完,以至于听者分不出主次;比如作文,有的同学不善于分段表述,习惯于开头一段,中间一段,结尾一段,以致把文章写成了"老三段",既没有突出重点,也显得呆板僵化。如果我们注意研究一些范例的分段艺术,就会得到启发。例如鲁迅先生《一件小事》的开头部分:

我从乡下跑到京城里,一转眼已经六年了。其间耳闻目睹的所谓国家大事,算起来也很不少;但在我心里,都不留什么痕迹,倘要我寻出这些事的影响来说,便只是增长了我的坏脾气,——老实说,便是教我一天比一天的看不起人。

但有一件小事,却于我有意义,将我从坏脾气里拖开,使我至今忘记不得。

第2段内容并到第1段中,内容并不受影响;但作者还是有意另起一行,让"但有一件小事"的内容自成一段,目的很明显,就是突出"一件小事",强调"我"的看法,引起读者的注意与思考。

不光鲁迅先生注意到了这样分段有利于思想感情的表达,许多作家也都是这样做的。比如茅盾在《白杨礼赞》中写道:

然而刹那间,要是你猛抬眼看见了前面远远地有一排,——不,或者甚至只有三五株,一二株,傲然地耸立,像哨兵似的树木的话,那你的恹恹欲睡的情绪又如何?我那时是惊奇地叫了一声的!

那就是白杨树,西北极普通的一种树,然而实在是不平凡的一种树!

第1段写一种"像哨兵似的树木",到底是什么树?没有回答。根据文意的连贯性特点,第2段是回答第1段的,可以放到第1段中。然而作者有意打破这种连贯,让回答的文字另成一段,显然起到了突出白杨树形象,强调作者真切感受的作用。

我们有些同学说话或作文,往往有这样的毛病:许多事情或观点、看法裹在一起表达,一会儿说这,一会儿说那,一会儿又回到已经说过的内容上来,像一团乱麻,扯都扯不开,分也分不清。有的同学还以为这是表达技巧不够所致。其实,这不是技巧问题,而是思路不清、思维不明造成的。想问题,要一个一个地想,思而有序;表达时,也应一层一层地表达,写而有序。思维清晰,说的话,写的文章也就给人以条分缕析之感。许多好文章在这方面为我们做出了样子,其组织内容的逻辑性和分析表达的条理性值得我们学习。例如胡绳同志的《想和做》一文的前半部分:

有些人只会空想,不会做事。他们凭空想了许多念头,滔滔不绝地说了许多空话,可是从来没认真做过一件事。

也有些人只顾做事,不动脑筋。他们一天忙到晚,做他们一向做惯的或者别人要他们做的事情。他们做事的方法只是根据自己的习惯,或者别人的命令,或一般人的通例。自己一向这样做,别人要他们这样做,一般人都这样做,他们就"依葫芦画瓢",照样做去。到底为什么要做这件事,为什么要这样做,有没有更好的办法,他们从来不想一想。

我们瞧不起前一种人,说他们是"空想家",可是往往赞美后一种人,说他们能够"埋头苦干"。能够苦干固然是好的,但是只顾埋着头,不肯动动脑筋来想想自己做的事情,其实并不值得赞美。

这种埋头做事不动脑筋的人简直是——说得不客气一点——跟牛马一样。拉磨的牛成年累月地在鞭子下绕着石磨转,永远不会想一想为什么要做这件事,为什么要这样做,有没有更好的办法。能够这样想的只有人。人在劳动中不断地动脑筋,想办法,才清清楚楚地知道自己做这件事为什么目的,有什么意义,有什么缺点,才渐渐想出节省劳力、提高效率的方法。人类能够这样劳动,能够一面做,一面想,所以文化能够不断地进步。要不,今天的人类就只能像几万年以前的人类一样,过着最原始最简单的生活了。

一事不做,凭空设想,那是"空想"。不动脑筋,埋头苦干,那是"死做"。无论什么事情,工作也好,学习也好,"空想"和"死做"都不会得到进步。想和做是分不开的,一定要联结起来。

第1、2段分别写了两种人的思想行为。一是"只会空想,不会做事";二是"只顾做事,不动脑筋",各成一段,均较突出。第3、4段是承接内容的。"瞧不起前一种人"说得少些,因为大家都知道"空想家"不好,没有思想认识上的障碍,因此点明一下即可;对"只顾做事,不动脑筋"作了比较详细的分析评论,意在澄清错误认识。从内容表述特点上看,作者这样分述,采用的是双起单承的写法,即先提出两种人的两种表现(双起),然后对两种表现进行评论,得出一个明确的认识(单承)。按照这种先起后承的路子写,显得条理清楚、层次分明、连贯性很强。从逻辑思维上讲,这是一种归纳推理,即先指出两种思想行为,然后展开分析,最后得出结论,从而使文章体现出分析全面、准确,结论周到、严密的特点。

三、怎样分析文章的段落和层次

(1)根据文章的写作顺序分析段落层次。文章的写作顺序大致有三种:一是以时间为序,二是以空间为序,三是以事物存在逻辑、事理形成逻辑及人们的认识过程为序。根据这几种顺序特点,我们可以分清内容层次上的差别。

有的文章是按照时间顺序写的,只要抓住时间词,就可看出因时间

有了变化,所写的内容也有了变化。看清"变化",层次也就分清了。请阅读下文:

夜莺之歌

[苏] 皮·茨维尔卡

战斗刚刚结束,一小队德国兵进了村庄。街道两旁尽是黑色的瓦砾,烧焦的树木垂头丧气地弯着腰。

夜莺的歌声打破了夏日的沉寂。这歌声停了一会儿就又响起来,越来越有劲。

士兵们和中尉注意听着,看看周围的灌木丛,又望望道旁的白桦树。他们突然发现就在很近很近的地方,有个孩子坐在河沟边,搭拉着两条腿。他光着头,穿一件颜色跟树叶差不多的绿上衣,拿着一块木头,不知道正在削什么。

"喂,你来!"中尉用生硬的俄国话叫那孩子。

那个孩子赶紧把小刀放到衣袋里,抖了抖粘在上衣上的木屑,走到军官跟前来。

"喂,让我看看!"德国军官说。

孩子从嘴里掏出一个小玩意儿,递给他,快活的蓝眼睛望着他。

那是个白桦树皮做的口哨。

"这玩意儿你做得还不错。"中尉点点头,他阴沉的脸上露出一丝冷笑,"谁教你这样吹哨子的?"

"我自己学的。我还会学杜鹃叫呢。"

孩子学了几声杜鹃叫。接着,他又把哨子塞到嘴里吹起来。

"村子里就剩你一个吗?"中尉继续盘问他,并且把望远镜举到眼睛前。

"怎么会就剩我一个?这里有麻雀、乌鸦、鹧鸪,多着呢,夜莺倒是只有一个!"

"你这个坏家伙!"中尉打断孩子的话,"我是问你这里有没有人。"

"人哪?战争一开始,这里就没有人了。"孩子不慌不忙地回答。……

"喂,你认识往苏蒙塔斯村去的路吗?"

"怎么不认识,"孩子很有信心地回答,"那里有个磨坊,我常到磨坊附近的坝上去钓鱼,那儿的狗鱼可凶呢,能吃小鹅!"

"好啦,好啦,带我们去吧。要是你带得对,我就把这个小东西送给你。"中尉说着,指了指他的打火机。"要是你把我们带到别处去,我就把你的脑袋扭下来。听懂了吗?"

队伍出发了,行军灶打头,后边是孩子和中尉并排走着。孩子有时候学夜莺唱,有时候学杜鹃叫,胳膊一甩一甩地打路旁的树枝,或者弯下腰去拾球果,或者用脚把球果踢起来。他好像把跟在身边的敌人完全忘了。

森林越来越密。那弯弯曲曲的小道穿过茂密的白桦林,穿过杂草丛生的空地,又到长满云杉的小山上去了。

树林深处,有几个游击队员埋伏在那里,树旁架着冲锋枪。他们从云杉树枝缝里向外望,能够看见那曲折的小路。他们不时说几句简单的话,小心地拨开树枝,聚精会神地望着远方。

"你们听见了吗?"一个游击队员突然说。远处好像一种什么鸟在叫,随着风吹云杉的细碎声模模糊糊地传来。他伸直了腰,侧着头,往叫声那边听。"夜莺!"

"你没听错吗?"另一个游击队员问。先说话的那个人紧张起来,再仔细听,可又什么也听不见了。不过他还是从大树桩子下边掏出四个手榴弹来,放在面前,准备战斗。

"现在你们听见了没有?"

夜莺的歌声越来越响了。

先听到夜莺叫的那个人呆呆地站着,好像钉在那里似的。他慢慢地数,"一,二,三,四……"一边数一边用手打着拍子。

"32个鬼子……"那个人注意数着一声一声的鸟叫,最后说。只有游击队员才知道这鸟叫的意思。夜莺的叫声停止了,接着传来两声杜鹃叫。"两挺机关枪。"他又补充说。

"对付得了!"一个满脸胡子的汉子端着冲锋枪说,说完,理了理挂在腰间的子弹带。

"对付得了!"先听到鸟叫的那个人回答说,"我和斯切潘把他们放过去,等你们开了火,我们在后边阻击。如果我们出了什么事,你们可不要忘了小夜莺……"

过了几分钟,德国兵在云杉林后边出现了。夜莺还是兴致勃勃地唱着,但是那歌声的意思游击队员早已知道了。

德国兵走进云杉林的时候,树林深处突然发出一声口哨响,像回声一样回答了孩子。孩子突然转了个身,钻进树林深处不见了。枪声打破了林中的寂静。中尉还没来得及抓起手枪,就滚到路边去了。被冲锋枪打伤的德国兵一个跟着一个地倒下了。德国兵的呻吟声,叫喊声,游击队员的喊杀声,一时充满了树林。

第二天,孩子又穿着那件绿上衣,坐在河沟边削什么东西,并且不时回过头去,望望几条到村子里去的道路,好像在等候谁似的。从孩子嘴里飞出婉转的夜莺的歌声。这歌声,即使是听惯夜莺叫的人也分不出跟真的叫声有什么两样。

文章可分作四层。第一层从开头到"听懂了吗"止,写在"战斗刚刚结束"后的一段时间里"小孩"与德国鬼子的对话,德国鬼子要"小孩"带路。第二层从"队伍出发了"到"你们可不要忘了小夜莺"止,从另一方面写游击队员根据"夜莺"的叫声判断敌情。第三层从"过了几分钟"到

"一时充满了树林"止,写伏击战的胜利。最后一段是第四层,写"第二天""小孩"继续担任情报员工作,开始了新的斗争。

根据空间顺序划分层次与根据时间顺序划分层次的要领差不多,主要是抓表明空间变换的词句来分析。比如《人民英雄永垂不朽》一文,先写一进入天安门广场"向南"远望的印象;继之,写登上第二层月台"近观"碑身的情景;接着细细瞻仰碑身四周的浮雕,由东而南,由南而西,由西而北。作者立足的"方位"每一转换,文章内容就进入新的层次。

由时间顺序、空间顺序来认识文章层次并不难,只要通读全文,找出相关的语句,并看清内容变化就能把握。难度大的是根据事物存在逻辑、事理形成逻辑及人们的认识过程的顺序来分析段落层次。有的文章并没有涉及时空变化,而是按存在的形式写。比如介绍一座桥的结构,不是介绍上边看如何,下边看如何,东边看如何,西边看如何,而是介绍桥梁、桥面、桥墩等内容,使你对整座桥的各个"部分"以及由各个"部分"组合而成的"整体"有一个明确了解。有的文章也不是从结构形式上依顺序来写,而是分析某种道理形成过程的,比如写"花儿为什么这样红",着眼于"为什么",说成因。又比如写某种思想观点,着眼于分析观点的正误,以及对正确观点的步步推导、论证。分析这样一类文章的层次,必须抓住"事理"形成的阶段及作者对事理的分析过程来思考。还有不少文章是按照认识过程来写的,由认识过程的变化体现思想感情的变化。典型的例子如杨朔的散文《荔枝蜜》,先写"我"不喜欢蜜蜂;继而写由喝蜜而"动情",想去看看它;接着写老梁赞扬蜜蜂的话,使"我"心中"不禁一颤",有所感悟;最后由物及人,写作者思想感情的升华,讴歌辛勤劳作的人,抒发自己的志向。文章内容层次就是思想感情变化的层次,起伏跌宕,显豁自然。

(2)根据文章中材料性质分析段落层次。作者写文章,为了表现主题往往要用到丰富多彩的材料。在使用材料时,总是要按性质分类,相同的归到一起,写到一个层次中,使性质相同的材料能合起来共同担负表现主题的任务。作者写文章有意作此安排,我们读文章自然也要看出这种安排。如此,文章的层次也就看清楚了。例如《人民的勤务员》一文:

"人的生命是有限的,可是,为人民服务是无限的。我要把有限的生命,投入到无限的为人民服务之中去。"

这是雷锋的崇高愿望。他寻找一切机会为人民服务,把生命的每一分钟都献给了党,献给了人民。

一天,雷锋因公出差,踏上了从抚顺开往沈阳的列车。他看到旅客很多,把自己的座位让给一位老人。他帮列车员扫地板,擦玻璃,收拾小桌子,给旅客倒水,帮妇女抱孩子,给老年人找座位,帮助中途下车的旅客拿东西。一些旅客看他累得满头汗,不住地招呼他歇歇,他总是说:"我不累。"

为人民服务,雷锋是永远不知道累的。

到沈阳换车的时候,雷锋出了检票口,发现一个背着小孩的中年妇女丢了车票,正着急地把所有的衣袋翻了一遍又一遍,就上前问道:

"大嫂,你把车票丢了?"

"俺从山东来,到吉林去看望孩子他爹,不知啥时候把车票和钱都丢了。"

雷锋摸摸自己的衣袋,说:"大嫂,别着急,跟我来吧。"

那中年妇女跟着雷锋来到售票处。雷锋用自己的津贴费补了一张车票,塞到她手里,说:"大嫂,快拿着上车吧,车快开了。"

那大嫂看着手中的车票,眼里含着热泪说:"大兄弟,你叫什么名字?是哪个单位的?"

雷锋笑了笑,心想这大嫂真有意思,大概还想还钱呢,就说:"大嫂,别问了,我叫解放军,就住在中国。"

那中年妇女满心欢喜地朝着检票口走去,还不住地回头向雷锋招手。

雷锋从丹东出差回来,早晨五点多在沈阳换车。他过地下道时,在熙熙攘攘的人流中,看见一位白发苍苍的老大娘,拄着棍,背个大包袱吃力地走着。

"大娘,您到哪里去?"雷锋赶上前去问道。

"俺从关内来,到抚顺去看儿子。"老人喘着气说。

雷锋一听,跟自己是同路,立刻把包袱接过来,一手扶着老人,说:"走,大娘,我送您到抚顺。"

雷锋扶着老人上了车,车厢里已经坐满了人。他正想给老人找个座位,身边有个学生站起来,让老人坐下了。雷锋就站在老人身边。

他问老人的儿子是干什么的,住在哪里。老人说,她儿子是个工人,出来好几年了,她是第一次去抚顺。老人掏出一封信,递给雷锋。雷锋了解老人找儿子的急切心情,就说:

"大娘,您放心,我一定帮您找。"

火车进了抚顺站,雷锋背起老人的包袱,扶着老人下了车。在大街上东打听,西打听,找了两个多小时,终于帮助老人找到了儿子。母子见了面,老人第一句话就说:

"要不是这孩子送我,娘怕还找不到你呢。"

老人的儿子拉住雷锋的手说:"同志,谢谢你呀!"

"谢什么,这是我应该做的。"

雷锋走时,母子俩送出了很远很远。

一个阴云密布的傍晚,雷锋刚擦洗完汽车,突然下起雨来。雷锋连忙跳上车去,正拉着帆布盖车,一抬头,发现公路上有个妇女带着两个孩子,怀里抱着个小的,手里拉着个大的,肩上还背着个包袱,在大雨中一步一滑地走着。雷锋想:这不把孩子淋病了吗?他赶忙盖好车,迎上前去。一打听,知道那妇女是从哈尔滨探亲回来,刚下火车,要到樟子沟去。

那妇女急切地说:"同志呀,雨把我都浇迷糊了,也不知往哪儿走了。"

雷锋心想,樟子沟离这还有十多里,天又快黑了,雨还哗哗地下着,这大嫂背着包袱,带着孩子,深一脚浅一脚地可怎么走啊?他赶忙对大嫂说:"等一等,大嫂,我送你一程。"他回班交代了一下,转回来,把雨衣披在大嫂身上,又抱起那个大一点的孩子,冒着风雨朝前走去。他看到那孩子冻得直打哆嗦,又脱下军衣披在孩子身上,而他自己全身都浇透了。一直走了将近两个小时,才把他们母子送到家。大嫂含着热泪望着雷锋,好一会儿才一字一句地说:

"同志,我一辈子也忘不了你的情意啊。"

雷锋说:"大嫂,咱们军民是一家嘛。"

大嫂一家人再三挽留他避避雨再走。雷锋想到明天还要照常出车,不能耽搁时间,就冒着风雨连夜赶回了驻地。

1961年夏天,雷锋到佳木斯执行任务。8月3日,他乘车回沈阳,照样扶老携幼,帮助列车员忙这忙那。第三包乘组的列车员小王见他一刻也不闲着,想起了在报纸上读过的雷锋事迹,眼前这个浓眉大眼的年轻战士会不会就是雷锋呢?他刚想上前问一问,列车已到了滨江站。外面下着大雨,装卸工人们都忙着盖站台上的行李。火车一停,雷锋就冒雨下了车,和装卸工人们一起干起来,一直干到开车铃响。小王见他上了车,衣服都淋透了,鞋上沾满了泥水,便上前问道:

"同志,你叫什么名字?"

"你问这个干什么?"雷锋笑着说。

"如果我没猜错的话,你就是雷锋同志。"

雷锋谦虚地微笑着说:"雷锋也很平常。"

小王立刻把这件事告诉了列车长和其他列车员。大家都抽空跑来看望雷锋,和他交谈怎样学习毛主席著作,怎样为人民服务的体会。到了沈阳,旅客都下车了,雷锋又同列车员一起打扫完车厢,才离开车站。

人们都称赞说:"雷锋出差一千里,好事做了一火车。"

1962年春节,同志们都愉快地在一起搞各种文娱活动。雷锋和大家打了一会儿乒乓球,心里却觉得有件什么事没做似的。原来他想到每逢年节,正是各种服务部门和运输部门最忙的时候。他请了假,直奔抚顺瓢儿屯车站,帮助打扫候车室,给旅客倒水,扶老携幼地帮旅客上车下车。车站上的同志以为雷锋又是趁出差的机会,在这里为大家服务,问道:

"雷锋同志,春节还出差吗?"

"是啊,春节你们太忙了,我来出个公差。"

车站上的同志感动地说:"你辛苦了,休息休息吧。"

"做这点事累不着。"

雷锋就是这样永不停息地为人民做好事,难怪人们一见到为人民做好事的,就自然而然地想起了雷锋。

毛主席说:"一个人做点好事并不难,难的是一辈子做好事,不做坏事,一贯的有益于广大群众,一贯的有益于青年,一贯的有益于革命,艰苦奋斗几十年如一日,这才是最难最难的啊!"雷锋正是按照毛主席的教导去做的。他在日记中写道:

"我觉得一个真正的革命者,他是大公无私的,所作所为,都是对人民有益的,他的责任是没有边的。"

这篇文章材料丰富,除开头和结尾引用了几则材料外,主要写了五件事。这五件事能不能分成不同的层次？这要看所叙之事的内容性质是否相同。第一件事写雷锋帮助一位大嫂补买车票。第二件事写雷锋帮助一位老大娘找儿子。第三件事写雷锋雨夜送"母子"回家。第四件事写雷锋帮助车站装卸工"盖车站上的行李"。第五件事写雷锋春节期间到车站做服务工作。这五件事的性质都是一样的，共同反映了雷锋时时处处为人民做好事的优秀品质。因此，尽管五件事所占篇幅较长，也必须归为一个层次。而开头段引用雷锋的话，揭示了雷锋的思想内核；文末引用毛主席的话，旨在评价人物，内容性质与五件事性质有区别。因此，文章宜分作三部分，即第一层（1、2段）引出话题，点明雷锋的优秀品质及其思想基础；最后两段，照应开头，同时也是对所叙内容的总结，为第三层；中间内容（五件事）为第二层，重在以事写人，表现雷锋的语言和行动。

3. 注意文章中的过渡性段落、句子或词语，由这些语言"标志"来判定内容层次。一般说来，内容发生转换，作者总是要用一些起过渡作用的语句表示的；这些语句一般都处于两个层次的连接点上。因此，找到它们，有助于内容层次的划分。例如《大自然的语言》中的文字：

物候观测使用的是"活的仪器"，是活生生的生物。它比气象仪器复杂得多，灵敏得多。物候观测的数据反映气温、湿度等气候条件的综合，也反映气候条件对于生物的影响。应用在农事活动，比较简便，容易掌握。物候对于农业的重要性就在这里。下面是一个例子。

北京的物候记录，1962年的山桃、杏花、苹果、榆叶梅、西府海棠、丁香、刺槐的花期比1961年迟十天左右，比1960年迟五六天。根据这些物候观测资料，可以判断北京地区1962年农业季节来得较晚。而那年春初种的花生等作物仍然是按照往年日期播种的，结果受到低温的损害。如果能注意到物候延迟，选择适宜的播种日期，这种损失就可能避免。

　　物候现象的来临决定于哪些因素呢？

　　首先是纬度。越往北桃花开得越迟，候鸟也来得越晚。值得指出的是物候现象南北差异的日数因季节的差别而不同。我国大陆性气候显著，冬冷夏热。冬季南北温度悬殊，夏季却相差不大。……

　　经度的差异是影响物候的第二个因素。……

　　影响物候的第三个因素是高下的差异。……

　　此外，物候观象来临的迟早还有古今的差异。……

文中画线句就是一个过渡句，作者让它独立成为一段，意在告知读者：以下内容将说明"决定"物候现象来临的几个"因素"，在内容上进入了一个新的层次。

　　要说明的是，过渡性语句常见的有以下几种形式：

　　一是利用关联词语连接，例如，"因此""然而""总而言之""由此可见""事实证明"等。

　　二是用一句话，例如提出问题等，引出下文。

　　三是承上启下，先总结上文的意思，再导入下文。这是应用得比较多的一种方法。

　　一篇文章之中，每一段既相对独立，又和其他段相互联系。过渡性语句虽然不是文章的主体部分，但它们是不可缺少的。阅读时注意这些地方，就容易理解全文的脉络，划分内容层次。

四、最要紧的，是要探究段落层次之间的关系

　　要知道，分析段落层次是理解文章的一个途径，本身不是目的。在划分段落层次过程中，固然要思考这些内容是一个层次、那些内容是一个层次的理由与原因；更要思考这一层次内容与那一层次内容之间究

竟是一个什么关系,作者为什么要先写这一层次内容而后写那一层次内容,以及如此安排层次的优势所在。有下面几个具体要求是不能忽视的。

（1）要思考内容层次的先后关系。这"部分"为什么写在前？那"部分"为什么写在后？前后能否互换？为什么？把这些问题弄清楚了,就能看出作者如此安排内容层次的意图。请读巴甫洛夫《给青年的一封信》中的文字：

我对于我国献身科学的青年们的希望是什么呢？

第一,要循序渐进。我一谈到卓著成效的科学工作所应具备的这个最重要的条件,心情就不能不激动。循序渐进,循序渐进,再循序渐进。你们从一开始工作起,就要在积累知识方面养成严格的循序渐进的习惯。

你们想要攀登到科学的顶峰,应该先通晓科学的初步知识,前面的东西如果没有领会,就决不要动手去搞后面的。决不要企图掩饰自己知识上的缺陷,即使用最大胆的推测和假设去掩饰,也是要不得的。不论这种肥皂泡的色彩看起来多么悦目,它是必然要破裂的,你们除了惭愧以外,将一无所得。

你们要养成谨严和忍耐的习惯。要学会做科学中的粗重工作。要研究事实,对比事实,积累事实。

不管鸟的翅膀多么完美,如果不凭借空气,鸟就永远不能飞到高空。事实就是科学家的空气。你们如果不凭借事实,就永远不能飞腾起来。没有事实,那你们的"理论"就是徒劳。

但是在研究、实验和观察的时候,要力求不停留在事实的表面上。不要变成事实的保管人。要洞悉事实发生的奥秘。要坚持不懈地寻求那些支配事实的规律。

第二,要虚心。无论什么时候也不要以为自己已经知道了一切。不管人家对你们评价多么高,你们总要有勇气对自己说:我是个毫无所知的人。

不要让骄傲支配了你们。由于骄傲,你们会在应该同意的时候固执起来;由于骄傲,你们会拒绝有益的劝告和友好的帮助;而且,由于骄傲,你们会失掉客观的标准。

在我领导的这个机构里,互助气氛支配一切。我们大家为一种共同的事业而努力,每个人都凭他自己的力量和可能来推进这种共同事业。在我们这里,往往分辨不出哪是"我的",哪是"你的"。这样的做法,对于我们的共同事业只有好处。

内容层次你一眼就能看出来,作者说得很明白:"第一,要循序渐进";"第二,要虚心"。现在要考虑的是"循序渐进"为何写在前,"要虚心"为何要写在后,彼此能否互换。有的同学可能会说,作者已经这样写了,当然不必互换了。有的同学会想得深一些:作者看重"循序渐进",自然先写。那么作者为什么要"看重""循序渐进"呢?"要虚心"难道不也很重要吗?对此,是要进行透彻分析的。第一,要认识到,进行科学研究的第一关是怎样去做,必须在认识方法上解决问题;认识问题的路子走错了,态度越好,就错得越远。"虚心"是一种科学态度,是指人在取得成绩时应有的良好品德。试想,你连最基本的问题都没有解决,甚至有走错路的危险,成绩又从哪里谈起?成绩谈不上,又有何"虚心"可言?由此可见,作者先谈"循序渐进",再谈"虚心",是从进行科学研究应具备的条件的轻重来说的。第二,要从作者写作本文的针对性上分析。标题清楚地告诉我们,作者是对青年说话,是给立志献身科学的青年们提要求。而青年科学工作者在科学研究工作中最重要的条件就是"循序渐进"。作者开门见山,直抓要害,把"循序渐进"作为第一条要求提出来,显然有突出、强调的作用,给人们的印象也最为深刻。

综上所述,我们可以看出,"循序渐进"是"虚心"的前提,"虚心"是"循序渐进"做好以后的进一步要求,作者这样写,符合事理关系。同时,作者针对青年科学工作者的实际,有意强调"循序渐进",也体现了作者的基本意图。如果两者顺序互换,针对性就发生变化了。

(2) 要思考内容层次的主次关系。先后关系往往也体现了主次关系,但有的文章内容层次安排,先写的层次是由事物或事理、认识的客观性决定的。比如写运动会,进场与开幕要先写,这是运动会发展过程决定的;但是作者不一定以先写的层次为重点,而是把主要内容摆在后边,这是作者的写作意图、目的决定的。研究内容层次的主次关系,对于我们从整体上把握文章主题与中心是非常必要的。例如许地山《落花生》这篇短文:

我们屋后有半亩隙地。母亲说:"让它荒芜着怪可惜,既然你们那么爱吃花生,就开辟出来做花生园吧。"我们姐弟几个都很喜欢,买种的买种,翻土的翻土,浇水的浇水。过了几个月,居然收获了。

母亲说:"今晚我们可以过一个收获节,也请你们爹爹来尝尝新花生,好么?"我们都答应了。母亲把花生做成好几样食品,还吩咐在这园子的茅亭里过这个节。

那晚上天色不大好,可是父亲也来了。这实在很难得。父亲说:"你们爱吃花生么?"

我们都争着答应:"爱!"

"谁能把花生的好处说出来?"

姐姐说:"花生的味儿很美。"

哥哥说:"花生可以榨油。"

我说:"无论谁都喜欢吃它。这就是它的好处。"

父亲说:"花生的好处固然很多,但有一样是最可贵的。这小小的豆儿不像那好看的苹果、桃子、石榴,把果实悬在枝上,鲜红嫩绿的颜色,令人一望而生羡慕之心。花生则把果实埋在地里,等到成熟,才容人挖出来。你们偶然看见一棵花生瑟缩地长在地上,不能立刻辨出它有没有果实,必须接触它才能知道。"

我们都说:"是的。"母亲也点点头。

父亲接下去说:"所以你们要像花生,因为它是有用的,不是好看而无用的。"

我说:"那么,人要做有用的人,不要做只讲体面而无用的人。"

父亲说:"这才是我对你们的希望。"

我们谈到夜阑才散。花生做的食品早已吃完了,然而父亲的话却深深地印在我的心里。

短文可分三个层次。第一层从开头到"在这园子的茅亭里过这个节"止,写种花生得到收获,"过这个节";第二层到"这才是我对你们的希望"止,写"我们"与"父亲"的交谈,得到教育;第三层(末尾一段),交代故事结束,点明"父亲"的话对"我"教育之深。这三层内容的顺序是按照事情起因。发展到结束的先后来安排的,不能任意倒过来。有了这个认识,我们还要考虑:三层内容的重点是什么? 为什么要以此为重点? 这个重点层次与其他次要内容有什么关系?

第一层是铺叙,交代事情的起因,大家喜气洋洋,品尝收获之乐。但这一层所讲的"收获"还是指花生这一实物,内容集中简洁,直奔"收获"作文章,至于是如何种花生的,花生的色香味如何,避开不提,显然,作者对这部分内容如此处理,是有意图的。第二层的内容,按一般情理,应写"吃花生",而作者只字不谈"吃",而是详细写对话,讨论花生之用,讨论花生特点,讨论由花生而得到的启发、收获。第二层与第一层,内容不同,但层次关系密切。作者以"收获"为契机,焊接两层内容,先谈口味收获,再谈精神与认识上的收获。第一种收获是对实物的享受,第二种收获是对人的思索。由物到人,由所见所感到所思所悟,正是两个层次之间逐步深入,逐层递进的关系。没有第一层铺叙,文章显得突兀;没有第二层深入,内容就显得肤浅。第三层简笔收束,在内容上有所强调,突出谈话的意义,仍然是紧扣第二层内容而来的。文章虽篇幅短小,但由于作者确定了主要内容,并且使各层之间紧密连贯又各有区别,因此,显得摇曳多姿,隽永深刻。

3. 要思考内容层次的详略关系。文章内容层次,从形态上看,有先有后;从体现意图、揭示主题上看,有主有次;从选择材料和章法安排上看,又是有详有略的。一般来说,详略是由主题决定的,凡充分揭示主题的层次,要详写;凡与主题关系不大的层次,略写甚至不写。但还有一种情况也要注意,这一层次与那一层次,都是服务并服从于主题的,在揭示主题上,都不可或缺。作者为什么也要写得有详有略呢?看来,这主要是从章法上考虑的。请读下面一篇短文:

骄 必 败

马铁丁

一个人总有他的长处和短处,优点和缺点;如果只看到自己的长处和优点,看不到自己的短处和缺点,"各以所长,相轻所短",那么,任何人要骄傲,总能找到可以骄傲的地方。

有资历的人,以他的资历为骄傲;有文化的人,以他的文化为骄傲;有实际工作经验的人,又以他的经验为骄傲。同一个人他可以对这个人表现这种骄傲,而对那个人又表现那种骄傲。比如说资历吧,骄傲的人会对资历比他浅的人说:"当我吃小米、背背包、打游击的时候,你还小得很呢!"相反,他又会对资历比他深的人说:"看你,参加工作这么些时候,还是那么不顶事。"言外之意是很明白的:顶事的自然只有他自己。

这个也不行,那个也不行,只有自己最行,是一切骄傲的人共同的特点。

既然自己最行,那么,优点固然是优点,至于缺点,据说也是可"爱"的。

笔者曾经遇到过这么一件事,有一位骄傲的人,严重地脱离群众。脱离群众总该不是什么优点吧?然而不然,当别人批评到他脱离群众时,他居然用这样的话来反驳:

"只有羊呀、猪呀才是成群结队,狮子老虎总是独来独往的。"请看,何等狂妄!把自己比成狮子、老虎,把别人比成猪羊。其实,狮子老虎固然有时是独来独往,刺猬、癞蛤蟆、蜘蛛又何尝不是独来独往。从这里可以看出骄傲的人思想上的片面性,一心情愿把自己向"好"的方面比。他们对自己的缺点,或者看不到,或者虽然看到,却对它的为害估计不足,或者索性把缺点也加以装饰、美化,仿佛是什么可"爱"的"宝贝"。

骄傲的人既然只看到自己的长处和优点,也就必然夸大个人的主观力量,认为只要他一出现,什么问题都会迎刃而解。这样,他就会自己蒙蔽自己的眼睛,看不到工作中的缺点和错误,看不到已经发生或可能发生的困难,当然,也就不会动员大家来改正缺点并认真克服困难或预作防范。无数经验证明:看不到缺点,看不到困难,因而疏忽大意,一百件工作,九十九件没有不失败的。

所以说:骄必败。

这篇文章可分三层:第一层(第1~3段),指出"一切骄傲的人"的共同特点;第二层(第4~6段),指出骄傲的人认为缺点也是可"爱"的;第三层(第 7~8 段),指出骄傲的危害:必败。这三层的详略情况可从两方面看:从全文来看,第一、二层比第三层写得详,第三层没有举例,只是概括地分析;从第一、二层本身内容看,也各有详略。比如第一层在第 2 自然段中写了三种骄傲者自找骄傲理由的情况,但只举了一个例子;第二层指出骄傲的人以缺点为"可爱",其实有多种多样的"表现",而作者只详细写了一种"表现"——脱离群众。至于其他"表现",作者只用了"他们对自己的缺点……加以装饰、美化"一句简要带过。

作者写不同的层次,内容有详略,即使写同一层次,内容也有详略,我们是否可以说:详写是扣主题的,略写是与主题关系不大的呢?显然不能这样说。无论是详写的,还是略写的,各自都承担了表达主题的任务,去掉哪一条都会使内容不完整,有损主题的饱满。

原来作者注意详略,目的在于行文的变化、笔墨的灵活,使整篇文章的章法更和谐、更巧妙。以第二层为例,作者重在指出有些人以为"缺点"也是"可爱"的,举了一个实例来说明。举这个例子,旨在揭示这类人以"缺点"为"可爱"的思想特点——"片面性",详写此例,以一当十。其他"表现"形式很多,都无非是思想片面使然,因此,不必一一列出所有类型的表现。如果真这样写了,内容反而显得臃肿、繁杂了。再把第二层与第三层作一比较。第二层举例,显得形象生动,刻画了骄傲者的面孔,语言也活泼;第三层没有举例,重在分析,形成结论,内容显得概括、严密、深刻。两层内容都很重要,表现风格又不一样,可见作者写作时是追求行文"变化"的。

详写,略写,目的一样,关系密切。只详写,无略写,内容缺少剪裁,必然臃肿;只略写,无详写,内容必然空洞、浅陋。详写与略写相配合,才错落有致、富有变化。

寻找心灵的轨迹
——理清写作思路

大凡好文章,不单思想内容好,其结构形式也很精妙。有的文章,波澜起伏,腾挪多姿;有的文章娓娓道来,平铺直叙;有的文章材料纷繁,形散神聚……总之,在高明的文章大家笔下,文章结构体现出不同特点,闪现着不同光彩。

有的同学以为,文章结构好,是因为作者写作技巧高超。技巧是要的,但根本问题还不是技巧问题。文章的结构,实质上是作者的思想认识在写作方法上的反映,是作者"思路"的体现。这种反映和体现,有时比较直接,如写议论文,开门见山,直入论题;有时则比较隐含曲折,如一些文学作品等。不管是直接性反映和体现,还是隐含曲折性反映和体现,任何一篇文章的结构总是和作者对事物的认识、理解及其思想脉络紧密相关的。我们知道,任何一件事情,总有它的前因后果、来龙去脉,并且,这一件事可能还与其他事情有某种联系。任何一个问题,也必然有其矛盾的特殊性质,以及矛盾的各个方面情况;在解决矛盾时,也必然有其途径和方法。从哲学上看,这都是客观事物的内部规律和外部联系。文章的结构实质上就是这种客观事物的内部规律和相互联系,通过作者头脑的思索和加工在文章中的反映。这里讲的"思索",总是要按照事物本身的规律及其联系进行的;这里讲的"加工",带有一定的技巧性,但也必须依照思索的路子进行。所以说,文章结构的优劣,主要取决于作者思路是否清晰、严密、富有艺术性。

什么叫"思路"呢？其实，"思路"是一个比喻的说法。叶圣陶先生说："把一番话一篇文章比作思想走过的一条路。思想从什么地方出发，怎样一步一步地往前走，最后达到这条路的终点，都要踏踏实实摸清楚。"根据文章实际和阅读经验，我们可以这样理解"思路"：① 它是作者思想的路子。认识事物，分析问题，从哪里认识？从何处分析？认识和分析又怎样一步一步地发展？都有一个基本的路子。② 行文时，为了增强表达的艺术性，又往往要对这条"路"进行加工，使之富有变化的趣味。比如写一件事，按认识的路子，总是从起因开始，再看其发展过程，最后知道它的结局。而表达时，很可能从"结局"写起，然后交代"起因"与"发展"。作者所以采取这样表达的路子，目的在于增强文章结构的艺术性。

由于生活五彩缤纷、事物复杂多样，由于人们的思想认识以及思维方式不尽相同，因此，作品的"思路"也比较复杂，自有与众不同之处。我们认识作品"思路"，既要看清它的一般性（即认识问题的一般路子），又要认识它的特殊性（即思考和表达的独特个性）。

也许你要问，前边说了段落、层次等内容，"思路"与段落层次等有什么区别呢？

这个问题提得好。不少同学把"思路"与段落、内容层次以及一些表达技巧混为一谈，但有必要加以区分。

文章"思路"与文章结构及表达技巧是有密切联系的。结构与技巧由"思路"决定；有什么样的"思路"，文章就会呈现出什么样的结构，表达时就会运用什么样的技巧。"思路"是作者在写作前确定的；结构，是文章写成后体现"思路"的外在形式上的框架；一些技巧，如照应、悬念等，是在写作过程中，为了使"思路"畅通、清晰、严密并富有艺术性而采用的各种表达手段。不妨以杨朔的《香山红叶》为例。作者的写作思路是：通过记叙"老向导"带领"我"游览香山看红叶这件事,着眼于写"人",并抒发自己的真挚感情。由于作者认识与思考的路子是由"事""景"而联系到"人",并且以"人"为思考的重点,因此,作者就采用了"以景喻人"的写作技巧,把"一片更可贵的红叶"比作是"那位老向导"。由于作者采用了以景喻人的写法,所以全文总是把"景"和"人"联系起来写,用跟随"老向导"寻景为线索串联了一些传说故事,处处不离开"老向导"。以景喻人的技巧有不同的运用方式,可以先写景再写人,也可以边写景边写人,还可以在写景时暗含写人,到最后才揭示题意。为了使行文平添一种悬念感,增强内容的感染力,作者便采用了后一种方式。这样,全文就形成了这样的结构特点:盼看红叶→寻找红叶→没有见到一片好红叶→摘到了一片更可贵的红叶。再以《一件珍贵的衬衫》为例。作者的思路是想通过得到一件衬衫这件事来突出"珍贵"的含义,着重表达对周总理的满腔敬爱与赞颂之情。为此,采用了先"果"后"因"的技巧,即先点明一件衬衫凝聚了周总理的深情,设置悬念;然后再交代"原因",叙述事情的经过。先写事再议论,可不可以呢?也可以,但比较而言,还是先点明意义,抒发感情为好,因为这样写能更好地突出主题,符合写作意图。由这些例子可知,表达技巧是为突现"思路"服务的。有了一条明确的"思路",而缺少一些写作技巧,很可能在表达时,"思路"体现得不明显、不严密,表达效果也受到影响。然而,盲目地运用技巧,不依"思路"行事,则很可能导致全文结构混乱,行文失去章法。

接下来,我们讨论怎样理清文章的写作思路。

(1) 通读全文,从划分内容层次入手来理清思路。前边我们讨论了划分内容层次的问题,旨在把握内容,认识内容之间的关系。这里讲从划分层次入手理清思路,旨在明确作者先写了什么,随后写了什么以及最后写了什么,从而找出作者思想认识发展的路子。两者有联系,也有区别。认识内容关系，目的是把握文章内容组织上的特点；认清思想认识发展的路子，目的是看清、把握作者是怎样认识事物、分析问题的，其步骤是如何安排的。例如方纪《三峡之秋》这篇文章：

三峡已经是秋天了。三峡的秋天，从大江两岸的橘柚树开始。这些树，生长在陡峭的山岩上，叶子也如同那青色的岩石一般，坚硬，挺直。越到秋天，它们越显出绿得发黑的颜色；而那累累的果实，正在由青变黄，渐渐从叶子中间显露出来。就在这时候，它们开始散发出一种清香，使三峡充满了成熟的秋天的气息。

早晨，透明的露水闪耀着，峡风有些凉意，仿佛满山的橘柚树上撒了一层洁白的霜，新鲜而明净；太阳出来，露水消逝了，橘柚树闪烁着阳光，绿叶金实；三峡中又是一片秋天的明丽。

中午，群峰披上金甲，阳光在水面上跳跃，长江也变得热烈了，像一条金鳞巨蟒，翻滚着，呼啸着，奔腾流去。而一面又把它那激荡的、跳跃的光辉，投向两岸峭立的峭壁。于是，整个峡谷，波光荡漾，三峡又充满了秋天的热烈的气息。

下午，太阳还没有落，峡里早升起一层青色的雾。这使得峡里的黄昏来得特别早，而去得特别迟。于是，在青色的透明的黄昏中，两岸峭壁的倒影，一齐拥向江心，使江面上只剩下一线发光的天空，长江平静而轻缓地流淌，变得有如一条明亮的小溪。

夜，终于来了。岸边的渔火，江心的灯标，接连地亮起；连同它们在水面映出的红色光晕，使长江像是眨着眼睛，沉沉欲睡。只有偶尔驶过的赶路的驳船，响着汽笛，在江面划开一条发光的路；于是渔火和灯标，都像惊醒了一般，在水面上轻轻地摇曳。

也许由于这里的山太高，峡谷太深，天空太过狭小，连月亮也上来得很迟很迟。起初，峡里只能感觉到它朦胧的青光，和黄昏连在一起；

而不知在什么时候,它忽然出现在山上。就像从山上生长出来。是山的一部分;像一块巨大的,磨平、发亮的云母石。这时,月亮和山的阴影,对比得异常明显——山是墨一般的黑,陡立着,倾向江心,仿佛就要扑跌下来;而月光,从山顶上,顺着深深的、直立的谷壑,把它那清冽的光辉,一直泻到江面。就像一道道瀑布,凭空飞降;又像一匹匹素锦,从山上挂起。

这一天,正是中秋。

对于这篇文章的思路,可从两方面认识:第一,从文章层次上看,第一层是总说(即第1段);第二层是依时间变化分写不同景物特征。由此可以看出,作者对"三峡之秋"的认识是从整体把握再到局部特征的观察。对三峡秋天的总体认识是"三峡充满了成熟的秋天的气息",而得出这一结论又是作者抓住典型特征——橘柚树的特点的结果。对局部进行观察时,作者仍然从"特征"入手,抓住了"早晨""中午""下午""夜"这几个不同时间段中景物的各自特点与变化。从这里,我们又可以看到,作者认识事物有两个特点:一是以时间为序,一是善于抓住"特点";第二,按照这样的认识过程和特点,作者又是怎样来表达的呢?首先,作者采用了总分式结构,先写总体感受,再写"局部"特点与感受。文章大的框架定下来后,作者又采用了描写的方法来具体展现不同时间里景物的各自特点。比如第1段,先描写了橘柚树的色彩、质感、果实、香味,继之小结:"三峡充满了成熟的秋天的气息。"第2、3段与此相同。第4～6段写法上大致一样,略有差别,虽然没有直接用"又是一片秋天的明丽""又充满了秋天的热烈的气息"这样的小结性句子对描写内容加以概括,但所呈现的景物特征依然突出。"下午"的江流与"中午"时的样子有所不同,因为没有阳光的照射,使得江面波光粼粼的热烈情景消失了;由于"江面上只剩下一线发光的天空",所以长江显出"平静而轻缓"

的样子。三峡的"夜",是描写的重点,江面显得幽静,月光尤为清冽,给人以如梦似幻的印象。

观察有序、仔细,抓住重点特征,是这篇文章内容具体、思路清晰的成功原因。行文的路子与观察的路子一致,是本文写作思路上的一大特点。

通过划分层次的办法来认识议论文的写作思路也是可行的。由于议论文重在对问题展开分析,因此,在理清其写作思路时,要着眼于作者是怎样扣住论点从不同方面展开的;也就是要抓住其分析步骤,看作者的思想观点是怎样一步一步地延伸与拓展的。请阅读毛泽东同志的《继续保持艰苦奋斗的作风》一文:

我们很快就要在全国胜利了。这个胜利将冲破帝国主义的东方战线,具有伟大的国际意义。夺取这个胜利,已经是不要很久的时间和不要花费很大的气力了;巩固这个胜利,则是需要很久的时间和要花费很大的气力的事情。资产阶级怀疑我们的建设能力。帝国主义者估计我们终久会要向他们讨乞才能活下去。因为胜利,党内的骄傲情绪,以功臣自居的情绪,停顿起来不求进步的情绪,贪图享乐不愿再过艰苦生活的情绪,可能生长。因为胜利,人民感谢我们,资产阶级也会出来捧场。敌人的武力是不能征服我们的,这点已经得到证明了。资产阶级的捧场则可能征服我们队伍中的意志薄弱者。可能有这样一些共产党人,他们是不曾被拿枪的敌人征服过的,他们在这些敌人面前不愧英雄的称号;但是经不起人们用糖衣裹着的炮弹的攻击,他们在糖弹面前要打败仗。我们必须预防这种情况。夺取全国胜利,这只是万里长征走完了第一步。如果这一步也值得骄傲,那是比较渺小的,更值得骄傲的还在后头。在过了几十年之后来看中国人民民主革命的胜利,就会使人们感觉那好像只是一出长剧的一个短小的序幕。剧是必须从序幕开始的,但序幕还不是高潮。中国的革命是伟大的,但革命以后的路程更长,工作更伟大,更艰苦。这一点现在就必须向党内讲明白,务必使同志们继续地保持谦虚、谨慎、不骄、不躁的作风,务必使同志们继续地保持艰苦奋斗的作风。我们有批评和自我批评这个马克思列宁主义的武器。我们能够去掉不良作风,保持优良作风。我们能够学会我们原来不懂的东西。我们不但善于破坏一个旧世界,我们还将善于建设一个新世界。中国人民不但可以不要向帝国主义者讨乞也能活下去,而且还将活得比帝国主义国家要好些。

这篇精粹短文只有一段,从内容上看,可分作三个层次:第一层(从开头到"我们必须预防这种情况"止)概括指出"夺取胜利"之后,我们会遇到一些必须预防的种种"情况";第二层(到"务必使同志们继续地保持艰苦奋斗的作风"止),提出思想观点;第三层,阐明思想信念。根据这三层意思,我们可以看出作者的思路是这样的:① 先分析"我们"面对的形势,既指出令人兴奋的一面——"我们很快就要在全国胜利了",又指出令人担心的一面——必须预防的种种不利"情况"。作者分析"形势",冷静客观,富有预见性,重点放在不利的种种"情况"上。② 针对面临的"情况",提出预防主张,即两个"务必"的观点。观点由对形势的分析而得来,具有很强的针对性,并非空穴来风,无的放矢。③ 不利的"情况"是复杂的,严峻的,按照两个"务必"的要求做,能否"预防"呢?这是必须给予回答的问题。因此,作者最后用极其精确的语言阐明了"我们"的信念,鼓舞士气,强调了自信心。由此可见,为什么要"预防"?怎样"预防"?能不能"预防"?是作者认识问题、分析问题、解决问题的基本思路。三层意思是一环扣一环,步步发展的,内容的组织,既有条理,又很严密。

(2) 通读全文,从捕捉"线索"入手来理清思路。有的文章靠划分层次还不能理清思路,由于内容复杂,头绪众多,单知道先写了什么,后写了什么,还不能抓住复杂内容有机组合的内在机理和纽结,因此,有必要在分出内容层次的基础上,捕捉串联复杂内容的"线索"。什么叫"线索"呢?通常指将文章的材料组织串联起来,并贯串在全文始终的某个事物或情感脉络。"线索"也是一种比喻的说法,它的作用是使文章的复杂材料成为有机整体。这好比一堆珍珠,用一条线把它们按一定要求串起来,才能成为一件珍品。作品的思路与"线索"有密切的关系:思路是文章线索安排的依据;而"线索"的安排,又体现了作者的思路。我们通常所讲的"线索"有这样几种:① 以中心事件为线索,比如《为了六十一个阶级弟兄》一文是以"求药""找药""运药"这一中心活动为全文主线的。② 以感情为线索,比如《荔枝蜜》一文,就是以"不爱蜜蜂""想见蜜蜂""赞美蜜蜂""愿作蜜蜂"为内容主线来体现感情变化的。③ 以具体事物为线索,比如秦牧的散文《土地》,就是以"土地"为中心,展开联想,旁征博引,说古论今,议论抒情的。④ 以时空变化为线索,比如《人民英雄永垂不朽》一文以空间变化为序,说明各项内容。我们知道,人物活动、事情的变化以及景物的不同,在文中往往随着时间、地点的变化而展开。以此为线,文章就有了清楚的脉络。下边,举一例说明。

冬 天

朱自清

说起冬天,忽然想到豆腐。是一"小洋锅"(铝锅)白煮豆腐,热腾腾的。水滚着,像好些鱼眼睛,一小块一小块豆腐荞在里面,嫩而滑,仿佛反穿的白狐大衣。锅在"洋炉子"(煤油不打气炉)上,和炉子都熏得乌黑乌黑,越显出豆腐的白。这是晚上,屋子老了,虽点着"洋灯",也还是阴暗。围着桌子坐的是父亲跟我们哥儿三个。"洋炉子"太高了,父亲得常常站起来,微微地仰着脸,觑着眼睛,从氤氲的热气里伸进筷子,夹起豆腐,一一地放在我们的酱油碟里。我们有时也自己动手,但炉子实在太高了,总还是坐享其成的多。这并不是吃饭,只是玩儿。父亲说晚上冷,吃了大家暖和些。我们都喜欢这种白水豆腐;一上桌就眼巴巴望着那锅,等着那热气,等着热气里从父亲筷子上掉下来的豆腐。

又是冬天,记得是阴历十一月十六晚上。跟S君P君在西湖里坐小划子。S君刚到杭州教书,事先来信说:"我们要游西湖,不管它是冬天。"那晚月色真好,现在想起来还像照在身上。本来前一晚是"月当头";也许十一月的月亮真有些特别吧。那时九点多了,湖上似乎只有我们一只划子。有点风,月光照着软软的水波;当间那一溜儿反光,像新研的银子。湖上的山只剩了淡淡的影子。山下偶尔有一两星灯火。S君口占两句诗道:"数星灯火认渔村,淡墨轻描远黛痕。"我们都不大说话,只有均匀的桨声。我渐渐地快睡着了。P君"喂"了一下,才抬起眼皮,看见他在微笑。船夫问要不要上净寺去;是阿弥陀佛生日,那边蛮热闹的。到了寺里,殿上灯烛辉煌,满是佛婆念佛的声音,好像醒了一场梦。这已是十多年前的事了,S君还常常通着信,P君听说转变了好几次,前年是在一个特税局里收特税了,以后便没有消息。

在台州过了一个冬天,一家四口子。台州是个山城,可以说在一个大谷里。只有一条二里长的大街。别的路上白天简直不大见人;晚上一片漆黑。偶尔人家窗户里透出一点灯光,还有走路的拿着的火把;但那是少极了。我们住在山脚下。有的是山上松林里的风声,跟天上一只两只的鸟影。夏末到那里,春初便走,却好像老在过着冬天似的;可是即便真冬天也并不冷。我们住在楼上,书房临着大路;路上有人说话,可以清清楚楚地听见。但因为走路的人太少了,间或有点说话的声音,听起来还只当远风送来的,想不到就在窗外。我们是外路人,除上学校去之外,常只在家里坐着。妻也惯了那寂寞,只和我们爷儿们守着。外边虽老是冬天,家里却老是春天。有一回我上街去,回来的时候,楼下厨房的大方窗开着,并排地挨着她们母子三个;三张脸都带着天真微笑地向着我。似乎台州空空的,只有我们四人;天地空空的,也只有我们四人。那时是民国十年,妻刚从家里出来,满自在。现在她死了快四年了,我却还老记着她那微笑的影子。

无论怎么冷,大风大雪,想到这些,我心上总是温暖的。

    这是一篇回忆性抒情散文,作于1933年冬天。文章以朴实的语言,巧妙的构思,描绘了三幅生活画面:第一幅写的是儿时生活,生动地表现了父子之爱;第二幅写的是和友人冬夜泛舟西湖,表达的是朋友之谊;第三幅写的是家室之乐。这三幅画面,各有韵味,各有情意,内容之间也没有必然联系,是什么使三者之间融为一体,成为妙品?是一条感情线索。作者信手拈来三则生活材料,细心剪裁,以真挚之"情"相绾连,因而作品显得十分紧凑和匀称。"情"因环境、气氛不同,特点与内涵也有所区别:在第一幅画面里,通过铺叙,体现了情绪的热烈;第二幅画面渲染的是静景,表达的是朋友之间感情的真纯与平和;第三幅画面,写的是冬天的空寂与静穆,反衬家里"老是春天"。最后以"温暖"二字总绾全篇。以"三幅画面,一缕情思"来揭示本文构思特点,是准确的。大家知道,本文题目很大,关于"冬天"的人、事、景,仅就作者所知的,也不知道有多少。怎样写?必须明确思路。不同的思路,会写出不同的内容,会有不同的写法。本文的思路就是组合不同的生活画面来表达同一种内心深处的真挚而又温暖的情感。以"情感"为线索,自然就使得文章内容紧凑交融,形散神聚了。

    (3)通读全文,从分析表达技巧的作用入手来理清思路。在写作中,运用什么样的表达技巧既受文体制约,又受内容制约,同时也由写作思路决定。在确定写作思路过程中,表达技巧往往也就定下来了。比如写记叙文,思路是先写结果,再写过程,那么就必然用到倒叙的叙述技巧;如果觉得在写过程时,有必要宕开一笔,交代相关的其他内容,那么,就必然要用到插叙的技巧;如果在叙述过程中,想把思想感情点明一下,那么,就要用到抒情或议论的技巧;还有伏笔、照应、悬念、过渡等技巧,在写叙述类作品时,也是常常要用到的。阅读作品时,先一一找出这些表达技巧,分析其表达作用,然后综合起来考察,也能帮助我们理清作品的思路。例如下面一篇散文:

上 天 都

丰子恺

从黄山宾馆到文殊院的途中,有一块独一无二的小平地,约有二三十步见方。据说不久这里要造一个亭子,供游人息足,现在已有许多石条乱放着了。我爬到了这块平地上,如获至宝,立刻在石条上坐下,觉得比坐沙发椅子更舒服。因为我已经翻了两个山峰,紫云峰和立马峰,尽是陡坡石级、羊肠坂道,两腿已经不胜酸软了。

坐在石条上点着一根纸烟,向四周望望,看见一面有一个高峰,它的峭壁上有一条纹路,远望好像一条虚线。仔细辨认,才知道是很长的一排石级,由此可以登峰的。我不觉惊讶地叫出:"这个峰也爬得上的?"陪我上山的向导说:"这个叫做天都峰,是黄山中最陡的一个峰;轿子不能上去,只有步行才能爬得上。老人家不能上去。"

昨夜在黄山宾馆时,交际科的郝同志劝我雇一乘轿子上山。她说虽然这几天服务队里的人都忙着采茶,但也可以抽调出四个人来抬我上山。这些山路,老年人步行是吃不消的。我考虑了一下,决定谢绝坐轿。一则不好意思妨碍他们的采茶工作;二则设想四个人抬我一个人上山,我心情的不安一定比步行的疲劳苦痛得多。因此毅然地谢绝了,决定只请一个向导老宋和一个服务员小程陪伴上山。今天一路上来,老宋指示我好几个险峻的地方,都是不能坐轿,必须步行的。此时我觉得:昨夜的谢绝坐轿是得策的。我从过去的经验中发现一个真理:爬山的唯一的好办法,是像龟兔赛跑里的乌龟一样,不断地、慢慢地走。现在向导说"老人家不能上去",我漫应了一声,但是心中怀疑。我想:慢慢地走,老人家或许也能上去。然而天色已经向晚,我们须得爬上这天都峰对面的玉屏峰,到文殊院投宿。现在谈不到上天都了。

在文殊院三天阻雨,……第四天放晴,女儿一吟发兴上天都,我决定同去。她说:"爸爸和妈妈在这里休息吧,怕吃不消呢。"我说:"妈妈是放大脚,固然吃不消;我又不是放大脚,慢慢地走!"老宋笑着说:"也好,反正走不动可以在半路上坐等的。"接着又说:"去年你们画院里的画师来游玩,两位老先生都没有上天都。你老人家兴致真好!"大概他预料我走不到顶的。

从文殊院走下五六百个石级,到了前几天坐在石条上休息的那块小平地上,望望天都峰那条虚线似的石级,不免有些心慌,然而我有一个法宝,就是不断地、慢慢地走。这法宝可以克服一切困难。我坐在平地的石条上慢慢地抽了两根纸烟,精神又振作了,就开始上天都。

这石级的斜度,据导游书上说,是六十度至八十度。事实证明这数字没有夸张。全靠石级一旁立着的石柱,石柱上装着铁链,扶着铁链才敢爬上去。我规定一个制度:每跨上十步,站立一下。后来加以调整:每跨上五步,站立一下。后来第三次调整:每跨上五步,站立一下,再跨上五步,在石级上坐一下。有的地方铁链断了,或者铁链距离太远,或者斜度达到八十度,那时我就四条"腿"走路。这样地爬了大约一千级,才爬到了一个勉强可称平地的地方。我以为到顶了,岂知山上复有山,而且路也比过去的石级更曲折,更险峻。有几个地方,须得小程在前面拉,老宋在后面推,我的身子才飞腾上去。

老宋说:"过了鲫鱼背,离山顶不远了。"不久,眼前果然出现了一个巨大的"鲫鱼"。它的脊背约有十几丈长,却只有两三尺阔,两旁立着石柱,柱上装着铁链。我两手扶着铁链,眼睛看着前面,能够堂皇地跨步;但倘眼睛向下一望,两条腿就不期地发起抖来,畏缩不前了。因为望下去一片石壁,简直是"下临无地"。如果掉下去,一定粉身碎骨。走完了鲫鱼背,我连忙在一块石头上坐下,透一口大气。我抽着纸烟,想象当初工人们立石柱、装铁链时的光景,深切地感到劳动人民的伟大,惭愧我的卑怯:扶着现成的铁链还要两腿发抖!

再走几个险坡,便到达了天都峰的最高处。这里也有石柱和铁链,也是下临无地的。但我总算曾经沧海了,并不觉得顶上可怕,却对于鲫鱼背特别感兴趣。回去的时候,我站在鱼背顶点,叫一吟拍一张照。岂知这照片并无可观,因为一则拍照不能摄取全景,表现不出高和险;二则拍照不能删除芜杂、强调要点,所以不能动人。在这点上绘画就可以逞强了:把不必要的琐屑删去,让主要的特点显出,甚至加以夸张或改造,表现出对象的神气,即所谓"传神写照",只有绘画——尤其是中国画——最擅长。

上山吃力,下山危险——这是我登山的经验谈。下天都峰的时候,我全靠倒退,再加向导和服务员的帮助,才免除了危险。回到文殊院,看见扶梯害怕了。勉强上楼,倒在床里。两腿酸痛难当,然而回想滋味极佳。我想:我的法宝"像乌龟一样不断地、慢慢地走",不但适用于老人登山,又可普遍地适用于老弱者的一切行为:凡事只要坚忍不懈地进行,即使慢些,也终于能获得成功。今天我的上天都已经获得成功了。

丰子恺先生的这篇散文,主要记叙了攀登天都峰的情景,以"上"为活动中心,按游程为序,着重叙述了上山经过。文章以叙为主,兼以议论,运用了多种表达技巧。首先是铺垫。在写上天都之前,先叙述攀登紫云峰、立马峰的感受:"两腿已经不胜酸软了";攀紫云峰、立马峰如此,上天都又如何呢?更难更累便不言而喻了。所以作者自己说:"这个峰也爬得上的?"向导也来劝说:"老人家不能上去。"开头写这些内容都是为了突出天都峰的险峻难登,同时也为后边的议论打下基础。其次是呼应。在第3段叙述坐轿不坐轿的事情时,发表了一点议论:"我从过去的经验中发现一个真理:爬山的唯一的好办法,是像龟兔赛跑里的乌龟一样,不断地、慢慢地走。"到了文末,作者又提起这个话题并做了进一步阐释。中间点示,文末呼应,使议论贯通一气,紧扣题旨。最后是运用了宕开一笔的写法。上了天都峰之后,作者留影纪念,本来一两句交代就可以了,然而作者有意另起话题,就摄影与作画发表艺术见解。这段生发议论,虽然与主题关系不大,但就事说理,牵带自然,增添了文章的理趣。

  了解了这些表达技巧,我们就可以看出作者的写作思路了:通过上山之事的叙述和所见之景的描写,引发一层"道理"。"道理"总不能在开头就生硬地说出来,因此用铺垫法,呼应法。散文揭示"道理",总要与叙述描写相结合,因此铺垫之后,入正题。入了正题顺带议论,这样写,"经过"既交代清了,"道理"也说得明了;"经过"为生发"道理"奠基,"道理"为叙述增色,巧妙结合,趣味横生。如果把写作思路概括地用符号表示,即为:事→理→景→理。我们要明确,表达技巧总是为内容服务的,总是由思路来决定的。分析其表达作用,认清其文中的地位,对于我们理清一些篇幅长的文学作品的思路尤为重要。插叙实际上是告诉你:这里内容是插进来的,原话题有所中断。呼应实际上是告诉你:此处与前面有回应,要联系起来看。悬念实际上是告诉你:这里有一个难解之谜,文后总会有交代,阅读时要首尾一并考虑。还有疏密与繁简、虚实与正侧、抑扬与蓄势等,都是我们理清全文思路的"标志"。

抓准文章的主心骨
——领会写作意图

说话、写文章总是有目的的。特别是写文章,目的更明确,包括:① 写给什么人看?② 为什么事而写?③ 写出来后想起到什么作用?另外,就同一个问题,为什么要着眼于此而不着眼于彼?就眼前的事物,为什么要用这种文体、这种方式表达而不用那种文体、那种方式表达?还有,为什么要说得隐含而不明朗(或相反)?为什么要旁敲侧击而不直抒胸臆(或相反)?为什么要用这样的词句而不用那样的词句?为什么要用这样的结构而不用那样的结构?诸如这样一些问题,都与作者的写作意图有关。因此,领会写作意图是读懂作品的必然要求和重要途径。其意义有如下几点:

其一,有利于我们准确把握作品主旨。有的作品开宗明义,主旨好理解,比如叶圣陶《景泰蓝的制作》开头就说:"现在把景泰蓝的制作过程说一说",还没有读到正文,你就知道作者将会说些什么。有的文章虽然也采用了开门见山的写法,但目的只是略微点了一下,其内容核心、本质意义还如云中之山,雾中之花,隐隐不明。如毛泽东同志的《改造我们的学习》开头写道:"我主张将我们的学习改造一下",主旨是说"改造",但"改造"的真正含义是什么?还不清楚,须读了全文才明白。还有更多的作品(特别是散文、小说等)一开头就来得含蓄,自始至终,言在此而意在彼,主旨是深藏着的,要准确理解,甚为不易;甚至有的作品主旨,你这样理解,他那样理解,见解截然相反。因此,要达到真正把握主旨的目的,非从理解写作意图入手不可。比如下面选自《光明日报》(1981年8月20日)中的一篇短文,几个同学读了,对主旨有几种理解。请你读读看,该如何准确理解?

一　　隅

你坐在那儿,在那高高的售票员的位置上,用一根显然是随手拈来的什么草棍在剔牙。

"钓鱼台——下车请打开车月票,关俩门,"你用标准的售票员的腔调漫不经心地报着站名,"下一站——"

这种腔调,这一天要重复上百遍的几句话,这短短的车程——不过十几站——,对你这样聪明的小伙子来说,也许用不了两天就全学会了。那么,你剩下的时间、剩下的精力,做什么呢?

你穿了件相当"帅"的针织尼龙衫,头发也留在既不落伍、又不太"匪"的长度上;也许从半夜起就在首都体育馆的铁栅栏外面排队,等着买两张新歌星的票子的年轻人里头有你?

你并不像一些"热心服务车"的主人那样周到地宣传;对几个娇滴滴的小妞和愣头愣脑的外地人也不很客气;你不怎么检票、也不张罗什么,就那么淡漠地、心不在焉地坐在那儿。这神情不像21岁,倒像71岁。是不是家里住的太挤,从小没少挨爸爸的揍,长这么大也没听过几句慰帖的话,从懂事开始,就在"天天斗"里混……于是,在你的性格里已经失去了亲切、热诚地待人的习惯?

就在这时,她上来了。她很年轻,但却抓着扶手,像数着步子一样一阶阶踏上来,跨了两步,站到了我的面前。这是个高高的姑娘,皮肤细嫩得像婴儿,却苍白得像久卧的病人。她的装束——噢,这样装束的姑娘如果说1966年夏天满街都是的话,今天却实在是寥寥可数了:一件褪色的军装和斜挎在肩上的军用书包。她微笑着,两根短辫搭在肩上,一双眼睛直直地望着前方。我敢打赌,我们现在已经很少见到这样微笑着的姑娘了,那些总觉得世界对不起她们的年轻女士们大多数是一脸拒人千里的不耐烦——

你从高高的位子上走了下来,走到我对面一个坐着的小伙子面前。

"起来!"你用膝盖拱了他一下。

"什么……"正在看书的小伙子觉得莫名其妙。

"让你起来就起来!"你压低了声音说。我开始担心了。难道为了比这还轻得多的几句话就骂起来甚至打起来的事还少么?

"这……"那老实的小伙子虽然依旧不知道怎么回事,但在你那不容置辩的语气下,还是站了起来。

"别——"微笑着的姑娘苍白的脸上升起一片红晕。

"一会儿再跟你说。"对那正从座位上迈出腿来的小伙子,你又低低地补了一句。

"她眼睛……"我背后的两个妇女轻声说。显然,她们是这趟车的老乘客了。我和对面那让座的小伙子,也在一瞬间明白了。

姑娘道着谢,那么拘谨地坐下了。她还是那样微笑着,两只眼睛直望着前面。

终点站到了。盲姑娘怎么办呢?也许她应该等到最后下吧。可是她那么心急,几步跨到门口,挤入下车的人流。

"啊,瞧你——"你想过来照顾她,又止住了。

"别——"她朝前挤着,着什么急呢?

"小张!"你朝后座的女售票员嚷起来,"你快扶扶她!"小张没下车,但也没拒绝,只是清亮地喊了一声:

"哪位乘客劳驾把这位同志送到366路车站!"

"不用了!"姑娘说着,跟跟跄跄地加快步子,一个不稳,落到紧跟在她后面的我的手上。

我扶着她,把手架在她的腋下。不错,她残废了,也不修饰自己;可她的少女本色并未失去,那么柔嫩、那么温热;她重重地倚着我,不设防、不矜持,只有令人动心的依顺……噢,我似乎明白了,你为什么不来扶她……

"摔过么?"我问。

"没有。"姑娘微笑着说,"磕磕碰碰的倒是常事。"她要去上工了,她不怨恨自己的命运,只是对给别人添了麻烦感到歉意。

回头望去,你又那么漠然地爬上了售票员高高的位子,又要拖着标准腔报站名了。谁知道呢,也许街道居委会主任从来没"待见"过你,"优质服务月"的奖状和你也不怎么有缘;对欺负你的人,你也许骂得出不堪入耳的脏话,没准还想动手……可在这样一个姑娘面前,却连"看不见"这种字眼都不肯出口,生怕伤了她;你甚至不好意思碰她一下,虽然你的用意那么纯,纯得就像清晨的雪。你没读过大学,也许除了《大众电影》也不看别的书,可是我知道,你的心并不是粗砺荒漠的一片,那光明的一隅,会永远充满了温情地留给世上无助的弱者,就比如这沉静微笑着的姑娘。

有的同学说,这篇文章赞颂了"助人为乐"的精神;有的同学说,作者对文中的"你"既有批评,又有称赞,文章主旨应是"一个人应注意克服缺点,发扬优点";也有同学认为,文章强调的是"一隅",这"一隅"是指人们善良的心灵"一隅",作者称赞这"一隅",是希望"一隅不断扩大"。引申理解,本文主题是,希望社会风气不断好转,好人好事层出不穷,蔚然成风。那么,你的看法又是怎样的呢?

我们不忙下结论,不妨来探究一下作者的写作意图。作者曾说过这么一句话:"80年代初,由于'文化大革命'的影响,社会风气还比较差,一些缺乏教育的青年思想言行简单、粗疏,甚至还有些蛮横,于是有一些人指责他们,说他们是垮掉的一代。我不同意这种看法,于是捕捉生活中的一个亮点,开掘他们的思想底蕴,希望我们能看到更深一层的东西。"显然,作者本人的话表明了自己的写作意图:① 针对一种错误认识,提出自己的不同看法;② 希望读者能"看到更深一层的东西"。这个意图,无疑是我们用来打开作品思想之门,挖掘其真正主旨的一把钥匙。作者一开始用了较多篇幅写了"你"的思想性格特点,表明这样的青年在思想言行上是有缺陷的:思想简单,缺少教养;然后写小青年在一个朴实纯真有残疾少女面前,却表现出了与前者判若两人的,高洁得"像清晨的雪"、温暖得"像春天的阳光"那样的感情。由此看来,作者既没有回避小青年的缺陷,也没有随意拔高、盲目歌颂,而是想说明这样的事实:虽然一些青年精神上受损,思想上有不足,行为上显得粗蛮,但真善美的良知并未泯灭,还有着那"光明的一隅";而这"一隅"正是这类青年人的希望所在。你看,摸清写作意图对理解作品主旨是多么重要啊!

其二,有利于我们更深刻地认识表达艺术的独特作用。文章为什么要这样写而不那样写,显然是与写作意图密切相关的。为了达到不同目的,写法自然有所不同。同样,看清写法的独特作用,也有助于我们进一步认识作者的写作意图。很多文章采用某种写法,孤立地看,平淡无奇;一经与写作意图联系起来分析,其特殊表达作用就看得深透了。即便是对标点符号的用法理解,也是这样。请读鲁迅先生《故乡》中的文字:

宏儿听得这话,便来招水生,水生却松松爽爽同他一路出去了。母亲叫闰土坐,他迟疑了一回,终于就了坐,将长烟管靠在桌旁,递过纸包来,说:

"冬天没有什么东西了。这一点干青豆倒是自家晒在那里的,请老爷……"

我问问他的景况。他只是摇头。

"非常难。第六个孩子也会帮忙了,却总是吃不够……又不太平……什么地方都要钱,没有定规……收成又坏。种出东西来,挑去卖,总要捐几回钱,折了本;不去卖,又只能烂掉……"

他只是摇头;脸上虽然刻着许多皱纹,却全然不动,仿佛石像一般。他大约只是觉得苦,却又形容不出,沉默了片时,便拿起烟管来默默的吸烟了。

母亲问他,知道他的家里事务忙,明天便得回去;又没有吃过午饭,便叫他自己到厨下炒饭吃去。

他出去了;母亲和我都叹息他的景况:多子,饥荒,苛税,兵,匪,官,绅,都苦得他像一个木偶人了。母亲对我说,凡是不必搬走的东西,尽可以送他,可以听他自己去拣择。

写闰土说话连用了五个省略号。省略号是很平常的标点符号,无非是对内容有所省略而已。但读这一段话,想到作者写作本文的意图,我们就会感到,此处的省略号有特殊的表达作用。鲁迅先生于1919年12月回故乡绍兴接母亲到北京,目睹农村的破败和农民的凄苦,十分悲愤。1921年1月便以这次回家的经历为题材,写成这篇小说。作者的意图是,引起人们对农村经济日益凋敝、农民生活日益贫困的社会根源的深深思索,激发人们改造旧社会、创造新生活的强烈愿望。作者写闰土,采用了对比手法。少年闰土是"小英雄",见识多,活泼伶俐,口齿灵活,有说不完的话;而中年闰土麻木、迂讷,成了一个"木偶人",表现在说话上,吞吞吐吐,没有头绪。另外,闰土受到的压迫是多方面的,因此,他短短一番话,交代了几种原因。由此可见,作者用省略号来间隔闰土说话内容,起到了刻画人物形象、揭示人物性格特点、反映人物悲惨命运的作用。

其三,有利于我们正确把握作者的思想感情倾向。作者的思想感情是渗透在语言之中的,作者遣词造句受思想感情支配。而思想感情与写作意图关系密切。表达意图在于赞赏,自然要选用褒义词;表达意图在于否定、批评、指责或是怒斥,必然要选用贬义词。问题的另一方面是,有时候,作品中的语言表面上看是赞赏性的,好像思想感情倾向是褒奖,其实,一旦联系写作意图看,褒奖的词句恰恰是为了更深刻的指责、怒斥。例如鲁迅先生《记念刘和珍君》中的一段文字:

当三个女子从容地转辗于文明人所发明的枪弹的攒射中的时候,这是怎样的一个惊心动魄的伟大呵!中国军人的屠戮妇婴的伟绩,八国联军的惩创学生的武功,不幸全被这几缕血痕抹杀了。

"伟绩""武功"本义是赞扬,而在这里显然是褒词贬用。"三一八"惨案发生后,鲁迅先生无比悲愤,他说"三一八"是"民国以来最黑暗的一天",军阀们比禽兽更残忍。他写《记念刘和珍君》一文,意图就在于痛斥反动统治者和帮凶们的无耻行径。为了增强文章的讽刺性,充分表达心中的悲愤之情,作者采用反语修辞,效果更好。

需要指出的是,写作意图是要靠我们通过多种途径来领会的。一般地,作者不会在作品写完后再专门介绍自己的写作意图。那么,怎样领会作品的写作意图呢?下边说说几种具体方法。

(1)查阅资料,分析时代背景揣摩写作意图。有的文章是在特定时代背景下写的,在当时读起来,文章意图很明显。时过境迁,特别是时代发生了本质变化,后人读起来就有"摸不透"之感。由于有了这层隔膜,很可能导致对作品产生曲解。因此,一边读作品,一边查阅有关资

料,分析时代背景是揣摩写作意图、准确理解作品内容与主题的好办法。请阅读茅盾《风景谈》中的两段文字:

另一个时间。另一个场面。夕阳在山,干坼的黄土正吐出它在一天内所吸收的热,河水汤汤急流,似乎能把浅浅河床中的鹅卵石都冲走了似的。这时候,沿河的山坳里有一队人,从"生产"归来,兴奋的谈话中,至少有七八种不同的方音。忽然间,他们又用同一的音调,唱起雄壮的歌曲来了,他们的爽朗的笑声,落到水上,使得河水也似在笑。看他们的手,这是惯拿调色板的,那是昨天还拉着提琴的弓子伴奏着《生产曲》的,这是经常不离木刻刀的,那又是洋洋洒洒下笔如有神的,但现在,一律都被锄锹的木柄磨起了老茧了。他们在山坡下,被另一群所迎住。这里正燃起熊熊的野火,多少曾调朱弄粉的手儿,已经将金黄的小米饭,翠绿的油菜,准备齐全。这时候,太阳已经下山,却将它的余辉幻成了满天的彩霞,河水喧哗得更响了,跌在石上的便喷出了雪白的泡沫,人们把沾着黄土的脚伸在水里,任它冲刷,或者掬起水来,洗一把脸。在背山面水这样一个所在,静穆的自然和弥漫着生命力的人,就织成了美妙的图画。

在这里,蓝天明月,秃顶的川,单调的黄土,浅濑的水,似乎都是最恰当不过的背景,无可更换。自然是伟大的,人类是伟大的,然而充满了崇高精神的人类的活动,乃是伟大中之尤其伟大者!

初读这两段文字,可能产生这样的疑惑:①"从'生产'归来"是什么意思?"生产"为什么要加上引号?②为什么"这一队人中"有七八种不同的方音?③这一群从事农业生产的人为什么在归来途中"唱起雄壮的歌曲来了"?④从文章中可以看出,这群人身份很特殊,有的是拿调色板的,有的是拉提琴的,有的是不离木刻刀的,有的是写作的——"洋洋洒洒下笔如有神的"。这是一群什么样的人？他们聚集在这里究竟是干什么？⑤ 更令人疑惑的是，作者写这些文字分明是充满着赞颂之情的，文中说："在背山面水这样一个所在，静穆的自然和弥漫着生命力的人，就织成了美妙的图画。"为什么赞其有"生命力"？为什么说"织成了美妙的图画"？末一段的议论更显评价之高："人类是伟大的，然而充满了崇高精神的人类的活动，乃是伟大中之尤其伟大者！"那么，这里所指的"充满了崇高精神的人"是哪一种人？"崇高精神"又是指什么精神？

以上问题，都是理解内容的障碍；内容不能理解，写作意图就更难看清了。为此，不妨借助资料，了解写作本文的时代背景。

1940年5月26日到10月10日，茅盾在延安生活了近五个月。当时的延安是党中央所在地，全国各地许多向往革命的知识分子也纷纷涌向这块"圣地"，接受革命的洗礼。当时，根据地人民面临两大困难，一是物质极其匮乏，二是国民党反动派和日本侵略者的两面夹击。对此，根据地人民在共产党领导下，不畏困难，艰苦奋斗，一方面投身于抗日战争，一方面开展大生产运动，搞生产自救。虽然物质生活很艰苦，但根据地人民，特别是革命战士有着崇高的信念，充满革命理想，因此生活始终是有声有色，轰轰烈烈的。茅盾受到强烈感染，在离开延安不久，挥笔写下了《风景谈》这篇"见闻录"式的散文。在这篇文章中，抗日战争时期中国共产党领导下解放区军民火热的战斗生活和崇高的精神境界，如画般地呈现在我们眼前。茅盾后来在《回忆录》中说："我写了延安的风景，而把政治寓于风景之中。"可见，"风景"是这篇作品的"形"，"政治"是这篇作品的"神"。

了解了这些背景，以上问题便迎刃而解了。① 所谓"生产"加引号有特定含义，是指当时的大生产运动；② 之所以有多种方音，是因为这些革命战士来自四面八方；③ 唱歌表明战士们斗志高昂，信心百倍，充满革命乐观主义精神；④ 这群人身份各异，是说"他们"原来都是文化艺术工作者,他们向往革命,参加了革命,已是革命战士;⑤ 所以给予高度赞扬,因为这群人是革命战士,有着崇高的理想;"崇高精神"是指不畏困难的革命乐观主义精神,抗敌御寇的英勇精神,改造旧世界,创造新生活的革命精神。这些内容读懂了,写作意图也就知道了。

(2) 看论题的针对性和分析问题的着眼点。很多议论性文章,论题都是有鲜明的针对性的,分析问题时也不是面面俱到,而是着眼于某一点来剖析事理,发表看法的。阅读时,不妨以此为突破口来揣摩写作意图。请读林默涵《说"小"》这篇短文:

"小"和"大"比较起来,"小"总是被人轻视的。"小事""小玩意",谁也不把它放在眼里。可是,说来好笑,我们这些人的毛病,往往就是犯在轻视小事情上面。

我们有远大的高尚的理想,这自然是很好的。可是,任何远大的理想,假如没有许多切实的细小的工作来充实它,那么,它就只能是一个空洞的理想。巍峨宫殿,是由无数的小石块建筑起来的;一切科学的伟大发现,都不知经过多少麻烦琐细的工作;改造旧社会的革命事业,更是非有无数的人来做无数细小的事情不可。

要打一次大胜仗,自然要有一个高明的指挥员,可是,没有勇敢的士兵能行吗?有了勇敢的士兵,没有尽职的伙夫能行吗?假如伙夫不能及时地烧好饭,送给前线的士兵吃,他们怎么能够冲锋陷阵?指挥员、士兵、伙夫,他们担任的事情,自然有大小的不同,可是他们对于一次战争的胜利的贡献,却同样是不可缺少的。

在革命的事业上,各人贡献的大小,是不可能完全一样的。俗话说:手指都有长短。各人的能力有大小,是由各种条件所造成的。我们用不着把自己幻想为了不起的"英雄""伟人",但只要一个人是全心全意去做了他所应做的事情,尽了他的一份责任,他就是真正伟大了。我们所做的工作，比起那些真正的革命导师来，自然可能小得多。在这上面，我们是没法强求，也不必强求的；但他们是尽其全力去做工作，我们也是尽了全力去做工作，而且这工作都同样有益于社会人群。何况一切伟大的工作，都是由许多细小的工作结合而成的，没有无数平凡的勤恳的工作者，领袖就成了"空军司令"，正如没有无数默默地埋在土里的枕木，叱咤风云的火车头也只好站着叹气了，谁能说一根小小的枕木是无足轻重的呢！

我们常常轻视小事情，不屑于做小事情，可是，假如有了一点小小的成绩，却又会立刻自满自足。其实，改造社会的革命事业，是这样伟大而艰巨，我们个人哪怕有天大的本事，也只能在这伟大的事业中做好一部分工作。我们如果肯努力，自然可以做出一些成绩来，但这本是我们应尽的责任，而且不管成绩怎样大，和整个的革命事业比较起来又算得什么？所以，一个人不管有多大的能力和成绩，是毫不值得骄傲的。

相反地，我们倒应该时时警惕，不要在工作中犯错误，哪怕是很小的错误。我们的缺点，就是常常有了一点小成绩，就沾沾自喜，而对于小错误却满不在乎，以为无足轻重。殊不知大事固然由小事积成，大错误也总是由小错误开端：身上生一点小疮，在开始的时候也许不大碍事，可是，在你不留心的当儿，它就发展起来，蔓延起来，而最后变成了致命之疾。这样的事情是很多的。

列宁说："自满自足的乐观主义乃是最庸俗卑鄙的思想。"真的，一个人有一点成绩，本来是很好的事情，可是，当你满足于这一点成绩，而觉得很可以自傲一下的时候，你就从此完蛋，再也不会进步了，你的成绩也就到此为止；一点小名望，也可以成为一辈子压着你的沉重的包袱，使你老是念念不忘那包袱里的几件宝贝，天天在那里徘徊欣赏，再也看不见别的更重要的东西。这种人是一定要被抛到新生活外面去的。一个人有一点小错误，本来也不算怎么严重的，可是，当你轻视这些小错误,对别人的好意的批评指摘不肯虚心接受、及时改正,却固执地坚持错误,让它发展下去,那就危险了,造成使自己和事业覆亡的大错误,也许就是由这当初不被重视的小错误开始的。

不要拒绝小事情,不要满足小成绩(即使在你个人说来是很大的成绩,和整个革命事业比较也还是很小),不要轻视小错误,我就把这叫作"三不主义",并愿以此自勉,切切实实做一点我们所应当做的小事情。

文章围绕"小"这个论题,着眼于"小"与"大"的辩证关系,通过人们所熟知的事例,运用通畅、严密、亲切的语言,从正反两个方面进行入情入理的分析。我们知道,围绕一个"小"字可以涉及多方面内容,但作者选材与析理都集中于一点,这就是抓住人们日常生活中容易忽视的"小"问题,深刻地揭示出"小"问题里包含的大道理。作者的意图是明显的,即不要拒绝小事情,不要满足小成绩,不要轻视小错误三个方面进行论述,阐明实行"三不主义"的重要意义,号召人们切切实实做一点应当做的小事情。

(3)比较写作角度。人们往往根据同一事物或事理作文,尽管所写的对象相同,但角度(包括观察角度、分析角度、认识角度等)是不一样的;角度不同能体现写作意图的不同。因此,我们可以从比较写作角度入手来揣摩写作意图。请读下面的作品:

崇高的理想(节选)

陶 铸

我们的时代,我们的社会,是树立崇高理想和实现崇高理想最好的时代和社会。生活在我们这样伟大的社会主义国家的青年人,没有崇高的理想,是可悲的。一个没有崇高的共产主义理想的人,好像迷失了路途一样,不但不知道明天走到哪里,做什么,就是连今天做什么,为什么要这样做都弄不清楚。我们大家为什么要进学校呢？为什么要读书呢？进学校、读书的目的何在呢？当我们翻开书本第一页的时候，就要回答这个问题。同学们！这个问题，也就是要我们回答的关于一个人应该有什么样的理想的问题。"千里之行，始于足下"，在开始的时候，就得有个盘算，才不致"失之毫厘，谬以千里"。所以，理想问题，对每一个人来说，都是一个重要的问题。对社会主义社会里的青年人来说，更是一个大问题。

为什么说实现共产主义是我们最崇高最伟大的理想呢？这是因为共产主义、也只有共产主义能够使人类从私有制的束缚下彻底解放出来，能够使人类过着最快乐、最美满、最幸福的生活，能够实现古人所常说的"使老有所终，壮有所用，幼有所长，鳏寡孤独废疾者皆有所养"的"大同世界"。这个理想是完全能够实现的。中国古代的不说，大家知道，在四百多年以前，英国的托马斯·莫尔等，就始创了空想社会主义学说。到了19世纪，法国的圣西门、傅立叶，英国的欧文等人，又使空想社会主义的学说得到了进一步的发展。他们都梦想着要在世界上建立一个美好的社会。但是由于历史条件的限制，他们虽然有力地揭露了资本主义的矛盾，批判了资本主义的罪恶，但是他们看不到无产阶级的力量，不懂得要经过阶级斗争和革命战争去取得胜利。在他们的心目中，无产阶级只是被压迫的群众，只需要给予同情和帮助就够了。因此，他们的理想尽管是好的，却是不可能实现的，因而也就是空想的非科学的东西。马克思和恩格斯第一次把社会主义由空想变成科学，指出了我们的理想是共产主义社会，指出了资本主义的掘墓人和共产主义社会的创造者，正是受着资本家剥削与压迫的工人阶级。他们解答了多少年来人类进步思想所提出的但不能解决的一系列问题。列宁（包括斯大林的一部分功绩在内）在无产阶级革命的新的条件下，发展了马克思主义，并在俄国缔造了第一个社会主义国家——苏联。他们不但从理论上丰富了马克思主义,而且给全世界做出了榜样,用铁一样的事实告诉人们,这个最崇高最伟大的共产主义理想,是完全可以实现的。在我们中国,自从1840年鸦片战争以来,不少先进人物曾经想使我们的国家变为独立富强的国家,使我们的社会变为一个理想的社会,但是都没有成功。直到十月革命一声炮响,送来了马克思列宁主义,这才真正为我们的国家找到了一个伟大的理想和实现这个理想的道路。我国革命的胜利以及社会主义建设中取得了伟大成就的事实,又一次证明了这个最崇高最伟大的共产主义理想,是完全可以实现的。……

同学们!从开始有人类社会以来,没有哪一个社会能与共产主义社会相比。什么理想也不能同共产主义这一更崇高更伟大的理想相比。我希望每一个同学都要有这个崇高的理想,把自己最好的年华贡献给这个崇高的伟大的共产主义事业。

理想的阶梯(节选)

陈 群

青年最爱谈理想,青年最苦恼的是理想和现实常常有矛盾。

有的青年虽有理想,但刻苦勤奋不足;有的也很想为理想努力,但不能抓紧一点一滴的时间;有的自以为条件差,岗位平凡,无用武之地,不能充分发挥主观能动作用。结果,常常在碌碌无为的苦闷中慨叹蹉跎。

奋斗,是实现理想的阶梯。离开奋斗,理想就只能是幻想而已。有理想的青年,都应从眼前的现实起步,以非常艰苦的奋斗,作为通往理想境界的阶梯。

理想的阶梯,属于刻苦勤奋的人。马克思为实现解放全人类的崇高理想奋斗一生。他积极投身于火热的工人运动,研读无数种著作,学会了欧洲好几个国家的语言。他不断在图书馆钻研,数十年如一日,座位下的地面竟然磨掉一层。化学家诺贝尔为减轻工地上挖土工人的繁重劳动,决心发明炸药。废寝忘食,四年里做了几百次试验。最后一次试验时,他聚精会神地盯着燃延的导火线,一声巨响,在旁的人们惊叫:"诺贝尔完了!"诺贝尔却从浓烟中跳出来,面孔乌黑,身上还带着血,兴奋地狂呼:"成功了!"那些杰出的人物正是被一种崇高的目标所鼓舞,才产生了惊人的毅力与忘我的精神。是理想的浪涛激励着他们去刻苦奋斗。今天,我们为实现"四化"而奋斗,这是中华民族空前的事业,其任务之艰,难度之大,更需要亿万人民,特别是青年,百折不回地艰苦奋斗。有志于为这一崇高理想而奋斗的青年要敢于面对现实,不怕一切艰难困苦,不怨天尤人,以凌云的壮志,用刻苦勤奋的汗水浇开灿烂的理想之花。

理想的阶梯,属于珍惜时间的人。富兰克林有句名言:"你热爱生命吗?那么别浪费时间,因为时间是组成生命的材料。"许多科学家、文艺家都是同时间赛跑的能手。爱迪生一生有一千多项发明。这无数次试验的时间从哪里来?就是从常常连续工作两天三天的极度紧张中挤出来的。鲁迅以"时间就是生命"的格言律己,从事无产阶级文学艺术事业30年,视时间如生命,笔耕不辍。巴尔扎克用如痴如狂的拼劲,每天奋笔疾书十六七个小时,即使累得手臂疼痛,双眼流泪,也不肯浪费一刻时间。他一生留下为人民深深喜爱的巨著《人间喜剧》,共94部小说。这些血汗的结晶不正是时间与生命的光辉记录吗?

以上两文都是以"理想"为题发表看法的,从标题可以看出,"崇高的理想"重在讨论"理想"的性质与内涵;"理想的阶梯"重在讨论怎样实现理想。一为"崇高",一为"阶梯",论述的着眼点及讨论"理想"的角度有明显区别。两位作者都谈"理想",谈的内容与角度不同,显然与作者的写作意图不同有密切关系。

1960年5月,陶铸同志应邀到华南师范学院和暨南大学给青年学生作报告,讲的中心是"实现共产主义是我们最崇高、最伟大的理想"。他先论述了理想的社会性、阶级性以及它与世界观的关系;接着阐明"生活在社会主义社会里的青年人应该树立为实现共产主义而奋斗的崇高理想"。讲话语重心长,高屋建瓴,充分体现了老一辈无产阶级革命家对青年一代的亲切关怀和殷切期望。面对的广大青年学生正处在完成学业、奔赴工作岗位、为祖国建功立业的关键时期,他们受过高等教育,对理想是有所认识的,为理想而奋斗的具体途径,他们也是知道的,而对理想的崇高性可能还认识不足。针对这个实际,陶铸同志有的放矢,把话说到大学生的心坎上去了。其意图就是,要求青年大学生提高认识和觉悟,勉励他们为共产主义事业而奋斗。

《理想的阶梯》一文发表于1979年。当时,我们的国家正处于拨乱反正的重要时期,一方面结束了"十年动乱",一方面在开创社会主义建设新局面。以老一辈无产阶级革命家邓小平同志为核心的党中央,向全国人民发出了"尊重知识,尊重人才"的号召。广大青少年发愤努力,锐意进取,如饥似渴地学习科学文化知识,恨不得立即投身于伟大实践,实现伟大理想。愿望是好的,理想是崇高的,但实现伟大理想必然有一个过程;光有理想还不行,还必须克服困难,刻苦奋斗。文章发表在《中国青年》上,意图是明显的:围绕大家关心的问题,列举大量事实,展开议论,使广大青年进一步明确"怎样才能实现自己的理想"的道理,以不懈的韧劲,奋力攀登,一步步接近那光辉灿烂的理想高峰。

李白写庐山:"日照香炉生紫烟,遥看瀑布挂前川;飞流直下三千尺,疑是银河落九天。"苏轼也写庐山:"横看成岭侧成峰,远近高低各不同;不识庐山真面目,只缘身在此山中。"李诗写景,意在描绘庐山瀑布的瑰奇之姿;苏诗写景,但意在揭示生活哲理。怀着不同的写作目的,就会有不同的认识,选取不同的思考角度。同样,角度不同,写出来的内容不同,自然也就体现出不同的写作意图。古往今来,许多同对象、同题材的文章都是这样的,仔细领会,必识其妙。

(4) 从结构特点上推断。不同的结构特点,反映了作者不同的写作思路,也能体现不同的写作意图。结构是为内容服务的。同样的内容,如果采取不同的结构,产生的效果也就不一样。因此,说话、写文章都要注意这一点。比如有的文章开门见山,直抒胸臆,坦言直陈;有的文章慢慢开导,步步启发,到最后水到渠成,揭示观点。两种写法,各有各的好处,各有各的作用。把观点摆在开头,继之分层论述,采用总分式结构,其意图大抵是为了突出观点,引人注意;先摆事实,再说道理,而且是分层引入,采用的是层递式结构,其意图大抵是为了让读者在归纳过程中逐步认识道理。

议论文如此,记叙文也是这样。例如下面的短文:

到五月花烈士公墓去

公 木

清明那天的上午,市长罗同同志在办公楼大门口叫住了我,要我和他一起去五月花烈士公墓。我刚分到这里不久,"五月花"这个很美的名字吸引了我。

"叫车吗?"我问市长。

"不用。"他说。

"骑车去?"

"步行吧。"

我们沿着一条明净小河的河岸向东走去。天气很好,清明节,被大自然的巨手镶嵌在嫩绿和鹅黄的色彩中。我们走得不快。我很兴奋,市长同志却显得十分平静。

"我戴红领巾那阵子,每逢清明,都要去扫墓的。"我说。

"是。以前……这是一个传统。"市长说。

"现在,好像……"我看见市长面部难以察觉地抽动一下,突然把话截住了。

"好像什么?"他转过头来问我。

"好像去的人不多了……"我声音很低地回答。

"会多起来的。"

我们不再说话。

"您怎么突然要去公墓呢?"我抵不住沉默,又问道。

"突然? 噢,我是突然想去,看看……"

我感到自己问得荒唐,有点不安了。市长投来一束并不介意的目光。我给自己鼓了些勇气,决定再对他提出几个我琢磨过多次的问题。

"罗市长——"

"嗯。"

"您为什么还不搬进市府的首长楼里去?"

"我付不起房租。"他笑笑,说。

他不愿告诉我,我心里想。我接着问道:

"听说您在省里当过副部长?"

"嗯。"

"那您为啥要求来这个边远小城当市长?"

"这里空气好。"

没法再问! 但我不死心:

"您的独生女下乡时嫁在农村了,是吗?"

"嗯。"

"怎么不安排在城里照顾您呢?"

"我专门留她在乡下给我种菜呢——我这人很自私的。"

我不再问什么了。

五月花烈士公墓到了。

墓地被松柏树守护着。地上萌生了茸茸的草芽儿。墓地中心有一块青石巨碑。我们朝那里走去。

石碑上赫然地刻着"黑流河战斗殉难烈士纪念碑"一行字。下面刻满了烈士的姓名。我一个个看下去。忽然，一个名字跳进我的眼睛——"罗同"！我被震动了。回过头看看表情肃穆的罗市长，充满敬重地问：

"和您重名？"

"不，就是我。"

"我不明白……"

"37年前我们在这里打过一次恶仗。当时我是副营长，我带领的167名同志在突围中全部牺牲了，当然，也包括我……后来，我苏醒了，是被大雨浇醒的。我发现自己还活着，只是肚子被炮弹皮炸开了。我拼命往前爬，老乡的担架把我救了。在兄弟部队医院里我活了下来，可是我所在部队的同志们却以为我牺牲了……解放后，在这里建立纪念碑，把我的名字和死去的同志们刻在一起了。你来看——"市长指着石碑告诉我，"这个刘二牛，他是个大个子机枪手，忒勇敢，我们都叫他'牛歪把子'；这个鲁新刚是个通讯员，好机灵的一个小鬼头，才17岁；这个马光是个排长，读得一肚子好诗文……"

我眼里涌满了泪水。

市长又说话了："解放后，我和一位诗人一起来这里瞻仰公墓。那正是五月，满地开着黄的、红的蒲公英和别的什么花，那诗人便说把公墓叫作'五月花烈士公墓'吧。就是那天，我才看到碑上有我的名字。我痛哭了一场。能和自己那些死去的战友们在一起我真幸福……"市长声音有点哽咽。我感到血在胸腔里激荡。

过了几分钟，市长问我：

"你说,一个死去的人会不会提出这样或那样的要求?"

"不会。"我小心地回答道。

"会不会要好车坐,好房子住,要当大官,要利用权力搞特殊?"

"不会。"

"是的,不会的。我就是这样一个死人——和我的那些战友一样——死了30多年了。现在你看到的我,只不过是死去的我和我死去的战友们派出来为人民做事的仆人——是一个灵魂——你懂吗?"市长问。

"懂了!"我说。

我们先来看这篇小小说的结构形式。全文分两大部分,第一部分从开头到"五月花烈士公墓到了"止,写去公墓的路上,"我"与罗市长的对话;第二部分写在墓地的所见所谈。写对话,集中一个话题,通过"我"问他答的形式一点一滴地交代了罗市长的行为表现:不坐小车,步行;不住首长楼;不当副部长,当边远小城的市长;把独生女嫁在农村……一个市长有这种种表现,确乎有些"特殊"。读者不免在心中产生疑惑:罗市长这样做的原因是什么呢?第二部分作出了回答,揭示了罗市长的思想根源与感情底蕴。原来罗市长在战争年代受过重伤,差点牺牲,人们已经把他当作烈士了。面对长眠于地下的战友,罗市长的感情是复杂的,并不为自己活着而庆幸,而是把自己和战友联系在一起,把自己看作是一个"死人",想的是如今活着就应该当好人民的"仆人",以不愧负战友!"我"说"懂了",就是懂得了罗市长所作所为的思想感情奥秘。由此可见,小说采取了先果后因的写法。

作者为什么要按这样的思路写?为什么要采用先果后因的推进式结构而不用先因后果的顺接式结构呢?可从几方面来认识作者的写作意图:其一,从表达上看,步步设疑,最后释疑,增强了小说的艺术性;由悬念而后结果更能激起读者的阅读兴味。其二,从认识上看,由表及里是一般认识程序;小说先写行为表现,再揭开思想奥秘,符合认识法则。其三,把最动情、最精彩的内容摆在最后,具有催人思考的引发力量。小说故事简单,情节不复杂,作者的意图不在于编织故事,而在于让故事产生教育作用。让读者掩卷深思,从中得到启迪,便是作者的写作目的。

看似平常却高妙
——把握记叙的特点

只要阅读一篇篇记叙性文章,我们就可以看到记叙的特点有:

在内容上,具有真实性特点。真实,是记叙文的生命。我们知道,记叙文的责任在于把客观事物的形状、色彩、质地、形成过程、存在形式、变化特点及主观世界中的心理、情感、认识、感受等告诉读者,使读者产生身临其境、心有所感的感受。如果作者胡编乱造,无中生有,说有为无,以非为是;或夸大其词,任意渲染;或歪曲真相,胡乱贬斥……那就是欺骗读者。这样的文章即使外表华丽,也必定遭人唾弃。凡是长期流传下来,受到读者欢迎的记叙性作品,其内容都必定是真实的;所状之景,所写之物,所叙之事,所写之人,所抒之情,以及所生发之理,都是真实可信的。

在表达上,具有综合性特点。跟议论文、说明文相比,多种表达方式在记叙文中的综合运用,体现得更为明显。仅以叙事文来看,叙述一件事,总要交代事情的来龙去脉,前因后果,这离不开叙述。在叙述过程中,对重要环节、具体场景、人物活动,少不了要加以反映,这离不开描写。一件事的起因、发展、结束,总有内在原因,是对是错,总会给人启发,写到这方面内容,自然又离不开议论。既然写这件事而不写别的事,说明这件事打动了你,给你的心灵以撞击,在感情上的反应不是爱就是恨,不是喜就是怒,不是哀就是乐。文章总是要体现某种感情色彩,如果把真实的感情加以凸显,那就必然要用抒情的方式来表达了。叙事如此,写景状物记人也同样如此。许多内容深厚、感情真挚、材料丰富、立意深刻的记叙作品都具有这样的特色。

在结构上,具有多样性特点。议论文、说明文的结构变化也是多种多样的,但比较而言,还是没有记叙类作品那样变化多端,摇曳多姿。像伏笔、照应、悬念、线索、繁简、虚实、正侧、直接与间接等关于结构艺术的概念基本上都是指记叙作品而言的。仅以朱自清的《荷塘月色》为例。在全篇结构中,作者集中笔墨描绘的是荷塘月色,即第4、5、6三段内容。这三段文字也不算多,但在内容的安排与组织上呈现出灵活多变的风貌。写荷叶、花、香味,这是静的画面;写微风过处,叶动花颤的情状,这是动的画面;写月色,先写月光倾泻在花叶上的情景,这是实写;写"叶子和花""又像笼着轻纱的梦",则是虚拟,但虚中见实,表现了朦胧月色下花叶飘忽不定的姿态。另外,写月色着墨较浓,写远山、灯光、蝉声则属于随意点染,可见繁简有致、浓淡相宜。总之,作者从平观到俯视,从细察到鸟瞰,由远及近,从上到下,由里及外,写尽荷塘月色的无限风光。整个画面是立体的,内容是层次中复有层次,真是难得的巧思妙构。

在题材上,具有广泛性特点。记叙文的题材可以说无所不包,景点、物态、人事、感情、心理都可以在作家笔下熠熠生辉。鲁迅先生的《故乡》,既写景,又写事;由景与事来写人;由写人来揭示社会生活的本质特点;由揭示社会本质来引起人们的思索,作品题材的内涵相当深广。刘白羽的《长江三峡》重在写景;丰子恺的《上天都》重在由事而理;宗璞的《西湖漫笔》重在反映社会的变化;黄河浪的《故乡的榕树》重在表达游子之思;夏衍的《包身工》重在黑暗社会劳苦大众备受压榨实况的纪实;《为了六十一个阶级弟兄》表达了社会生活中的新风貌……这些都说明，记叙文取材广泛，目的各异，功能多样，既可以开阔我们的视野，又可以熏陶我们的情感；既可以言志，又可以明理；既可回忆过去，又可以展望未来。总之，上至天文，下至地理，宇宙之内的一事一物都可以在作家笔下化作一道风景，构成一个斑斓的世界。

上述四点，是记叙类作品的共同性特点。具体到某一篇作品的阅读，我们还要认识其个性。记叙类作品大致可分为记人、叙事、状物、写景四种类型，下面就依此四类，分别举例，讨论把握其特点的阅读要领。

（1）记人文章，重在刻画人物的思想性格，写出人物的个性特征。这既是作品内容特点，也是我们阅读的突破点。例如，下面是著名作家杨绛所写的《记傅雷》一文中的部分内容：

有人说傅雷"孤傲如云间鹤"；傅雷却不止一次在锺书和我面前自比为"墙洞里的小老鼠"——是否因为莫洛亚曾把伏尔泰比作"一头躲在窟中的野兔"呢？傅雷的自比，乍听未免滑稽。梅馥称傅雷为"老傅"；我回家常和锺书讲究：那是"老傅"还是"老虎"，因为据他们的乡音，"傅"和"虎"没有分别，而我觉得傅雷在家里有点儿老虎似的。他却自比为"小老鼠"！但傅雷这话不是矫情，也不是谦虚。我想他只是道出了自己的真实心情。他对所有的朋友都一片至诚。但众多的朋友里，难免夹杂些不够朋友的人。误会、偏见、忌刻、骄矜，会造成人事上无数矛盾和倾轧。傅雷曾告诉我们：某某"朋友"昨天还在他家吃饭，今天却在报纸上骂他。这种事不止一遭。傅雷讲起的时候，虽然眼睛里带些气愤，嘴角上挂着讥诮，总不免感叹人心叵测、世情险恶，觉得自己老实得可怜，孤弱得无以自卫。他满头棱角，动不动会触犯人；又加脾气急躁，止不住要冲撞人。他知道自己不善在世途上圆转周旋，他可以安身的"洞穴"，只是自己的书斋；他也像老鼠那样，只在洞口窥望外面的大世界。他并不像天上的鹤,翘首云外,不屑顾视地下的泥淖。傅雷对国计民生念念不忘,可是他也许遵循《刚第特》的教训吧?只潜身书斋,做他的翻译工作。

傅雷爱吃硬饭。他的性格也像硬米粒儿那样僵硬、干爽;软和懦不是他的美德,他全让给梅馥了。朋友们爱说傅雷固执,可是我也看到了他的固而不执,有时候竟是很随和的。他有事和锺书商量,尽管讨论得很热烈,他并不固执。他和周煦良同志合办《新语》,尽管这种事锺书毫无经验,他也不摈弃外行的意见。他有些朋友(包括我们俩)批评他不让阿聪进学校会使孩子脱离群众,不善适应社会。傅雷从谏如流,就把阿聪送入中学读书。锺书建议他临什么字帖,他就临什么字帖;锺书忽然发兴用草书抄笔记,他也高兴地学起十七帖来,并用草书抄稿子。

解放后,我们夫妇到清华大学任教。傅雷全家从昆明由海道回上海,道过天津。傅雷到北京来探望了陈叔通、马叙伦二老,就和梅馥同到我们家来盘桓三四天。当时我们另一位亡友吴晗同志想留傅雷在清华教授法语,央我们夫妇作说客。但傅雷不愿教法语,只愿教美术史。从前在上海的时候,我们曾经陪傅雷招待一个法国朋友,锺书注意到傅雷名片背面的一行法文:Critique d'Art(美术批评家)。他对美术批评始终很有兴趣。可是清华当时不开这门课,而傅雷对教学并不热心。尽管他们夫妇对清华园颇有留恋,我们也私心窃愿他们留下,傅雷决计仍回上海,干他的翻译工作。

我只看到傅雷和锺书闹过一次别扭。1954年在北京召开翻译工作会议,傅雷未能到会,只提了一份书面意见,讨论翻译问题。讨论翻译,必须举出实例,才能说明问题。傅雷信手拈来,举出许多谬误的例句;他大概忘了例句都有主人。他显然也没料到这份意见书会大量印发给翻译者参考;他拈出例句,就好比挑出人家的错来示众。这就触怒了许多人,都大骂傅雷狂傲;有一位老翻译家竟气得大哭。平心说,把西方文字译成中文,至少也是一项极繁琐的工作。译者尽管认真仔细,也不免挂一漏万,译文里的谬误,好比猫狗身上的跳蚤,很难捉拿净尽。假如傅雷打头先挑自己的错作引子,或者挑自己几个错作陪,人家也许会心悦诚服。假如傅雷事先和朋友商谈一下,准会想得周到些。当时他和我们两地间隔,读到锺书责备他的信,气呼呼地对我们沉默了一段时间,但不久就又恢复书信来往。

傅雷的认真,也和他的严肃一样,常表现出一个十足地道的傅雷。有一次他称赞我的翻译。我不过偶尔翻译了一篇极短的散文,译得也并不好,所以我只当傅雷是照例敷衍,也照例谦逊一句,傅雷怫然忍耐了一分钟,然后沉着脸发作道:"杨绛,你知道吗?我的称赞是不容易的。"我当时颇像顽童听到校长错误称赞,既不敢笑,也不敢指出他的错误。可是我实在很感激他对一个刚试笔翻译的人如此认真看待。而且只有自己虚怀若谷,才会过高地估计别人。

写人不易,写思想丰富、才华横溢、至纯至真的大翻译家傅雷,就更难了。然而,散文家杨绛凭其敏锐的洞察力和幽邃的感悟力,用真诚的笔触,把傅雷先生写"活"了。掩卷思索,仿佛傅雷先生的音容笑貌就在我们眼前。作者选取若干事例,展示傅雷先生的性格特点:① 写傅雷先生待人一片至诚,即使这样也常遇到所谓的"朋友"的"骂",对此,傅雷的态度是"气愤""讥诮",但更多的是"感叹人心叵测、世情险恶,觉得自己老实得可怜,孤弱得无以自卫"。"气愤""讥诮",可以理解,因为这毕竟也是一种反击。为什么又感到"可怜"与"孤弱"呢?难道傅雷真的胆小怕事么?不是的。一介书生,保持节操,即使一片真诚待人,也还遇到谩骂,这是多么大的冤屈!表示一点"气愤"和"讥诮",也仅仅是"带些""挂着"而已,反衬世道险恶、坏人势力强大,又是多么鲜明!即使如此,他还是"满头棱角""脾气急躁",又是何等的难能可贵!"满头棱角"写其不屈的品质,"脾气急躁"写其在险恶世道中备受压迫的无奈情态。他不得不以"老鼠"自况,潜身书斋,寄托生命于翻译工作。傅雷的自比,大有深意,一则反映了他对世道人情认识之深,一则也表现他不愿同流合污、自守节操、苟延残喘于乱世的尴尬之态。这一段写傅雷与人相交,未具体叙事,点到即止,重在剖析,深刻地展示了他真诚之心,不屈之志,无奈之态。② 第2段列举几件事说明傅雷"不固执",作者用词很能表现他的性格特点。"僵硬"的"米粒"比喻他性情刚强,"干爽"写其性情坦荡;"固而不执"既写他的性格刚硬的一面,又表明他刚硬却不顽固。"随和"则是表现他与真诚的朋友相处时的态度。其实,傅雷在真诚朋友面前,不仅随和,而且不乏纯真,比如他听钱锺书的话临帖,学钱锺书"也高兴地学起十七帖来"。把这一段内容和前一段联系起来看,便发现傅雷的内心世界是多么的丰富。面对险恶的世情,他敢于"触犯""冲撞",而与友人相处又显得随和与纯真。③ 第3段内容也是意味深长的。吴晗央"我们夫妇"劝傅雷到清华教法语,而"我们夫妇"又是傅雷的真诚朋友;加之傅雷夫妇对清华园也"颇有留恋",这种人情关系和个人愿望凑合起来,按理是能起作用的,但傅雷最后"决计仍回上海,干他的翻译工作"。前边说傅雷在朋友面前随和,那么这件事为什么又有点固执己见呢? 其实,这不是固执己见,要从事情的性质和轻重程度上看。傅雷最有兴趣的事是搞美术批评,他要做美术批评家;尽管他精通法语,教授法语不在话下,但他的本心是"不愿"。纵然有朋友相劝,自己也留恋清华园,但一想到本心,他还是放弃前者,坚守后者了。这充分说明傅雷有一颗不违友人(在某些方面"从谏如流"),也不违自己的纯粹的心。这是一颗真实的心。④ 第4段写傅雷与钱锺书的"别扭"更为精彩。傅雷挑拣译文之误引起一场轩然大波,连理解他的朋友也有点责备他了。两个"假如"句很有意味,意思是只要傅雷稍微懂点做人之道,灵活一些,或"挑自己几个错作陪",或"事先和朋友商谈一下",事情就不会到这步田地。偏偏傅雷不懂这种"做人之道",毫无顾忌,坦率从事。这是优点还是弱点呢?按一般人认定的做人之道,这自然是弱点。因为在一般人看来,圆滑比直率好,遇事想得"周到些",就免于得罪人。按傅雷坚守的做人之道,这样做又纯属正常。因为在傅雷看来,只对事不对人,不必在照顾情面上多想出"周到"的办法。这并不是说傅雷对待别人冷酷无情,而是表明他对人对己一样,通体透亮,毫不矫饰。⑤最后一段写傅雷的性情与态度也是形神兼备,活灵活现。对于"我"照例的"谦逊",傅雷"怫然忍耐了一分钟,然后沉着脸发作道:'杨绛,你知道吗?我的称赞是不容易的。'""怫然",生气的样子。为什么生气?因为他看不惯这种"谦虚";生气了为什么又"忍耐一分钟"呢?大概是担心自己出语过直,伤害对方。你看,"怫然"是真性情的表现,"忍耐"又是为对方着想,这种情感是多么复杂啊!毕竟傅雷是"十足地道"的傅雷,他还是"沉着脸发作"了。"怫然""忍耐""沉着脸",这几个写神态的词把傅雷率直的性格淋漓尽致地展现出来了。"杨绛,你知道吗?我的称赞是不容易的"这句话也颇耐人寻味。首先直称"杨绛",一则加重语气,说明说话态度非常认真、严肃;二则也有好朋友之间的亲近之意。其次说"你知道吗?"有强调意味,表明后一句很重要。最后说"是不容易的",包含几层意思:一是说自己从来不轻易称赞别人;二是说"我"的"称赞"毫无虚夸,是发自内心的。如果改作"不是随便的","不是虚假的",就不符合傅雷的性格特点了。

(2)叙事文章,以"事"为主要内容,以叙述为主要表达方式(突出"六要素"),重在把事情的来龙去脉、前因后果交代清楚。当然,"事"是人做的,叙事时必然要写到人。为了表达的需要,叙事的同时还可进行适当的议论和抒情。请阅读下文:

观 舞 记

——献给印度舞蹈家卡拉玛姐妹

冰 心

我应当怎样地来形容印度卡拉玛姐妹的舞蹈?

假如我是个诗人,我就要写出一首长诗,来描绘她们的变幻多姿的旋舞。

假如我是个画家,我就要用各种的色彩,渲点出她们的清扬的眉宇和绚丽的服装。

假如我是个作曲家,我就要用音符来传达出她们轻捷的舞步,和细响的铃声。

假如我是个雕刻家,我就要在玉石上模拟出她们的充满了活力的苗条灵动的身形。

然而我什么都不是! 我只能用我自己贫乏的文字,来描写这惊人的舞蹈艺术。

如同一个婴儿,看到了朝阳下一朵耀眼的红莲,深林中一只旋舞的孔雀,他想叫出他心中的惊喜,但是除了咿哑之外,他找不到合适的语言!

但是,朋友,难道我就能忍住满心的欢喜和激动,不向你吐出我心中的"咿哑"?

我不敢冒充研究印度舞蹈的学者,来阐述印度舞蹈的历史和派别,来说明她们所表演的婆罗多舞是印度舞蹈的正宗。我也不敢像舞蹈家一般,内行地赞美她们的一举手一投足,是怎样的"出色当行"。

我只是一个欣赏者,但是我愿意努力地说出我心中所感受的飞动的"美"!

朋友,在一个难忘的夜晚——

帘幕慢慢地拉开,台中间小桌上供养着一尊湿婆天的舞像,两旁是燃着的两盏高脚铜灯,舞台上气氛是静穆庄严的。

卡拉玛·拉克希曼出来了。真是光艳的一闪!她向观众深深地低头合掌,抬起头来,她亮出了她的秀丽的面庞,和那能说出万千种话的一对长眉,一双眼睛。

她端凝地站立着。

笛子吹起,小鼓敲起,歌声唱起,卡拉玛开始舞蹈了。

她用她的长眉,妙目,手指,腰肢;用她髻上的花朵,腰间的褶裙;用她细碎的舞步、繁响的铃声、轻云般慢移、旋风般疾转,舞蹈出诗句里的离合悲欢。

我们虽然不晓得故事的内容,但是我们的情感,却能随着她的动作,起了共鸣!我们看她忽而双眉颦蹙,表现出无限的哀愁;忽而笑颊粲然,表现出无边的喜乐;忽而侧身垂睫,表现出低回婉转的娇羞;忽而张目瞋视,表现出叱咤风云的盛怒;忽而轻柔地点额抚臂,画眼描眉,表演着细腻妥帖的梳妆;忽而挺身屹立,按箭引弓,使人几乎听得见铮铮的弦响!像湿婆天一样,在舞蹈的狂欢中,她忘怀了观众,也忘怀了自己。她只顾使出浑身解数,用她灵活熟练的四肢五官,来讲说着印度古代的优美的诗歌故事!

一段一段的舞蹈表演过(小妹妹拉达,有时单独舞蹈,有时和姐妹配合,她是一个雏凤!形容尚小而工夫已深,将来的成就也是不可限量的),我们发现她们不但是表现神和人,就是草木禽兽:如莲花的花开瓣颤,小鹿的疾走惊跃,孔雀的高视阔步,都能形容尽致,尽态极妍!最精彩的是"蛇舞",颈的轻摇,肩的微颤:一阵一阵的柔韧的蠕动,从右手的指尖,一直传到左手的指尖!我实在描写不出,只能借用白居易的两句诗:"珠缨炫转星宿摇,花鬘抖擞龙蛇动"来包括了。

看了卡拉玛姐妹的舞蹈,使人深深地体会到印度的优美悠久的文化艺术:舞蹈、音乐、雕刻、图画……都如同一条条的大榕树上的树枝,枝枝下垂,入地生根。这许多树枝在大地里面,息息相通,吸收着大地母亲给予它的食粮的供养,而这大地就是有着悠久历史的印度的广大人民群众。

卡拉玛和拉达还只是这棵大榕树上的两条柔枝。虽然卡拉玛以她的22岁年华,已过了17年的舞台生活;12岁的拉达也已经有了4年的演出经验,但是我们知道印度的伟大的大地母亲,还会不断地给她们以滋润培养的。

最使人惆怅的是她们刚显示给中国人民以她们的"游龙"般的舞姿,因着她们祖国广大人民的需求,她们又将在两三天内"惊鸿"般地飞了回去!

北京的早春,找不到像她们的南印故乡那样的丰满芬芳的花朵,我们只能学她们的伟大的诗人泰戈尔的充满诗意的说法:让我们将我们一颗颗的赞叹感谢的心,像一朵朵的红花似的穿成花串,献给他们挂在胸前,带回到印度人民那里去;感谢他们的友谊和热情,感谢他们把拉克希曼姐妹暂时送来的盛意!

本文题为"观舞记",主体部分是对观赏印度舞蹈家卡拉玛姐妹的舞蹈这件事的记述。"时间"一目了然:"一个难忘的夜晚"。"地点"也交代得很清楚:"北京某剧院"。"过程"从"帷幕慢慢地拉开"到"卡拉玛·拉克希曼出来了",到音乐声起,"卡拉玛开始舞蹈了",再到她们姐妹俩"一段一段的舞蹈表演过"。作者按时间顺序,一一写及,十分清楚、具体。

本文的结构安排精巧玲珑,全文沿着感舞—观舞—思舞—赞颂友情的线索层层渲染、步步描绘。简略处,要言不烦;铺陈时,泼墨如注。

情与意互相包孕渗透,使通篇文章浑然一体,处处闪烁着美的光华,激荡着情的涟漪。

本文还显示了作者非同凡响的语言功力。安排句式,骈散相宜,错落有致,时而铺排连珠,气势飞扬;时而精描细绘,神情毕肖,洗练而又活泼,典雅而又清新。

尤其要说的是,在记述中,文章以较多笔墨描写舞蹈家的舞姿。先总说"她用她的长眉,妙目,手指,腰肢;用她髻上的花朵,腰间的褶裙;用她细碎的舞步、繁响的铃声、轻云般慢移、旋风般疾转,舞蹈出诗句里的离合悲欢";再分说她的"双眉颦蹙""笑颊粲然""侧身垂睫""张目瞋视""点额抚臂,画眼描眉""挺身屹立,按箭引弓"等内容;后又总说神人草木禽兽,舞蹈家"都能形容尽致,尽态极妍",并用白居易的两句诗来状写"蛇舞"的精彩。所有的描写,总分结合,详略有致,形象生动,美妙无穷。

(3)写景之作,妙在借景抒情,寓情于景。有的文章语言华丽,情感奔放;有的文章语言质朴,情感细腻。这,是写景之文的基本特点与风格。阅读时必须披文入情,既挖掘感情底蕴,又能理解情与景之间的关系。大家都读过著名散文作家刘白羽的作品,如《长江三日》等。人们一般认为刘白羽的文章以激越、热烈见长,其实,同一作家在不同心情驱使下,会写出风格不同的作品来。这里推荐他的另一篇风格含蓄、意境幽深的散文佳作。

天　池

刘白羽

古人云:"人在画图中",我到天池就有这种感觉,仿佛自己落入深蓝色湖面倒映着雪白冰峰的清澈、明丽的幻影之中了。这一天之内,我觉得风是蓝的、阳光是蓝的,连我这个人也都为清冷的蓝色所渗透了。

早晨,从公路转入崎岖山谷,盘旋上山。山上林木变化,分为三段:山下开阔河床中,冲激着冰凌般潺潺急流,在这里,老榆成林,一株株形状古怪,如苏东坡所说:"如猛兽奇鬼,森然欲搏人";到山腰却是密密层层的杨、柳、枫、槐,秋霜微染,枝头万叶如红或黄的透明琉璃片,在阳光中闪烁摇曳,在这里,天山雪水汇为悬空而落的飞泉,在森然壁立的峡谷中一片涛声滚滚;到了山顶则是一望无际的墨绿色挺立的云杉,植物适应着温度高低而变化,可见其山势之陡峻了。

我走到山坡别墅,在洒满阳光的阳台上坐下来,我的面前这时展开整个天池,这不像自然景色,而是一幅油画。你看,这广阔的湖面,为满山云杉映成一片深蓝,这深蓝湖面之上,又印上雪白的群山倒影。这时我才恍然,我并未到山之极峰。你看,天池那面,还有层层叠叠更高的白峰,人们告诉我最高一山,名叫博格达峰。这天池,显然是更高更高天山的雪水在这里汇集成湖。偶然一阵微风从空拂拂而来,吹皱一湖秋水,那粼粼波纹,撺动蓝的、白的树影山影,都微微颤动起来。同游的人们都欢欢喜喜奔向天池边去了,我倒希望一个人留在这阳光明亮的阳台上,沉醉于湖光山色之中,让我静静的、细细的欣赏这幽美的风景。在我记忆里面,这天池景色,也许可与瑞士的湖山比美,但当我沉静深思时,把我自己完全融合在这山与水之中,我觉得天池别有她自己的风度,湛蓝的湖水,雪白的群峰,密立的杉林,都显示着深沉、高雅、端庄、幽静。的确,天池是非常之美的。但,奇怪的是这里并不是没有游人欢乐的喧哗,也不是没有呼啸的树声和啁啾的鸟鸣,但这一切似乎都给这山和湖所吸没了。却使你静得连一点声音也听不见,如果让我用一个字来形容天池之美,那就是——静。

从第一眼瞥见天池到和她告别,我一直沉默不语,我不愿用一点声音,来弹破这宁静。但在宁静之中却似乎回旋着一支无声的乐曲,我不知它在哪儿?也许在天空,也许在湖面,也许在林中,也许在我心灵深处,"此时无声胜有声"。不过这乐曲不是莫扎特,不是舒曼,而是贝多芬,只有贝多芬的深沉和雄浑,才和天池的风度相称。是的,天池一日我的心情是宁静的,这是我最珍爱的心境。山光湖色随着日影的移动而变幻。午餐后,睡了一会儿,一阵冷气袭来,就像全身浴在冰山雪水之中,我悄悄起来,不愿惊醒别人,独自走到廊上,再次仔细观察天池:雪峰与杉林,白与黑相映,格外分明,雪山后涌起的白云给强烈阳光照得白银一样刺眼。在黑蓝色湖与山的衬托下,一片金黄色的杨树显得特别明丽灿烂。我再看看我的前后左右,原来我所在的红顶房屋就在云杉密林之中,我身旁就耸立着一株株高大的云杉,一株一株挨得很紧,而每棵树都笔直细长冲向天空,向四周伸展着碧绒绒枝叶,绿色森然。太阳更向西转,忽然,静静的天空飞卷着大团灰雾,而收敛的阳光使湖面变成黑色,震颤出长长的涟漪。不知为何,我的心忽的紧皱起来,我不知道如果狂风吹来暴雨,如果大雪漫过长空,那时天池该会怎样呢!?……幸好,日光很快又刺穿云雾而下,湖光山色又变得一片清明,只不过从杉林中从湖面上袭来的清气显得有些寒意了。我们就趁此时机,离开天池下山。

山路崎岖弯转,车滑甚速。一路之上,听着飒飒天风、潺潺冰泉,我默默冥想:天池风景,是那样宁静而又变幻多姿,是那样明朗而又飞扬缥缈,我觉得在天池这一天进入了一个梦的境界。待驰行到山下公路上回头再望,博格达峰在哪里呀?群峰掩映、暮霭迷茫,一切都沉入于朦胧的紫色烟雾,天池也在"夕阳明灭乱山中"了。

  作者以清静之心写清静之景,在对清静之景的感悟中又使清静的意念不断加深。全文的灵魂,用作者自己的话来说,就一个字:"静"。

  文章起笔,卓然不凡,把总体感觉写出来了:"这一天之内,我觉得风是蓝的、阳光是蓝的,连我这个人也都为清冷的蓝色所渗透了。"这感觉是奇特的。其实"风""阳光"都不会"蓝"。作者以"蓝"写之,用的是移觉修辞。移觉从何而来?从所见之景的特点而来。天池有"深蓝色湖面",有"雪白冰峰的清澈、明丽的幻影",这种冷色调景观融化了"我",使"我"顿生清凉之感,觉得自己"为清冷的蓝色所渗透了"。作者起笔,不蔓不枝,点出"清凉"之境。

文章第2段写山上林木的层次变化仍然是扣住"清凉"来写的。林木层次变化是由温度决定的,山越高,温度越低,作者虽未写山的高度,但写了"云杉",山之陡峻也就可想而知了。写山之"高峻",是交代"天池"所以清凉的原因。

第3段,作者集中笔墨写"天池"之景。比之以"油画",突出景物的宁静之美;写"天池那面"的博格达峰,是交代天池湖水的来源;未写水凉,但交代这水是"更高更高天山的雪水",水之清凉便不言而喻了。继之写天池的动态美,微风吹皱一湖秋水,"那粼粼波纹,摧动蓝的、白的树影山影都微微颤动起来",水波微荡,一个"颤动"十分传神。前面写"静",此处写"动",动静互衬,景致幽美无比。直接描写景物的文字不多,但抓住了特征。接下来写一种独特感受:"我倒希望一个人留在这阳光明亮的阳台上,沉醉于湖光山色之中,让我静静的、细细的欣赏这幽美的风景。"这是见情见性的文字,须仔细品味。"我倒希望一个人"留在这里,是说作者希望孤独吗?不是,是希望清静,希望自己也成为这清静之景中的一个静物。"沉醉"表明自己迷恋景物的程度,与"静静的、细细的"共同揭示了此时此地的特殊心境。眼前之景使"我"产生这种宁静的心境,而宁静的心境又使"我"觉得眼前之景格外宁静。因此,作者最后用一个字来概括感受:"静"。

"静"与"动"相生,不仅表现在"内心"与"外物"的关系上,而且也表现在"内心"的"动"与"内心"的"静"的关系上。面对天池之景,作者的心是"静"的,同时又是"动"的,第4段关于音乐的联想就是揭示这种独特心理活动的传神妙笔。在静默之中,"我"似乎听到一种无声的乐曲,而且是贝多芬的深沉和雄浑的乐曲,显然,这写出了心情的最高境界。心情是"静"的,但并非静寂、空旷;英雄般的情感像冰山一样悄然浮出心灵之海,给宁静的心灵增添了内容,注入了"魂"。正因为这样,所以作者觉得此时的心境最值得"珍爱"。

《天池》一文,用"心"观景,写景见"心",感情真挚而又细腻,表达委婉而又质朴,给人回想的余地很大,堪称不可多得的写景抒情妙品。

(4)状物之作,并非为写物而写物,总有寄托。或寓之以情,或寓之以理,这是状物类记叙文的特点。阅读时,要挖掘情理,得到启迪。请阅读下面一篇佳作:

白　　鹭

郭沫若

白鹭是一首精巧的诗。

色素的配合,身段的大小,一切都很适宜。

白鹤太大而嫌生硬,即如粉红的朱鹭或灰色的苍鹭,也觉得大了一些,而且太不寻常了。

然而白鹭却因为它的常见,而被人忘却了它的美。

那雪白的蓑毛,那全身的流线型结构,那铁色的长喙,那青色的脚,增之一分则嫌长,减之一分则嫌短,素之一忽则嫌白,黛之一忽则嫌黑。

在清水田里时有一只两只站着钓鱼,整个的田便成了一幅嵌在琉璃框里的画面。田的大小好像是有心人为白鹭设计出的镜匣。

晴天的清晨每每看见它孤独地站在小树的绝顶,看来像不是安稳,而它却很悠然。这是别的鸟很难表现的一种嗜好。人们说它是在望哨,可它真是在望哨吗?

黄昏的空中偶见白鹭的低飞,更是乡居生活中的一种恩惠。那是清澄的形象化，而且具有了生命了。

或许有人会感着美中的不足，白鹭不会唱歌。但是白鹭的本身不就是一首很优美的歌吗？——不，歌未免太铿锵了。

白鹭实在是一首诗，一首韵在骨子里的散文诗。

《白鹭》这篇短文属《丁东草》（三章）中的一章，是咏物小品，也是隽永的哲理小诗。开头一句说"白鹭是一首精巧的诗"，总写白鹭。继之扣住"精巧"，从色素、身段上加以说明。说"色素""身段"，举例而已，旨在说明"很适宜"，是"精巧"的一个方面。作者还不忘用"白鹤""朱鹭""苍鹭"来对比，以突出白鹭的"精巧"。用了对比还嫌不够，作者又用夸张的词句来写白鹭的美态：不能"增之"，不能"减之"，不能"素之"，也不能"黛之"。白鹭本身就是和谐的，任何一种改变都是破坏。接下来，作者又用白描的手法写了三幅画：一为"白鹭清水田钓鱼图"，二为"白鹭独立小树图"，三为"白鹭黄昏低飞图"，有静有动，动静结合，表现了白鹭的清纯、悠然、灵动的美。作者一方面用描写之法，状写白鹭的特征与美的表象；一方面又用议论的语言来评价白鹭美的所在。特别是后一句议论，不仅在结构上起到了与开头相呼应的作用，而且在内容上用极精确的词语揭示了白鹭的本质特点，即作者所说的"韵在骨子里"。韵，本指和谐悦耳的声音，在这里当指和谐、精巧之美。"韵在骨子里"，就是说从骨子里到外表都是和谐、精巧的。

说到这里，我们都是在讨论作者是怎样写白鹭的，白鹭美在何处。那么，文章的理趣又在哪里呢？是不是可以说"白鹭"暗喻了某一种人？也未尝不可以这么说。但从文章题旨上看，作者意在对和谐之美的赞颂。或者说，白鹭是和谐美的化身。写和谐美，虚；写白鹭，实。作者之意是以实写虚，以实有之物来揭示美的本质特点。

于细微处见精神
——不可小视细节描写

细节,从字面上讲,是指细微末节,它是相对于"大节"而言的。我们平常说,"这个人言行举止是不错的,只是有时候不太注意细节。"说"言行举止""不错",是就总体风度而言;说"不太注意细节",是说某些细小之处还有所疏忽。在处理事务时,我们也常说:"要抓住事情的本质和主要方面,不要纠缠于一些细节。"意思是说,要抓主体,抓重要的,细微末节可以忽略不计。这些是通常情况下,我们对"细节"的理解。

但在文学艺术作品中,"细节"具有特定的含义,它是指细腻地描写人物性格、事件发展、社会环境和自然景物最小的组成单位。这句话,我们要从三个方面来理解。其一,它是属于描写范畴的,也就是说,在描写过程中,往往涉及细节。至于议论、抒情等表达方式,没有"细节议论""细节抒情"的说法。其二,细节描写必然是细腻的,作者具有明察秋毫的洞察力,捕捉细节并且用恰当的语言细腻地表现。它不是可有可无的,同样承担描写人、事、景及环境的重要责任,因此说它是"组成单位"之一。其三,我们平常可能认为,细节是专门用来表现人的思想性格、肖像服饰、言行举止特点的,其实,写景,写环境,写事情发展状态等也往往涉及细节。在文学创作中,细节描写要具有真实性,要符合和服从艺术形象的塑造、故事情节的展开和主题思想的表达,以具体生动地反映事物的特征、增强艺术感染力为目的。

好的细节描写,如同柳荫中只闻其声不见其形的黄鹂,动人心旌;也如万花丛中的一线流萤,虽无明亮的光华,但明灭的绿光也体现出一种灵动飘忽之美。请读王愿坚《七根火柴》中的文字:

一共只有七根火柴,他却数了很长时间。数完了,又向卢进勇望了一眼,意思好像说:"看明白了?"

"是,看明白了!"卢进勇高兴地点点头,心想:这下子可好办了!他仿佛看见了一个通红的火堆,他正抱着这个同志偎依在火旁……

就在这一瞬间,他发现那个同志的脸色好像舒展开来,眼睛里那死灰般的颜色忽然不见了,发射出一种喜悦的光。那同志合拢了夹着火柴的党证,双手捧起,像擎着一只贮满水的碗一样,小心地放到卢进勇的手里,紧紧地把它连手握在一起,两眼直直地盯着卢进勇的脸。

"记住,这,这是,大家的!"他蓦地抽回手去,深深地吸了一口气,用尽所有的力气举起手来,直指着正北方向:"好,好同志……你……你把它带给……"

话就在这里停住了。卢进勇觉得自己的臂弯猛然沉了下去!他的眼睛模糊了。远处的树、近处的草、那湿漉漉的衣服、那双紧闭的眼睛……一切都像整个草地一样,雾蒙蒙的;只有那只手是清晰的,它高高地擎着,像一只路标,笔直地指向长征部队前进的方向……

这一部分文字写了无名战士和卢进勇的对话,写了无名战士的行动及表情,涉及人物多个细节。写动作有两处:一是"合拢"党证,"捧起","握"在一起,这是移交火柴的动作;二是末尾写那只手"高高地擎着","笔直"地指着方向,这是无名战士临死前的最后一个动作。两处动作描写都很好地刻画了无名战士的形象,移交动作表明无名战士对"火柴"的看重,对同志的信任与托付。所以如此谨慎小心,在于他对革命事业的无限忠诚,竭尽全力为革命做出最后一份贡献。后一个动作表现了无名战士对革命的坚定信念,是思想感情的最后表达。写眼神也有两处,一是写无名战士向卢进勇交代事情,知道卢进勇"明白"之后,眼睛"发射出一种喜悦的光"。二是写无名战士把火柴交给卢进勇后,"两眼直直地盯着卢进勇的脸"。所以"喜悦",是因为感到火柴终于有所托付了;所以还要"直直地盯着",是因为此事重大,希望卢进勇能不辜负托付,把火柴带给部队。这两种眼神,揭示了无名战士的内心世界。写"喜悦的光"用"放射"一词,表明喜悦程度高,眼光明亮,有力;写后一个眼神用"直直地""盯",表明无名战士用无声语言对卢进勇作深重的嘱托。

作者在写作中着重细节描写。我们阅读作品自然不能放过细节描写,这是理解作品内容,分析人物形象,把握作品主题,学习写作艺术的需要。

我们阅读作品范围较广,有的作品重在写环境(包括自然景物),有的作品重在叙事,有的作品重在描写人物。作品内容不同,表达目的不同,细节描写的着眼点与内容也不同。因此,理解细节描写的作用,分析细节描写的艺术特点,要根据作品的实际,联系内容、主题、人物特点等加以欣赏。一般说来,要注意以下几点:

(1)通过对所写人物的身份、思想、性格的总体把握来品味某一处细节描写的独特作用。作者写人,除安排细节外,还要通过其他主要途径和方法来表现人物的思想性格。整体感知内容时,你也许还没有发现细节。因此,不妨在总体认识"人物"的前提下再来寻找细节描写文字,结合"人物"的基本思想性格特点来分析细节描写的特殊作用。有阅读经验的人常有这样的体会:初读作品,似乎觉得作品中没有什么细节描写。一旦对内容有了完整把握,对人物有了基本认识,再来阅读作品,便觉得有若干细节描写文字在眼前显现。这是阅读理解逐渐深化的结果。请阅读下面的内容：

"这好像是席加洛夫将军家的狗。"人群里有人说。

"席加洛夫将军？哦！……叶尔德林，帮我把大衣脱下来……真要命，天这么热，看样子多半要下雨了……只是有一件事我还不懂：它怎么会咬着你的？"奥楚蔑洛夫对赫留金说，"难道它够得着你的手指头？它是那么小；你呢，却长得这么魁梧！你那手指头一定是给小钉子弄破的，后来却异想天开，想得到一笔什么赔偿费了。你这种人啊……是出了名的！我可知道你们这些鬼东西是什么玩意儿！"

"长官，他本来是开玩笑，把烟卷戳到狗的脸上去；狗呢——可不肯做傻瓜，就咬了他一口……他是个荒唐的家伙，长官！"

"胡说，独眼鬼！你什么也没看见，你为什么胡说？他老人家是明白人，看得出来到底谁胡说，谁像当着上帝的面一样凭良心说话；要是我说了谎，那就让调解法官审问我好了。他的法律上说得明白，现在大家都平等啦。不瞒您说，我的兄弟就在当宪兵……"

"少说废话！"

"不对，这不是将军家里的狗……"巡警深思地说，"将军家里没有这样的狗。他家的狗，全是大猎狗。"

"你拿得准吗？"

"拿得准，长官……"

"我也知道。将军家里都是些名贵的、纯种的狗；这条狗呢，鬼才知道是什么玩意儿！毛色既不好，模样也不中看，完全是个下贱胚子。居然有人养这种狗！这人的脑子上哪儿去啦？要是这样的狗在彼得堡或者莫斯科让人碰见，你们猜猜看，结果会怎样？那儿的人可不管什么法律不法律，一眨眼的工夫就叫它断了气！你呢，赫留金，受了害，我们绝不能不管。得好好教训他们一下！是时候了。"

"不过也说不定就是将军家的狗……"巡警把他的想法说出来,"它的脸上又没写着……前几天我在将军家院子里看见过这样的一条狗。"

"没错儿,将军家的!"人群里有人说。

"哦!……叶尔德林老弟,给我穿上大衣吧……好像起风了,挺冷……你把这条狗带到将军家里去,问问清楚。就说这狗是我找着,派人送上的。告诉他们别再把狗放到街上来了。说不定这是条名贵的狗;可要是每个猪崽子都拿烟卷戳到它的鼻子上去,那它早就毁了。狗是娇贵的动物……你这混蛋,把手放下来!不用把你那蠢手指头伸出来!怪你自己不好!……"

这是俄国作家契诃夫短篇小说《变色龙》中的几段文字,全部是对话。阅读时,理解对话内容可知道小说中人物奥楚蔑洛夫的"变色龙"般的形象特点。当他听有人说这是将军家的狗时,马上嘲弄指责赫留金。当他听巡警说"这不是将军家的狗",并追问巡警,觉得巡警的话有道理时,立即又换一种话,说狗是"下贱胚子",并表示要"好好教训"养狗者。当巡警改变判断,人群中又有人坚定地说"没错儿,将军家的!"这个"变色龙"的话也立即跟着变了,说狗是"名贵的狗",骂赫留金是"混蛋"。作者主要是通过人物语言变化来刻画人物"变色龙"般的思想性格的。阅读到这一步,内容把握了,人物特点也知道了。如果再读,会有什么新发现呢?明眼人很快就会抓住"脱大衣""穿大衣"这一行动细节。一"脱"一"穿",并不是写气温在短时内真的有了变化,而是反映人物心理上的冲突与变化。"脱大衣"意在让情绪平静下来,制造一个思考的时间间歇,以便调转话题。又要"穿大衣",表明奥楚蔑洛夫害怕的心理,为刚才说出一番要"教训"养狗者的话而担心,同时也是制造时间间歇,为调转话头做准备。结合人物所说的话,再来分析人物的这个行动,就觉得写"脱""穿"大衣并非闲笔,起到了表现人物心理变化的作用,是不可多得的细节描写。"细节"和"对话",相得益彰;听其言,观其行,对善变的"人物"自然有更深透的认识。

(2)有的细节描写,孤立地看还看不出它的表达作用。如果把作品中几处相同细节归拢起来,联系思考,就会觉得作者的用意是巧妙的,细节描写的文字起到了画龙点睛作用。这种反复写某一个细节的文字,在作品中时常见到。例如鲁迅先生在《记念刘和珍君》一文中多次写刘和珍的表情细节:

> 她的姓名第一次为我所见,是在去年夏初杨荫榆女士做女子师范大学校长,开除校中六个学生自治会职员的时候。其中的一个就是她;但是我不认识。直到后来,也许已经是刘百昭率领男女武将,强拖出校之后了,才有人指着一个学生告诉我,说:这就是刘和珍。其时我才能将姓名和实体联合起来,心中却暗自诧异。我平素想,能够不为势利所屈,反抗一广有羽翼的校长的学生,无论如何,总该是有些桀骜锋利的,但她却常常微笑着,态度很温和。待到偏安于宗帽胡同,赁屋授课之后,她才始来听我的讲义,于是见面的回数就较多了,也还是始终微笑着,态度很温和。待到学校恢复旧观,往日的教职员以为责任已尽,准备陆续引退的时候,我才见她虑及母校前途,黯然至于泣下。此后似乎就不相见。总之,在我的记忆上,那一次就是永别了。

这一段文字交代"我"和刘和珍相识的情况,对刘和珍形象特点着墨不多。只扣住"微笑"的情态加以反复表现,其目的在于写出刘和珍温柔、和善的性情,可谓画龙点睛之笔。作者在文章的后半部又点示两次:

> 始终微笑的和蔼的刘和珍君确是死掉了,这是真的,有她自己的尸骸为证……

然而既然有了血痕了,当然不觉要扩大。至少,也当浸渍了亲族,师友,爱人的心,纵使时光流驶,洗成绯红,也会在微漠的悲哀中永存微笑的和蔼的旧影。

有的同学会说:"写一次不就行了吗?为什么要反复提及呢?"是的,很多情况下,细节只写一次。既然作者有意提及,反复点示,肯定是有特殊用意的,因此,阅读时要前后勾连起来,一并考虑。第一次写"微笑",点明情态特征,表现刘和珍性格特点。第二次写"微笑",既是为了突出性格特点,同时也表达了一种悲哀的情感。这样一个温柔和善的好青年也被杀害了,可见杀人者是多么的凶残!第三次写"微笑",是用其体现性格的情态来表示刘和珍的精神。由此可见,作者反复写"微笑",表达作用是多样的:写性格,表达感情,凸显人物精神,内涵十分丰富,真是言简意赅。

(3) 有的作品记人叙事,既不写人物命运过程,也不选写重要事情,而是专拣一些"鸡毛蒜皮"的生活细节缝合成文。阅读这类作品,要透过质朴文字来体味深层情感。鲁迅先生的《阿长与〈山海经〉》就是这方面的典范之作。

阿长与《山海经》

鲁 迅

长妈妈,已经说过,是一个一向带领着我的女工,说得阔气一点,就是我的保姆。我的母亲和许多别的人都这样称呼她,似乎略带些客气的意思。只有祖母叫她阿长。我平时叫她"阿妈",连"长"字也不带;但到憎恶她的时候,——例如知道了谋死我那隐鼠的却是她的时候,就叫她阿长。

我们那里没有姓长的;她生得黄胖而矮,"长"也不是形容词。又不是她的名字,记得她自己说过,她的名字是叫作什么姑娘的。什么姑娘,我现在已经忘却了,总之不是长姑娘;也终于不知道她姓什么。记得她也曾告诉过我这个名称的来历:先前的先前,我家有一个女工,身材生得很高大,这就是真阿长。后来她回去了,我那什么姑娘才来补她的缺,然而大家因为叫惯了,没有再改口,于是她从此也就成为长妈妈了。

虽然背地里说人长短不是好事情,但倘使要我说句真心话,我可只得说:我实在不大佩服她。最讨厌的是常喜欢切切察察,向人们低声絮说些什么事,还竖起第二个手指,在空中上下摇动,或者点着对手或自己的鼻尖。我的家里一有些小风波,不知怎的我总疑心和这"切切察察"有些关系。又不许我走动,拔一株草,翻一块石头,就说我顽皮,要告诉我的母亲去了。一到夏天,睡觉时她又伸开两脚两手,在床中间摆成一个"大"字,挤得我没有余地翻身,久睡在一角的席子上,又已经烤得那么热。推她呢,不动;叫她呢,也不闻。

"长妈妈生得那么胖,一定很怕热罢?晚上的睡相,怕不见得很好罢?……"

母亲听到我多回诉苦之后,曾经这样地问过她。我也知道这意思是要她多给我一些空席。她不开口。但到夜里,我热得醒来的时候,却仍然看见满床摆着一个"大"字,一条臂膊还搁在我的颈子上。我想,这实在是无法可想了。

但是她懂得许多规矩;这些规矩,也大概是我所不耐烦的。一年中最高兴的时节,自然要数除夕了。辞岁之后,从长辈得到压岁钱,红纸包着,放在枕边,只要过一宵,便可以随意使用。睡在枕上,看着红包,想到明天买来的小鼓,刀枪,泥人,糖菩萨……。然而她进来,又将一个福橘放在床头了。

"哥儿,你牢牢记住!"她极其郑重地说。"明天是正月初一,清早一睁开眼睛,第一句话就得对我说:'阿妈,恭喜恭喜!'记得么?你要记着,这是一年的运气的事情。不许说别的话!说过之后,还得吃一点福橘。"她又拿起那橘子来在我的眼前摇了两摇,"那么,一年到头,顺顺流流……。"

梦里也记得元旦的,第二天醒得特别早,一醒,就要坐起来。她却立刻伸出臂膊,一把将我按住。我惊异地看她时,只见她惶急地看着我。

她又有所要求似的,摇着我的肩。我忽而记得了——

"阿妈,恭喜……。"

"恭喜恭喜!大家恭喜!真聪明!恭喜恭喜!"她于是十分喜欢似的,笑将起来,同时将一点冰冷的东西,塞在我的嘴里。我大吃一惊之后,也就忽而记得,这就是所谓福橘,元旦辟头的磨难,总算已经受完,可以下床玩耍去了。

她教给我的道理还很多,例如说人死了,不该说死掉,必须说"老掉了";死了人,生了孩子的屋子里,不应该走进去;饭粒落在地上,必须拣起来,最好是吃下去;晒裤子用的竹竿底下,是万不可钻过去的……。此外,现在大抵忘却了,只有元旦的古怪仪式记得最清楚。总之:都是些烦琐之至,至今想起来还觉得非常麻烦的事情。

然而我有一时也对她发生过空前的敬意。她常常对我讲"长毛"。她之所谓"长毛"者,不但洪秀全军,似乎连后来一切土匪强盗都在内,但除却革命党,因为那时还没有。她说得长毛非常可怕,他们的话就听不懂。她说先前长毛进城的时候,我家全都逃到海边去了,只留一个门房和年老的煮饭老妈子看家。后来长毛果然进门来了,那老妈子便叫他们"大王",——据说对长毛就应该这样叫,——诉说自己的饥饿。长毛笑道:"那么,这东西就给你吃了罢!"将一个圆圆的东西掷了过来,还带着一条小辫子,正是那门房的头。煮饭老妈子从此就骇破了胆,后来一提起,还是立刻面如土色,自己轻轻地拍着胸脯道:"阿呀,骇死我了,骇死我了……。"

我那时似乎倒并不怕,因为我觉得这些事和我毫不相干的,我不是一个门房。但她大概也即觉到了,说道:"像你似的小孩子,长毛也要掳的,掳去做小长毛。还有好看的姑娘,也要掳。"

"那么,你是不要紧的。"我以为她一定最安全了,既不做门房,又不是小孩子,也生得不好看,况且颈子上还有许多灸疮疤。

"那里的话?!"她严肃地说。"我们就没有用么?我们也要被掳去。城外有兵来攻的时候,长毛就叫我们脱下裤子,一排一排地站在城墙上,外面的大炮就放不出来;再要放,就炸了!"

这实在是出于我意想之外的,不能不惊异。我一向只以为她满肚子是麻烦的礼节罢了,却不料她还有这样伟大的神力。从此对于她就有了特别的敬意,似乎实在深不可测;夜间的伸开手脚,占领全床,那当然是情有可原的了,倒应该我退让。

这种敬意,虽然也逐渐淡薄起来,但完全消失,大概是在知道她谋害了我的隐鼠之后。那时就极严重地诘问,而且当面叫她阿长。我想我又不真做小长毛,不去攻城,也不放炮,更不怕炮炸,我惧惮她什么呢!

但当我哀悼隐鼠,给它复仇的时候,一面又在渴慕着绘图的《山海经》了。这渴慕是从一个远房的叔祖惹起来的。他是一个胖胖的,和蔼的老人,爱种一点花木,如珠兰,茉莉之类,还有极其少见的,据说从北边带回去的马缨花。他的太太却正相反,什么也莫名其妙,曾将晒衣服的竹竿搁在珠兰的枝条上,枝折了,还要愤愤地咒骂道:"死尸!"这老人是个寂寞者,因为无人可谈,就很爱和孩子们往来,有时简直称我们为"小友"。在我们聚族而居的宅子里,只有他书多,而且特别。制艺和试帖诗,自然也是有的;但我却只在他的书斋里,看见过陆玑的《毛诗草木鸟兽虫鱼疏》,还有许多名目很生的书籍。我那时最爱看的是《花镜》,上面有许多图。他说给我听,曾经有过一部绘图的《山海经》,画着人面的兽,九头的蛇,三脚的鸟,生着翅膀的人,没有头而以两乳当作眼睛的怪物,……可惜现在不知道放在那里了。

我很愿意看看这样的图画,但不好意思力逼他去寻找,他是很疏懒的。问别人呢,谁也不肯真实地回答我。压岁钱还有几百文,买罢,又没有好机会。有书买的大街离我家远得很,我一年中只能在正月间去玩一趟,那时候,两家书店都紧紧地关着门。

玩的时候倒是没有什么的,但一坐下,我就记得绘图的《山海经》。

大概是太过于念念不忘了,连阿长也来问《山海经》是怎么一回事。这是我向来没有和她说过的,我知道她并非学者,说了也无益;但既然来问,也就都对她说了。

过了十多天,或者一个月罢,我还很记得,是她告假回家以后的四五天,她穿着新的蓝布衫回来了,一见面,就将一包书递给我,高兴地说道:

"哥儿,有画儿的'三哼经',我给你买来了!"

我似乎遇着了一个霹雳,全体都震悚起来;赶紧去接过来,打开纸包,是四本小小的书,略略一翻,人面的兽,九头的蛇……果然都在内。

这又使我发生新的敬意了,别人不肯做,或不能做的事,她却能够做成功。她确有伟大的神力。谋害隐鼠的怨恨,从此完全消灭了。

这四本书,乃是我最初得到,最为心爱的宝书。

书的模样,到现在还在眼前。可是从还在眼前的模样来说,却是一部刻印都十分粗拙的本子。纸张很黄;图像也很坏,甚至于几乎全用直线凑合,连动物的眼睛也都是长方形的。但那是我最为心爱的宝书,看起来,确是人面的兽;九头的蛇;一脚的牛;袋子似的帝江;没有头而"以乳为目,以脐为口",还要"执干戚而舞"的刑天。

此后我就更其搜集绘图的书,于是有了石印的《尔雅音图》和《毛诗品物图考》,又有了《点石斋丛画》和《诗画舫》。《山海经》也另买了一部石印的,每卷都有图赞,绿色的画,字是红的,比那木刻的精致得多了。这一部直到前年还在,是缩印的郝懿行疏。木刻的却已经记不清是什么时候失掉了。

我的保姆,长妈妈即阿长,辞了这人世,大概也有了三十年了罢。我终于不知道她的姓名,她的经历;仅知道有一个过继的儿子,她大约是青年守寡的孤孀。

仁厚黑暗的地母呵,愿在你怀里永安她的魂灵!

三月十日

这是一篇感情真挚、笔触细腻的怀人作品。所写的人物,平凡至极,不过是一个保姆;所写的事,也平凡至极,不过是一些生活细节。然而,由于作者倾注了真情,采用"白描"手法逐一点染,文章便显得生动而又感人,诙谐而又庄重。

第一个细节,是写长妈妈喜欢"切切察察",对此,作者没有掩饰自己的真实态度:"我实在不大佩服她。"但也没有把长妈妈写得面目可憎。勾勒她第二个手指的动作是"上下摇动","或者点着对手或自己的鼻尖",语言幽默诙谐,刻画细致。第二个细节是写长妈妈的"睡相",一句"在床中间摆成一个'大'字",生动,形象,传神,把一个缺少教养、粗放憨蛮的保姆形象刻画得入木三分。推她喊她,横竖不动,并且还把一条臂膊"搁在我的颈子上",读到此处,真叫人忍俊不禁,不仅不感到她可恶,而且还使人觉得憨态可掬。第三个细节是写大年初一早上起床问候、祝愿之事。当"我"要坐起来时,她"一把将我按住";"我惊异地看她","她惶急地看着我";当我知道她的意思说"阿妈,恭喜"后,她"笑将起来","同时将一点冰冷的东西塞在我的嘴里"。动作、神态写得活灵活现，字里行间也渗透着一丝哀怜。长妈妈这位劳动妇女思想愚昧，头脑简单，对人所求不过是一句简单的祝愿而已，一旦得到，便极其满足了。作者叙述这些内容，看起来平平淡淡，实际上是倾注了同情、理解、哀怜之情的。第四个细节是写长妈妈讲"长毛"的故事，她说"长毛就叫我们脱下裤子，一排一排地站在城墙上，外面的大炮就放不出来；再要放，就炸了"。故事令人发笑，也使人感到悲哀，长妈妈真是愚昧得可怕啊！行文至此，作者描写了长妈妈的真实面貌：行为上粗憨，思想上简单而又愚昧，品行上还喜欢"切切察察"的多事。写这些内容时，作者的感情基调把握得好，既有一点怨责、嘲笑，又有一份同情和哀怜。只是这些情感深藏在文字之中，作者没有直接抒发罢了。第五个细节，写长妈妈不知从何处给"我"弄来"我"最想要的《山海经》，叙事极简，只长妈妈一句话。但作者写自己的感情与心理，作了强调："遇着了一个霹雳"，写自己感到震惊；"敬意"一词也真切地表达了此时此刻"我"的感情内容。接下来写自己所搜集的一些书，特别点明了原因："此后我就更其搜集绘图的书"，而这正表明长妈妈"对我"的切实影响。最后一句抒情，总绾全篇内容，表达了作者对长妈妈的无限怀念和良好祝愿的真挚情感。

　　这里要指出的是，本文为什么以《阿长与〈山海经〉》为题，而不以《阿长的故事》之类的话为题？这要从两方面思考：一是在"我"的童年生活中，《山海经》一书对"我"的影响最大，使"我"的心灵埋下了热爱文学的种子。鲁迅先生后来成为伟大的思想家、文学家，不能说与童年时得到《山海经》之类的书的启蒙没有关系；而《山海经》一书又是长妈妈送给"我"的，使"我"无比惊喜。作者有意突出这件事，以《阿长与〈山海经〉》为题，更能表达对长妈妈的敬爱之情。二是就这篇文章内容来看，前面几件事写长妈妈的外在性格特点和思想境界，表现的是粗放、俗气和愚昧的一面，而送《山海经》一事则表现了长妈妈内心世界的另一面，真挚而又善良。这一点正是长妈妈最本质的地方，也是导致作者在 30

年后专门为其写一篇文章的原因,可见作者以《阿长与〈山海经〉》为题是有所推敲的。

(4) 理解细节描写要和作品的主题联系起来。作品内容及表达形式都是紧扣主题的,为揭示主题服务的;细节描写也同样如此。把细节描写和主题联系起来思考,要抓住两点:① 细节描写的内容与主题的关系;② 细节描写对揭示主题的作用。请阅读孙犁《荷花淀》的文章片段:

水生坐在台阶上说:"吃过饭了,你不要去拿。"

女人就又坐在席子上。她望着丈夫的脸,她看出他的脸有些红涨,说话也有些气喘。她问:"他们几个呢?"

水生说:"还在区上。爹哩?"

"睡了。"

"小华哩?"

"和他爷爷去收了半天虾篓,早就睡了。他们几个为什么还不回来?"

水生笑了一下。女人看出他笑得不像平常,"怎么了,你?"

水生小声说:"明天我就到大部队上去了。"

女人的手指震动了一下,想是叫苇眉子划破了手。她把一个手指放在嘴里吮了一下。

水生说:"今天县委召集我们开会。假若敌人再在同口安上据点,那和端村就成了一条线,淀里的斗争形势就变了。会上决定成立一个地区队。我第一个举手报了名的。"

女人低着头说:"你总是很积极的。"

水生说:"我是村里的游击组长,是干部,自然要站在头里。他们几个也报了名。他们不敢回来,怕家里的人拖尾巴,公推我代表,回来和家里人说一说。他们全觉得你还开明一些。"

女人没有说话。过了一会,她才说:"你走,我不拦你。家里怎么办?"

水生指着父亲的小房,叫她小声一些,说:"家里,自然有别人照顾。可是咱的庄子小,这一次参军的就有七个。庄上青年人少了,也不能全靠别人,家里的事,你就多做些,爹老了,小华还不顶事。"

女人鼻子里有些酸,但她并没有哭,只说:"你明白家里的难处就好了。"

水生想安慰她。因为要考虑和准备的事情还太多,他只说了两句:"千斤的担子你先担吧。打走了鬼子,我回来谢你。"

说罢,他就到别人家里去了,他说回来再和父亲谈。

鸡叫的时候,水生才回来。女人还是呆呆地坐在院子里等他,她说:"你有什么话,嘱咐嘱咐我吧。"

"没有什么话了,我走了,你要不断进步,识字,生产。"

"嗯。"

"什么事也不要落在别人后面!"

"嗯。还有什么?"

"不要叫敌人汉奸捉活的。捉住了要和他们拼命。"这才是那最重要的一句。女人流着眼泪答应了他。

第二天,女人给他打点好一个小小的包裹,里面包了一身新单衣,一条新毛巾,一双新鞋子。那几家也是这些东西,交水生带去。一家人送他出了门。父亲一手拉着小华,对他说:"水生,你干的是光荣事情,我不拦你,你放心走吧。大人孩子我给你照顾,什么也不要惦记。"

全庄的男女老少也送他出来。水生对大家笑一笑,上船走了。

《荷花淀》是孙犁短篇小说的代表作,它细致地描述了白洋淀地区人民的抗日斗争生活,生动地表现了根据地军民英勇抗日的爱国热忱和革命乐观主义精神。小说写了三个片段:夫妻话别、敌我遭遇和助夫杀敌。这里节选的是夫妻话别的片段。"话别",自然重在描写对话。但作者写人物说话时,同时也写了人物的情态与动作;对话为主,情态与动作为辅。例如,当水生说"明天我就到大部队上去了",女人的手指"震动了一下,想是叫苇眉子划破了手"。这是一个细节,反映女人内心是不平静的。当水生说:"我第一个举手报了名的",女人除了说"你总是很积极的"这句话外,还"低着头",这个情态,说明女人心里并不是轻松、高兴。当水生说:"他们全觉得你还开明一些",这是表扬女人的话,按理女人应显得高兴,但女人"没有说话",态度是沉默的,这个态度仍然说明女人心里不平静,是有苦衷的。当水生说家里事时,女人"鼻子里有些酸,但她并没有哭",想哭而没有哭,写女人对情绪的控制,水生出去了,到鸡叫的时候才回来,"女人还是呆呆地坐在院子里","呆呆",写情态木然。当水生说完最后一句"交代",女人"流着眼泪答应了他"。由上可知,对话内容有层次,女人表情也发生变化。几处细节表现了女人依恋丈夫,情绪不安,又深明大义的复杂心理、情感。孤立地看,似乎觉得这女人有些柔弱、有点落后;联系小说主题看,我们又觉得这几处细节描写对揭示主题有独特作用。① 写女人的不安、依恋,是反衬当时环境的险恶。小说写得如诗如画,没有正面描写当时斗争环境的实情,作者巧就巧在用女人的"反应"来体现。女人是深爱自己的丈夫的,丈夫参军打仗,离家远行,自然是要冒着生死危险的。女人深知这一点,因此就很自然产生如上所写的动作、表情了。这样理解,我们就觉得女人温柔而不柔弱、依恋而又明理了。② 与结尾所写的女人参加了反围剿斗争的内容联系起来看,作者开头写女人的这些情态、心理正好与后边的行动形成了对照。就是这样温柔、依恋丈夫的女人们,经过艰苦环境和斗争的洗礼,最后也成为英勇善战的战士:"她们学会了射击","一个个登在流星一样的冰船上来回警戒","配合子弟兵作战,出入在那芦苇的海里"。这也正是作者的写作目的所在,通过故事情节的不断展开,表现了勤劳纯朴、真挚多情的白洋淀女子最后走上保家卫国、勇敢斗争的道路。

这个阅读例子告诉我们:联系主题理解细节,就能把握细节描写的"魂"。

在"明"上下功夫
——说明的艺术

说明,说明,核心就一个字:"明"。

说明是一种表达方式,用简明、准确、生动的语言,把事物的形状、性质、特征、成因、关系、功用等,解说清楚;或者是把人物的经历、特征等介绍明白。

在日常生活、工作中,人们时时处处都可能用到说明这一表达方式;即使用的是叙述、议论的方式,其目的多半是为了"说明"。

写说明文,固然要用"说明",写记叙文、议论文,为了表达的需要,也往往用到"说明"。"说明"这一表达方式在记叙文、议论文中有其独特的表达作用。例如夏衍《包身工》中有这样两段文字:

蓬头,赤脚,一边扣着纽扣,几个还没睡醒的"懒虫"从楼上冲下来了。自来水龙头边挤满了人,用手捧些水来浇在脸上。"芦柴棒"着急地要将大锅子里的稀饭烧滚,但是倒冒出来的青烟引起了她一阵猛烈的咳嗽。她十五六岁,除了老板之外,大概很少有人知道她的姓名。手脚瘦得像芦柴棒一样,于是大家就拿"芦柴棒"当了她的名字。

这是上海杨树浦福临路东洋纱厂的工房。长方形的用红砖墙严密地封锁着的工房区域,被一条水门汀的小巷划成狭长的两块。像鸽笼一般,每边八排,每排五户,一共是八十户一楼一底的房屋,每间工房的楼上楼下,平均住宿三十多个人。所以,除了"带工"老板、老板娘、他们的家族亲戚和穿拷绸衣服的同一职务的打杂、"请愿警"等之外,这工房区域的墙圈里面,住着二千个左右衣服破烂而专替别人制造纱布的"猪猡"。

第1段是描写,第2段是说明。描写,刻画了包身工的凄惨形象;说明,交代了包身工居住环境的实况与特点。由于说明的具体、客观,人们对包身工的处境就有了更详细的了解。显然,这个说明不仅丰富了作品内容,同时也有利于我们把握作品主题、写作特点和作者的思想感情。写议论文用"说明"也有独特作用,例如鲁迅先生在《论雷峰塔的倒掉》一文中写道:

秋高稻熟时节,吴越间所多的是螃蟹,煮到通红之后,无论取那一只,揭开背壳来,里面就有黄,有膏;倘是雌的,就有石榴子一般鲜红的子。先将这些吃完,即一定露出一个圆锥形的薄膜,再用小刀小心地沿着锥底切下,取出,翻转,使里面向外,只要不破,便变成一个罗汉模样的东西,有头脸,身子,是坐着的,我们那里的小孩子都称他"蟹和尚",就是躲在里面避难的法海。

当初,白蛇娘娘压在塔底下,法海禅师躲在蟹壳里。现在却只有这位老禅师独自静坐了,非到螃蟹断种的那一天为止出不来。莫非他造塔的时候,竟没有想到塔是终究要倒的么?

活该。

第1段说明吃螃蟹、找"蟹和尚"的过程,语言幽默,状写了"法海"躲藏在蟹壳里的丑态,为下文议论张本。如果抽掉这部分内容,议论的生动性、形象性就大为减弱了。

总之,"说明"这一表达方式的应用范围相当广泛,归纳起来有如下几方面：

一是介绍人物的经历。记叙文中用得最多,议论文中也有涉及。

二是说明事物的性质、形状、特征等。说明文用得最多,有些写景状物散文也往往涉及。

三是说明事物的发展变化。一般说来,介绍事物发展变化,在记叙文中,用叙述方式；在说明文中,用说明方式。例如吕叔湘先生《语言的演变》一文就是典型。

四是讲解事物的客观意义。讲"意义",一般说来用"议论"方式,但是在说明文中,则用"说明"方式。比如我们看到的一些著作前的"出版说明"就是典型例子,既讲出版情况,又点到出版意义。这里讲"意义",不是论证,而是阐明,帮助读者理解,因此,属于"说明"。另外,"讲解事物的客观意义"也包括对"事理"的分析。比如《花儿为什么这样红》一文,主要是阐明"花儿为什么这样红"的原因,是从事理上回答"为什么"的。

讨论"说明"表达方式应用的广泛性旨在说明提高说明能力的重要意义。如何提高说明能力？一在写,在实际操作上下功夫；二在读,在学习成功范例上下功夫。这里,我们专门讨论如何读的基本要领。

（1）为了落实一个"明"字,作者往往在结构上下功夫,因此,阅读时要学习说明文的结构艺术。比较而言,说明文由开头、结尾和正文三部分组成,结构没有记叙文、议论文那样复杂,尤其不会像记叙类作品那样变化多端。但是,这并不是说说明文就不考虑结构安排。说明文的结构安排自有其特点,主要表现在：① 注意开头与结尾的艺术；② 根据说明内容的特点,按事物、事理的本来面目写,大多采用并列式结构,有的采用层递式结构、总分式结构等。

先说说说明文开头和结尾的艺术特点。同其他体裁文章一样,说明文的开头和结尾多数独立成段,也有些开头包括在正文第1段中,有些结尾包含在正文末一段中。说明文的开头,一般要求明快平实,能很快揭示文章中心。有的开门见山,直接提出要说明的事物;有的对被说明事物做概括性介绍,或阐述其意义;有的用设问引起读者的悬念;有的用成语、比喻或引用其他材料开头,以增加文章情趣;有的则举例,或从相关的事物谈起,引出要说明的事物。说明文的结尾通常写得简洁,不需要含蓄,或者是随文章内容的结束而自然结束;或者指出被说明事物的发展前景;或者指出认识被说明事物的意义,指导读者的行动。

除了开头、结尾,说明文正文内容在结构上的特点,一般有三种方式:一是并列式,即正文各层之间的关系是平等并列的,例如贾祖璋《南州六月荔枝丹》一文中介绍荔枝形态特点的各层就是并列的;二是递进式,即后面的说明是在前面说明的基础上作进一步的说明,各层之间的关系由浅入深,例如《黑海风暴和天气预报的产生》一文阐释必然性和偶然性的区别时,各层的意思就是递进的;三是总分式,先总起来说,后面几层再分开说,或者前面几层先分开来说,然后再总起来说。要指出的是,总分式结构,基本上把开头和结尾也包括在内了。

开头、结尾巧作安排,正文层次巧作安排,除了使文章结构完整外,主要的,还是为了读者看得明白,使平实的说明具有艺术的趣味。下面我们来读一篇说明文的开头、结尾。

我们学过茅以升的《中国石拱桥》的开头是这样写的:

石拱桥的桥洞成弧形,就像虹。古代神话里说,雨后彩虹是"人间天上的桥",通过彩虹就能上天。我国的诗人爱把拱桥比作虹,说拱桥是"卧虹""飞虹",把水上拱桥形容为长虹卧波。

石拱桥在世界桥梁史上出现得比较早。这种桥不但形式优美,而且结构坚固,能几十年几百年甚至上千年雄跨在江河之上,在交通方面发挥作用。

题目是《中国石拱桥》,而作者起笔很远。不是直接入题,介绍中国石拱桥,而是先说石拱桥的外观"就像虹",再说石拱桥在世界桥梁史上出现比较早。这样写的艺术性在于:① 用散文笔法开头,勾画石拱桥的美丽外形,给人以鲜明的形象感;② 写石拱桥历史悠久及其作用,是对全文内容的总说。这样既点明石拱桥的外观美,又点明它的实用性,使读者对石拱桥有了总体认识。

我们再来看结尾部分:

两千年来,我国修建了无数的石拱桥。解放后,全国大规模兴建起各种型式的公路桥与铁路桥,其中就有不少石拱桥。1961年,云南省建成了一座世界最长的独拱石桥,名叫"长虹大桥",石拱长达112.5米。在传统的石拱桥的基础上,我们还造了大量的钢筋混凝土拱桥,其中"双曲拱桥"是我国劳动人民的新创造,是世界上所仅有的。近几年来,全国造了总长二十余万米的这种拱桥,其中最大的一孔长达150米。我国桥梁事业的飞跃发展,表明了我国社会主义制度的无比优越。

按一般说明文的写法,正文内容结束,文章也就收尾了,而本文的这个结尾显然在内容上又作了引申。在继续说明我国所修造的石拱桥外,作者又说了"钢筋混凝土拱桥",而"钢筋混凝土拱桥"与"石拱桥"显然不是一回事了。作者在文章的结尾写这一层内容有何用意呢?其一,旨在说明中国桥梁建设事业迅猛发展,通过建桥这件事,来揭示社会主义制度的无比优越。由此可见,这个结尾有深化文章中心的作用。其二,从内容上看,有新的补充,旨在告诉读者,桥梁的形态及建筑特点在"石拱桥"的基础上有新的变化和发展,而且着重强调两个世界第一的桥("长虹大桥"和"双曲拱桥"),这就和正文内容有所呼应,点明了中国劳动人民的建桥智慧与才能。

(2)为了落实一个"明"字,作者在顺序的安排上也是讲求艺术性的。虽不像记叙文那样故意颠来倒去,讲求曲折起伏,但总要根据说明内容的不同来选择最恰当的说明顺序。因此,在阅读过程中,我们要看清说明顺序的特点,分析其如此安排顺序的用心和作用。

根据事物本身的条理和它的固有特征来安排说明顺序是选用说明顺序的基本要求,说明内容不同,目的与中心不同,说明的顺序也就不一样。一般说来,常用的说明顺序有如下四种:

一是以说明某一事物构成为主的说明文,常按事物构成部分的组合顺序或人们观察事物的先后顺序来进行说明。例如《南州六月荔枝丹》一文,先介绍荔枝的外形特征:壳、色、形;继之介绍荔枝的内部结构:膜、肉、核。这是按照人们观察荔枝由外到内的顺序来说明的。

二是以说明某一事物发展过程为主的说明文,常按事物形成的时间顺序来进行说明。例如《人类的出现》一文,按人类发展的四个阶段说明:第一阶段——古猿开始从猿的系统中分化出来;第二阶段——猿人的特点;第三阶段——古人的有关情况;第四阶段——新人的基本特征。为了揭示人类发展的规律,作者把人类进化的每一阶段交代得十分清楚是非常必要的。

三是以说明某些事物相互关系及其特点为主的说明文,往往按照先总体后局部的顺序来说明。例如《眼睛与仿生学》一文,先从总的方面说明眼睛与仿生学的关系,介绍眼睛的基本功能以及研究眼睛的各种构造功能对发展现代科学技术的重要意义;然后分别介绍人眼和其他各种动物眼睛的构造特点和功能,由此得到种种启示,具体说明眼睛与仿生学的关系;最后说明仿生学的意义、研究范围和任务。这就是一个典型的总—分—总的说明顺序。总—分—总的顺序是由内容层次体现出来的,作者在安排内容层次,决定先写什么、后写什么时,是依据事物构成或事理形成的逻辑关系。因此,这种顺序,我们也称作是逻辑顺序。

四是以说明科学实验或制作为主的说明文,往往按照实验或制作本身的顺序来说明。比如叶圣陶《景泰蓝的制作》一文,紧扣"制作过程",一步一步地说明;说明的"一步"也就是"制作的一步"。这样写,中心明确,过程清楚。

总之,说明文顺序的艺术性主要体现在"合理"上。合理,就是符合事物特点和人们的认识规律。"合理"的目的,就是便于说清楚,也容易使人看明白。当然,"合理"也不是机械地按照某种固定模式操作,它自有其灵活性。比如说明一座建筑物,可以先说四周环境,再说建筑物本身情况;也可以先说建筑物本身情况,再说建筑物四周情况。

下面,我们以一篇文章为例,谈谈分析说明顺序的特点及其表达作用的要领。

庄稼的朋友和敌人

高士其

庄稼有许多朋友和敌人。

庄稼的朋友,大多数都是化学王国的公民,有的出身在元素的大家庭;有的来自化合物的队伍,它们都是植物生命的建设者和保卫者。

这些朋友以氮、磷、钾三兄弟最受欢迎。这三兄弟就是肥料中的三宝,庄稼不能离开它们而生存,就和不能离开水和二氧化碳一样。

没有氮,就没有蛋白质;没有蛋白质,就没有生命。如果土壤中的氮素不够,植物的茎秆就会变得矮小微弱,叶子发黄,结实减少。

没有磷,细胞核就停止工作,细胞就不能繁殖。

没有钾,光合作用就不能顺利进行,对于病虫害的抵抗力也会减弱。

所以要提高农作物的收获量,这三种元素必须源源不断地加以补充。

除了这三种元素以外,参加植物营养的供应的还有钙、硫、镁、铁、硅五位朋友。植物虽然对这五位朋友的需要量不大,在一般土壤里又都能找到它们,但它们的存在也是不可缺少的。

缺少钙,根部和叶子就不能正常发育;

缺少硫,蛋白质的构造就不能完成;

缺少镁和铁,叶绿素就要破产;

缺少硅,庄稼就不能长得壮实。

参加植物生命活动的化学元素,还有硼、铜、锌和锰这几位朋友,因为它们在植物中的含量极其微小,常被认为是杂质而不加重视。现在我们知道,这些元素朋友也是庄稼所需要的。

有了硼,庄稼就能抵抗细菌的侵袭少生病。大麻、亚麻、甜菜、棉花等作物尤其需要它。

有了铜,也可以使植物少生病;铜元素又是细胞内氧化过程的催化剂。有了它,大麦、小麦、燕麦、甜菜和大麻的产量就会提高。

有了锌,植物的叶子就不会发生大理石状斑纹的毛病。

有了锰,就会使土壤更加肥沃。有很多农作物如小麦、稻子、燕麦、大麦、豌豆和苜蓿草等都需要它。

庄稼的敌人,给植物的生命以严重的威胁,给农业生产带来了莫大的灾害和损失。

第一批敌人,是杂草。杂草是植物界的殖民主义者,它侵占庄稼的土地,掠夺走养料和水分,并且给农作物的收割造成巨大的困难。

庄稼在它的生命旅途中,要和60种以上的杂草进行斗争。这时候从化合物的队伍里来了一位庄稼的朋友,叫作生长素。这是一种化学药剂,能抑制各种阔叶杂草的生长,每公顷土地只需要一二公斤,就能把杂草的地上部分以及深达地下三分之一米的根部都毒死,而对于农作物却毫无害处。这种化学药剂,又叫作植物生长调节剂,由于它是一种复杂的有机酸,用它可以防止苹果树的苹果早期脱落,又可以使番茄、茄子、黄瓜、梨和西瓜之类的植物结出无子的果实。

第二批敌人,是啮齿类动物,包括黄鼠、田鼠和家鼠,它们都是谷物的侵略者。估计一只家鼠和它所繁殖的后代,一年内能够吃掉上百公斤的粮食。在这里,从化合物队伍里又来了一位朋友,叫作磷化锌,是一种有毒的化学药剂,把它和点心混合在一起,老鼠吃了就会毙命。

第三批敌人,就是害虫和病菌,也包括病毒在内。对于农业危害极大的亚洲蝗虫、甜菜的象鼻虫、黑穗病的病菌以及烟草花叶病的病毒等,都是显著的例子。

农业害虫估计共有六千种以上,每年都会给粮食作物和经济作物以毁灭性的打击,亏得从化学阵营里又赶来一支支支援农业的队伍,帮助农作物战胜病虫害。例如有一种含砷的化学药剂,叫作亚砷酸钙,它不但可以防治农作物的害虫,也可以用来防治果树的害虫。

还有许多种含铜、硫和汞等的化学药剂,都有杀虫灭菌的功效。

庄稼有了化学朋友,就不怕生物界敌人的进攻了。

人们认清了庄稼的朋友和敌人,掌握了它们变化、发展的规律,就能让它们发挥更大的作用,为农业生产服务。

这篇文章既没有依时间顺序说明,也没有按空间顺序说明,所写的也不是事物制作过程。那么,文章到底是按什么顺序说明的呢?我们不妨从内容上看。文章以《庄稼的朋友和敌人》为题,先说"庄稼的朋友",再说"庄稼的敌人",最后总结全文,点明认清了庄稼的朋友和敌人的意义。说"朋友",先说"氮、磷、钾",再说"钙、硫、镁、铁、硅",最后说"硼、铜、锌、锰"。说"敌人",先说"第一批敌人"是"杂草",接着说"第二

批敌人是啮齿类动物",最后说"第三批敌人""就是害虫和病菌"。通过对内容的分析,我们可以归纳全文的结构提纲如下:

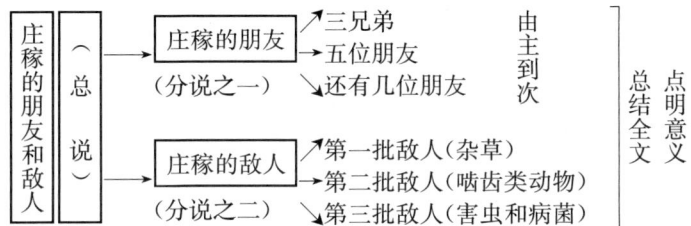

文章的结构提纲归纳出来,顺序也就看清了。就全文看,先总说,再分说,最后又总说。就分说的部分说,说"朋友"是由主到次,说"敌人"也是由主至次。由此可见,文章采用的是"总—分—总"的说明顺序。这个顺序是由作者的认识逻辑决定的,围绕"庄稼",既看到"朋友"有益的一面,又看到"敌人"有害的一面;对"朋友"的认识,是先看最主要的"朋友",再看一般的与"三宝"相比要次一点的"朋友"。"朋友"的方方面面认识之后,再分析几种"敌人"。按照这样的顺序写有何作用呢?其一,使文章内容完整、清晰,条理分明、井然;其二,突出文章重点,便于读者分清主次。

(3)为了落实一个"明"字,作者必然要采取最恰当的说明方法。因此在阅读时,要结合写作意图、内容特点分析所用的说明方法的作用。常用的说明方法有以下几种:

举例法。运用这种方法来说明某些抽象的概念或比较难理解的规律、原理,或比较复杂的事物的特征、变化、发展等,可以使之具体化,让人易于理解。在说明文中,举例法的运用大致有三种情形:一是对事物作概括的说明后,举出一些有代表性的例子,用来印证前面的说明。二是跟分类说明结合,每提出一类就举出一两个例子。三是为了介绍被说明对象具有什么样的特征,举出跟被说明对象有相似之处的事物作为例子。

请看下边两个说明文段落：

例1. 现有的黏合剂一般都是由有机高分子物质做成的。它可以分为两类：一类是天然的，如淀粉、糊精、蛋白质、沥青、虫胶及天然橡胶等；另一类是人工合成的，包括受热后能变形的树脂，如聚乙烯、聚苯乙烯、聚乙烯醇、聚酯，和受热后不变形的树脂，如环氧树脂、酚醛树脂、尿醛树脂以及各种类型的合成橡胶等。

例2. 至于蛇出蛰活动和入蛰冬眠的时间，因我国南北各地气温不同而有早有迟。以浙江为例，大致从11月中旬开始入洞冬眠，到12月初绝大多数蛇都进入冬眠状态，直到翌年的3月上旬开始出蛰活动。……但在广东、广西、云南、福建等地，因寒冷季节较短，所以蛇的冬眠时间相应要短些；而长江以北地区，寒冷季节较长，所以冬眠时间相对要长些。

例1是跟分类说明结合，即在分类的同时，举出实例。例2是先说明事物特点——蛇出蛰活动与入蛰活动"有早有迟"，然后举例加以证实。由于作者注意用典型例子来说明，我们对事物特点就认识得更加清楚了。

图表法。有些事物，只凭文字来说明，还不易解释清楚，这样就常常需要画图列表来配合文字说明。事物是多种多样的，用来作说明的图表应该各有不同。即使同一事物，由于说明的侧重点不同，所用的图表也不一样。根据说明需要，画图的类型有多种：可以用符号画示意图（如全国铁路示意图、公园游览路线示意图等）；可以用描绘的方法画实物图、实体图（如家具、建筑图等）；如果用实物图的目的在于让读者了解外观（色彩、形状、质感等），还可以选用照片。列表的方式与类别大致有两种：如果要说明的事物不复杂，可以列比较简单的表；如果要说明的事物比较复杂，就可以用多种项目的表格来介绍。

请读《我国古代的车马》中的文字并参看图示。

古代马车的车厢叫舆,这是乘人的部分。舆的前面和两旁以木板为屏蔽,乘车的人从舆的后面上车。《论语·乡党》说:孔子"升车必正立执绥",绥是车上的绳子,供人上车时拉手用的。

古人乘车是站在车舆里的,叫作"立乘"。舆两旁的木板可以倚靠身体,叫作𬨎。舆前部的横木可以凭倚扶手,叫做式(轼)。古人在行车途中用扶式俯首的姿势表示敬礼,这种致敬的动作也叫作式。所以《檀弓》说:"夫子式而听之。"一般车舆上有活动装置的车盖,主要是用来遮雨的,像一把大伞。

车轮的边框叫辋,车轮中心有孔的圆木叫毂(孔是穿轴的),辋和毂成为两个同心圆。《老子》说:"三十辐,共一毂",辐是一根一根的木条,一端接辋,一端接毂。四周的辐条都向车毂集中,叫作"辐辏",后来辐辏引申为从各方聚集的意思。《汉书·叔孙通传》说:"四方辐辏。"

车轴是一根横梁,上面驾着车舆,两端套上车轮。轴的两端露在毂外,上面插着一个三四寸长的销子,叫作辖(又写作舝、鎋),不让车轮外脱。辖是个很重要的零件,所以《淮南子》上提到"夫车之能转千里所者,其要在三寸辖"。后来引申为管辖的意思。露在毂外的车轴末端,古代有特定的名称叫軎(又写作轊),又叫轨。《诗经·邶风·匏有苦叶》说:"济盈不濡轨。"古人常乘车渡水,这是说济水虽满并没有湿到车轴头,意思是水位不到半轮高。轨的另一个意义是指一车两轮之间的距离,引申为两轮在泥道上碾出来的痕迹,又叫作辙。《礼记·中庸》所谓"今天下车同轨",并不是有人把天下的车辙大小都规定下来,而是规定了车子的统一尺寸,车轮的轨辙就自然一致了。

附带说一说轫。轫不是车子的组成部分,而是阻止车轮转动的一块木头。行车时先要把轫移开,所以启程称为"发轫"。引申开来,事情的开端也叫"发轫"。

辕是驾车用的车杠,后端和车轴相连。辕和辀是同义词。区别开来说,夹在牲畜两旁的两根直木叫辕,适用于大车;驾在当中的单根曲木叫辀,适用于小车。所以《左传·隐公十一年》说:"公孙阏与颍考叔争车,颍考叔挟辀以走。"

车辕前端驾在牲口脖子上的横木叫作轭。轭和衡是同义词。区别开来说,轭用于大车,衡用于小车。所以《论语·卫灵公》说:"在舆则见其倚于衡也。"

车辕前端插上销子和轭相连,叫作䡇。䡇和轨是同义词。区别开来说,䡇用于大车,轨用于小车。所以《论语·为政》说:"大车无䡇,小车无轨,其何以行之哉?"

古人乘车尚左(以左方为尊),尊者在左,御者在中,另有一人在右陪乘。陪乘叫作骖乘,又叫车右。所以《左传·宣公二年》说:"其右提弥明知之。"兵车情况不同。主帅居中自掌旗鼓,御者在左,另有一人在右保护主帅,叫作车右。一般兵车则是御者居中,左边甲士一人持弓,右边甲士一人持矛。

附图:

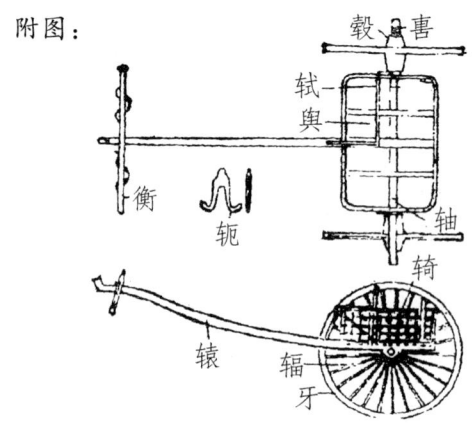

应该说，文字说明是比较清楚的，因为语言通俗、准确，一边读文，一边想象车的形象，是能理解的。但配图之后，我们的理解就简捷多了，图文之间有很强的互补性、印证性，一边读文，一边看图，省略了想象与推测的过程，增强了文章的形象感和直观性。

比喻法。运用比喻来说明，可以使抽象的道理变得具体，复杂的事物变得简单，陌生的对象变得容易理解，而且可以使文章的语言具体形象，生动活泼。请读下边两段文字：

> 建国门立交桥是苜蓿叶式，宛如一片巨大的苜蓿叶，碧绿的草坪、连片的鲜花簇拥着它，犹如一个巨大的花篮，轻托着搭在上面的十字飘带，从低处仰望大桥，四周的高层建筑似乎也矮了几分。
>
> ……
>
> 坐落在天坛东路与南外二环、南护城河交会处的玉蜓桥，更加壮美。它是桥群组成。8座跨河桥、6座匝道桥、4座通道桥、3座铁路箱涵，组成一个庞大的桥的系统，建桥总面积是三元桥的两倍多。造型别致，一座座桥，组成一只巨大的振翅欲飞的蜻蜓，仿佛是刻意创作的超大型艺术雕塑。桥下静静的流水，桥区棵棵绿荫晃动的国槐、白杨，片片绿翠的草坪，团团姹紫嫣红的月季，构成一幅巨大的工笔画"玉蜓图"。

两段文字旨在说明立交桥的造型：说建国门立交桥"宛如一片巨大的苜蓿叶"；说"玉蜓桥"，是"一只巨大的振翅欲飞的蜻蜓"。由于比喻准确、巧妙，大桥的形象就好像浮现在眼前一样。

比较法。把彼此有一定联系或者有相同条件的两种或两种以上的事物加以比较，可以帮助人们区别事物的相同点和不同点，更深刻地理解事物的特征、本质及其规律性。我们在阅读中，要注意作者是否抓住了事物间的联系在作比较,如果用毫不相干的两种事物相比,就无法比起。我们还要注意作者是不是用人们熟悉的事物来作比较,否则,就不能达到说明事物的目的。一般地说,高明的作者总是注意到比较说明的要求,即可比性与通俗性。例如阅读吕叔湘先生《语言的演变》一文的第一部分:

世界上万事万物都永远在那儿运动、变化、发展,语言也是这样。语言的变化,短时间内不容易觉察,日子长了就显出来了。比如宋朝的朱熹,他曾经给《论语》做过注解,可是假如当孔子正在跟颜回、子路他们谈话的时候,朱熹闯了进去,管保他们在讲什么,他是一句也听不懂的。不光是古代的话后世的人听不懂,同一种语言在不同的地方经历着不同的变化,久而久之也会这个地方的人听不懂那个地方的话,形成许许多多方言。

古代人说的话是无法听见的了,幸而留传下来一些古代的文字。文字虽然不是语言的如实记录,但是它必得拿语言做基础,其中有些是离语言不太远的,通过这些我们可以对古代语言获得一定的认识。为了具体说明古代和现代汉语的差别,最好拿一段古代作品来看看。下面是大家都很熟悉的、《战国策》里的《邹忌讽齐王纳谏》这一篇的头上一段:

邹忌修八尺有余,而形貌昳丽。朝服衣冠,窥镜,谓其妻曰:"我孰与城北徐公美?"其妻曰:"君美甚,徐公何能及君也?"城北徐公,齐国之美丽者也。忌不自信……旦日,客从外来,与坐谈,问之:"吾与徐公孰美?"客曰:"徐公不若君之美也。"

把这一段用现代话来说一遍,就会发现有很大的差别。不能光看字形。光看字形,现代不用的字只有四个:昳、曰、孰、吾。可是联系字的意义和用法来看,真正古今一致的,除人名、地名外,也只有12个字:

八、我、能、城、国、不、客、从、来、坐、谈、问。大多数的字,不是意义有所不同,就是用法有些两样。大致说来,有三种情形:

第一种情形是意义没有改变,但是现在不能单用,只能作为复音词或者成语的一个成分。有的构词的能力还比较强,如:形、貌、衣、镜、北、何、自、信、日、外;有的只在极少数词语里出现,如:丽(美丽、壮丽)、朝(朝霞、朝气、朝发夕至)、窥(窥探、窥测)、妻(夫妻、妻子)、甚(欺人太甚)。

第二种情形是意义没有改变,可是使用受很大限制。例如:作为连词的"而""与",只见于一定的文体;表示从属关系的"之"只用于"百分之几""原因之一",等等;起指代作用的"者"只用于"作者、读者"等;"美"现在不大用于人,尤其不用于男人("美男子"口语不说,也不能拆开);"有余"现在能懂,但不大用,"八尺有余"现在说"八尺多"。

第三种情形是这里所用的意义现代已经不用,尽管别的意义还用。例如:修(长)、服(穿、戴)、谓(对……说)、其(他的;"其余、其中、其一"里的"其"是"那"的意思)、公(尊称)、及(比得上)、君(尊称)、也(助词;现代的"啊"只部分地与"也"相当)、旦("旦日","明日",这里作"次日"讲)、之(他)、若(比得上)。还有一个"尺"字,似乎应该属于古今通用的一类,可是这里说邹忌身长八尺有余,显然比现在的尺小,严格说,"尺"的意义也已经改变了(汉朝的一尺大约合现在七寸半,这里的尺大概跟汉朝的差不多)。

在语法方面,也有不少差别。例如"我孰与城北徐公美?"就是古代特有的句法,底下"吾与徐公孰美?"才跟现代句法相同。"君美甚"现在说"漂亮得很",当中必须用个"得"字。"忌不自信"也是古代的句法,现代的说法是"邹忌不相信自己(比徐公美)",不能把"自己"搁在动词前边,搁在前边就是"亲自"的意思(如"自己动手"),不是动作对象的意思("自救、自治、自杀"等,是古代句法结构遗留在现代语里的合成词)。

"客从外来"现在说"有一位客人从外边来","客人"前边得加个"一位",头里还要来个"有"字,否则就得改变词序,说成"从外边来了一位客人"。"与坐谈"也是古代语法,现在不能光说"和",不说出和谁,也不能愣说"坐谈",得说成"坐下来说话"。"不若君之美"的"之"字,按照现代语法也是多余的。

这短短的一段古代的文字,大多数的字都是现在还用的,可是仔细一分析,跟现代汉语的差别就有这么大。

为了说明"古代和现代汉语的差别",作者引用《战国策》里《邹忌讽齐王纳谏》的第1段来比较,从而得出自己的看法:一是"意义没有改变","但是现在不能单用,只能作为复音词或者成语的一个成分";二是"意义没有改变,可是使用受很大限制";三是"这里所用的意义现代已经不用,尽管别的意义还用"。另外,"在语法方面,也有不少差别"。这个比较的妙处是:第一,用例文字简短,浅明,不用凭借工具书就能读懂,体现了用例的通俗性;第二,例中的汉字字形,绝大多数没有变化,现代不用的字只有四个,但"大多数的字,不是意义有所不同,就是用法有些两样",这就为比较提供了条件,利于看出差别。作者用例是十分典型的。

数字法。数字是说明某些事物的重要材料。在说明文中恰当地使用数字能充分地显示事物的性质和特点,有时比只用文字介绍显得更简洁、更精确、更具体。例如金天明《世界上有多少民族》中的一段文字:

下面这个情况也是值得我们注意的,从1961年到1975年的15年中,全世界的人口大约增加了10亿。人口在一亿以上的民族由原来的四个增加到了七个。前面提到的孟加拉、大和、巴西这三个民族在1961年时的人口分别为8 700万、9 500万和7 100万。也就是说,这三个民族是在最近的十多年里才进入拥有人口在一亿以上的大民族的行列。在同一时期内,人口在百万以上的民族由226个增加到257个,即增加了31个,他们拥有的人口从29亿2700万增加到了38亿9400万。这个事实一方面说明了这些民族人口增长的速度,同时也揭示了这样一个趋势,即有越来越多的人口较少的民族在逐渐结合成为较大的民族。看来,由若干个小民族结合成为一个大民族,这是当前民族发展的总趋向。

这段文字先列举大量数据,然后归纳结论。结论是以数字为根据的,因此既可信又准确。如果不用数字,只用"很多""增加"等词句,说理不仅失去了有力的根据,读者也很难有一个明确的认识。

诠释法。为了让读者准确地理解文章的一些重要概念的含义,常常要对这些概念加以解释。解释有两种:一是下定义,即把概念所反映的事物的本质属性用简明的语言概括出来。由于说明的事物不同,读者不同,说明的要求也不同,有时不能或不需要下定义,而采用比较宽泛的解释,如有时只指出它所属的种类,有时只列举它具有的一些属性,有时只描述它的外部特征,等等。例如高奇《中国近代学制》中的一段文字:

"癸卯学制"是中国的第一个近代学制。实行这种学制主要是由于清朝政府出于政治上的需要,并不是为了适应社会发展的实际需要,因而仍然保存了大量的封建性成分。学习年限特别长,总共二十五六年。如果7岁入学,中学毕业21岁,读完通儒院32岁。通儒院五年不算,还比日本学制长二年,比欧美一般长四年。办学目的是培养"通才",也就是要培养行政官吏。各级学校毕业生仍然按科举制度授予相应的奖励出身和官阶品级:高小毕业授廪生,中学毕业授贡生,大学毕业授进士,等等。小学课程还保留 12 学时的读经讲经课。排斥女子于学校教育之外,为贵族单设贵胄学校,实际上还是"中学为体,西学为用",同近代资本主义学制形似而神非。"癸卯学制"虽然打破了四书五经一统天下的局面,在促进教育发展方面起了一定的作用,然而仍然远远不能适应当时中国社会发展的需要。

这段文字就"癸卯学制"的目的、内容、特点、作用等分别作了具体解释,使读者对这一学制的概况有了大致了解。

以上介绍的六种说明方法是说明文常用的方法。有的文章多法并用,有的文章以某一种方法为主,目的都是为了说明白事物,使读者更准确、更清楚地理解文章内容。

(4)为了落实一个"明"字,作者在语言运用上也得下一番功夫。因此,阅读说明文,必须钻研其语言,领略说明文语言特有的艺术风貌。可从以下几方面入手:

第一,体会说明文语言的准确性特点。所谓准确,就是客观地反映事物,与事物本来面目相符。优秀的说明文,语言都是准确的,一词一句都表达了客观事物应有的意义。例如《一次大型的泥石流》的开头两段:

在一些山区的沟谷中,由于地表径流对山坡和沟床不断地冲蚀掏挖,山体常常崩塌滑坡,塌滑下来的大量的泥沙石块等固体物质被水流挟带搅拌,变成黏稠的浆体,在重力和惯性力的作用下急速奔泻。这就是人们常说的泥石流。

大型泥石流常常淤埋农田,冲毁桥梁、涵洞、渠道,阻隔交通,甚至堵塞河道,使河水泛滥成灾,破坏力极大。云南省的蒋家沟就多次爆发过这种大型的泥石流。

用"一些"表示范围,不是指所有的"山区的沟谷"。"地表径流"是专业术语,统指地面上的形成一定规模、径直流动的水流,不是指河流;也不能理解为"地表水"(因为有些"地表水"是不流动的)。"冲蚀掏挖"四个词表明"地表径流"对"山坡和沟床"的四种冲击情况。冲,冲击;蚀,侵蚀;掏,由里向外掏空;挖,由外向内掘进。"挟带搅拌",一是带走,指泥沙石块随水流而走;一是搅浑杂拌,指泥沙石块因水流冲带而混杂一起。"重力和惯性力",写了两种力量:"重力"指泥沙石块本身的重量;"惯性力"指泥沙石块随水奔泻时所形成的惯性力量。两种力量起作用,所以作者用"急速奔泻"来写泥石流的运动速度。一个"泻"字,写出了泥石流势不可当的凶猛势头。第二段中的"淤埋""冲毁""阻隔""堵塞"也是用得非常准确而不能互换的,这些词都紧扣了"大型"一词,旨在表现大型泥石流的极大破坏力。

一般地说,准确地说明事物,用词要明确,不可含糊。但是,当作者对事物的认识还不能做到准确无误的时候,又必须用表示推测的意思、比较模糊的词语来说明,这样的文字是不可少的。例如下段文字:

泡桐成长很快,管理得好,五六年即可成材,群众中有"三年成林,五年成材"之说。据调查:一般十年生的泡桐,胸径平均约30至40厘米,材积可达0.5至0.6立方米。广西桂林市砖厂有一株白花泡桐,生长11年,树高20.7米,胸径75.1厘米,材积3.69立方米,年平均材积生长量为0.335立方米。河南省民权县有一株兰考泡桐,13年胸径就达73厘米,树高17.5米,材积2.5立方米。四川省酉阳县一株75年生的白花泡桐,树高44米,材积22.5立方米,是目前所知我国生长最高大的一株泡桐树。这样的成长速度,在其他速生树种中也是罕见的。因此,在广大适宜种植泡桐的地区,有计划地种植泡桐,对改善我国木材生产布局,解决木材供应不足的问题,是十分重要的。

请注意文中加点的词语。"一般",表示基本上这样,也有例外,缺少这个词,说"十年生的泡桐"的情况就绝对了。"约",大约之意,也表明不完全确定,与"30 至 40 厘米"的说法也一致起来了。"目前所知",限制了所知的时间前提,说"白花泡桐"是"我国生长最高大的一株泡桐"仅是就"目前所知"而得出的判断,如果缺少这一限制,难免绝对。"罕见"是极为少见的意思,并不排斥就见不到。由这些词例可知,说明用语的分寸感是很重要的。像"大致""也许""可能"等表示不确定推测的词在说明文中也时常见到,同样起到了准确表达内容的作用。

第二,体会说明文语言的简明性特点。简,简要,简洁;明,明了,清晰。任何文章的语言都应力求达到简明的要求,说明文更应如此。简明与准确是相互伴随的,用词准确了,也就可以说是简明了。只有对事物认识不清,不知道该用哪一个词、哪一句话来准确表达的时候,才会出现用词堆砌,用句啰唆的毛病。简明不等于简略。简略是从内容的多少上来看的,而简明则是指全篇文章的语言风格。例如下边文字:

把学习过的痕迹贮存于脑中的过程,叫保持。没有痕迹的保持,人们就不会有知识、技能和经验的积累。记忆痕迹在脑中的状态,分瞬时记忆、短时记忆和长时记忆。瞬时记忆又叫感觉记忆,储存时间不超过一两秒钟;短时记忆的时间长一些,持续一两分钟,但这种记忆的痕迹不明确,不巩固,容易消逝;长时记忆的痕迹则能较长久地保持。

再认和再现,是记忆的两种不同表现形式。再认是对事物重新出现的再度感知。再现是对过去的记忆痕迹重新呈现。再现的反面就是遗忘。

什么叫"保持"?"保持"的作用是什么?"记忆痕迹在脑中的状态"有哪几种形式?各种形式的特点是什么?什么叫"再认"?什么叫"再现"?

诸如此类的问题，作者只用了200多个字就说明白了。由此可见，内容丰富、文字简约、说明清晰是说明语言简明性的体现。

第三，体会说明文语言的生动性特点。说明文语言的基本风格是简明，基本要求是准确。同时为了说明的需要，也力求体现生动性。力求说明语言的生动，一则是为了增强文章的感染力，一则也是为了突出一个"明"字。当然，说明语言的生动性与描写语言的生动性是有区别的。它有修饰，但不夸张，有描绘，但不虚构。例如《看云识天气》中的一段文字：

那最轻盈、站得最高的云，叫卷云。这种云很薄，阳光可以透过云层照到地面，房屋和树木的影子依然很清晰。卷云丝丝缕缕地飘浮着，有时像一片白色的羽毛，有时像一块洁白的绫纱。如果卷云成群成行地排列在空中，好像微风吹过水面引起的鳞波，这就成了卷积云。卷云和卷积云的位置很高，那里水分少，它们一般不会带来雨雪。还有一种像棉花团似的白云，叫积云。它们常在两千米左右的天空，一朵朵分散着，映着温和的阳光，云块四周散发出金黄的光辉。积云都在上午开始出现，午后最多，傍晚渐渐消散。在晴天，我们还会遇见一种高积云。高积云是成群的扁球状的云块，排列得很匀称，云块间露出了碧蓝的天幕，远远望去，就像草原上雪白的羊群。卷云、卷积云、积云和高积云，都是很美丽的。

这是一段用描写的方式来说明"云"的形态的文字。说明的对象是"卷云""卷积云""积云"和"高积云"。这几种云的形态及其变化情景是怎样的呢？作者用比喻的语句来描写，生动形象，优美动人。需要指出的是，这些被描写的形态是实有的，作者丝毫也没有虚拟与夸张，同样体现了说明文语言的准确性要求。

深情铸文文意浓
——投入真情实感

任何优秀作品,都是用真情实感铸造而成的。唐代大诗人白居易说过:"诗者,根情,苗言,华声,实义。"情是第一位的,是作品的根。18世纪法国启蒙思想家狄德罗说:"根据情感和兴趣去描写,这就是诗人的才华","没有感情这个品质,任何笔调都不可能打动人心"。19世纪俄国进步思想家和文艺理论家别林斯基也说:"感情是诗情天性的最主要的动力之一;没有感情,就没有诗人,也没有诗歌。"纵观古今中外名作,篇篇都是体现这些创作原则的范例。作家满怀深情,以情铸文。读者阅读这些情感文字,也同样要投入真情实感。唯其如此,读者与作者的心才得以沟通,读者与作品的情才得以碰撞,最后达到与作品融为一体的情境。

任何优秀作品都表达了真情实感,但表现形式与表达风格则不一样。就文体来说,叙述类作品,感情抒发是直接的,喜怒哀乐之情,溢于言表;议论类作品,感情由"态度"来体现,对人对事有什么样的感情,就有什么样的态度,议论旨在说明自己的态度,而在"态度"的背后,始终是有着一条情感的暗流的;说明文,看起来是对客观事物及事理的阐释、介绍,似乎没有多少主观感情的色彩,其实,作者对题材的选择也往往带有思想感情的倾向。

感情表达的风格,更是多种多样,五彩缤纷。一般说来,有三种比较突出的风格特点。有的作品,风格朴实,感情细腻,感情的小河在质朴的文字间潺潺流淌;有的作品,风格雄健,感情激越,感情如同拍岸的惊涛,扣人心弦;有的作品,风格峻拔,感情深邃,文字表面如同平静的大海,而深层则涌动着旋流。感情总是渗透在语言文字之中,因此,认识多种感情表达的风格,必须从语言文字着手,围绕语言文字进行。这句话包含两层意思:一是通过对语言文字的体悟来认识作品中的情感;二是根据作品中深藏的情感来认识表达这份情感的语言文字。前者是打开情感之门的必经之路,后者是体会语言与情感关系的必然前提。只有依照"语言→情感→语言"的路子来阅读作品,我们才能体会语言之中的真情实感和由真情实感培育的语言之花的艺术妙趣。

很多同学读文章,能读通文字,至于文中的情感内涵往往体察不到、把握不住,要么搁下不读,要么期待老师的剖析。其实,阅过作品的文字关,应当继续钻探其情感底蕴。钻探情感底蕴也是有基本的路子的。

路子何在?下面依据经验指点二三。

1. 反复诵读作品,把握其感情基调

感情基调是指作品体现出来的作者感情倾向、感情层次和感情特点。任何作品都体现了一种感情倾向,是爱,是恨,是喜,是哀……感情色彩总是闪现在语言文字之间的,阅读时要有总体认识。文章的感情表达在程度上有浓淡、深浅、轻重之别,因此,阅读时有必要认识作者是怎样把自己的情感控制在一个具体的层次上的。比如,朱自清的《荷塘月色》表达的是一种"淡淡的哀愁",并非刻骨之悲;又如鲁迅先生的《孔乙己》既有嘲讽,又有同情,还有悲哀,情感复杂,融为一体,处在既讽刺又悲哀的层次上;而鲁迅先生的《记念刘和珍君》则是悲愤之情的宣泄,愤大于哀。另外,就是在整体上把握作品的感情特点,是细腻还是豪放,是直露还是含蓄,是冷峻还是热烈,是委婉还是急切……阅读时,多加体察,作出正确判断,这对完整把握全篇的感情基调是十分必要的。

下边以一篇作品为例,谈谈把握感情基调的步骤。

三分春色一分愁

丁 颖

冬,像一双倦游的翅膀,悄悄地在暮色里归去。迎面姗姗而来的——春,似一位多情美丽的小姑娘,浑身带着一种困人的诱惑;妩媚的挑逗,多么使人陶醉啊!

她若久别重逢的故人,给浪迹他乡的游子捎来无限温情,枯萎的生命又涂上一抹绿色的希望。我爱冬天,更爱春天;我爱冬天的雪,也爱春天的太阳。因为,人的心没有雪那样纯洁,春阳那样温柔。亚热带的冬,虽不像北国那样冰天雪地,但,却有北国深秋的情调,惹人遐思与怀想!而春天,倒有着浓郁的故乡的气息呢?

"春色恼人眠不得",燕语呢喃,落花飞絮,徘徊庭前篱下,缕缕莫名的惆怅和空虚萦绕胸臆。心之深处像是失去了什么,而究竟失去了什么呢?我亦茫然!

傍晚,怀着书本,懒洋洋地躺在绿茵的草坪上,凝视着蔚蓝的苍空,几片淡淡的白云,如仙女撒下的花瓣,轻轻地飘过山峦,飘过海面,飘向遥远……

我沐浴在大自然的怀中,让柔和的晚风轻抚着鬓角,吹去一切郁闷和烦恼。

吹吧!吹红了杜鹃,吹绿了柳丝,吹得柳叶儿絮絮细语:仿佛在切切诉说一个奇异的神话,在低吟一支爱与悲的曲子;吹吧,吹醒还在沉睡的人们哪!

冥色四合,倦鸟投林,归家的牧童横坐在牛背上,信口吹着无韵的短笛。我的书滑落在地上,看见他们远去的背影,我想:我也该归去了吧?然而关山重隔,云水茫茫,我将归焉何处?

这时,一对情侣踏着夕阳余晖,徜徉于小溪畔,携手并肩,轻盈的笑声是那样甜蜜。啊!鸟语花香,处处给人以强烈的诱惑!春天,这幅旖旎的图画,有哪位大画家能描绘出万一呢?

春天太可爱了,可是只有那么一刹那!有人说:不要让你青春的生命就此枯萎了,在你的生活中应该有一个美丽动人的故事。然而,美丽动人的故事,我只能在书本里去寻觅呢!

于是,我又从地上拾起我的书本,低吟道:"三分春色一分愁……""纵然宝岛风光多,还有思乡一片心。"唉!这思家的一片心啊!有谁知道呢?

台湾作家丁颖的这篇散文把春色和心绪融为一体,用细腻的笔触点染了一个"愁"字。作品开始写冬去春来,用"一双倦游的翅膀,悄悄地在暮色里归去",比喻冬的消逝;以"一位多情美丽的小姑娘""迎面姗姗而来",比喻春的出现。作者沿用传统的比兴手法,先描绘令人陶醉的春景,继之带出"遐思与怀想",表达了怀念故乡的愁绪。这,就是本文的感情倾向。

以上是阅读的第一步:先了解文章抒发了哪一种情感,接下来继续读文章重点段落,看作者是怎样抒发这一份情感的。文章第4~7段写心绪的飘忽。"懒洋洋"写自己无奈的样子;"凝视"写自己的一种渴望;渴望实现不了,就只好"让柔和的晚风轻抚着鬓角,吹去一切郁闷和烦恼"。然而,这份"郁闷和烦恼"又怎能吹散得了呢?"归家的牧童横坐在牛背上"这一牧归图再一次牵动愁绪,作者便发出深深的感叹:"关山重隔,云水茫茫,我将归焉何处?"写到这里,文章似乎可以戛然而止了,但作者又宕开一笔,写一幅"情侣夕阳图",再次礼赞"春天太可爱了"。

随之又揭示内心的愁苦:"然而,美丽动人的故事,我只能在书本里去寻觅呢!"读到此处,我们知道作者的"思乡一片心"是深沉的。但作者偏又用问句作结"唉!这思乡的一片心啊!有谁知道呢?"这一声叹息与呼唤,从心底流出,令读者感慨唏嘘!

读到这一步,我们知道,作者写春的诱惑,春的温情,春的云霞,春的晚风;还写"燕语呢喃,落花飞絮",牛背牧童,夕照情侣。从表面上看,处处都是美好的春景,实际上笔笔都是反衬"我"的"缕缕莫名的惆怅和空虚"。笔笔写景,笔笔写情,真是一切景语都是情语!

由上可知,我们把握作品的感情基调,首先要诵读全篇,从总体上认识作者的感情倾向;同时又要分析一些重点段落,看作者是怎样抒发自己的真情实感的;最后得出结论,认识作者思想情感的内涵与特点。

阅读作品,把握感情基调是第一步。在此基础上,我们才能更好地深入到文章的情境中去。

2. 抓住重点词、句、段推敲

这里讲的重点词、句、段,是指感情色彩最浓的词、句、段(浓郁感情的喷发口)。一篇作品总有那么几个词、几句话或几个段落在表达情感上最显眼、最突出。有的可以称得上是作品情感的纽结,如朱自清《荷塘月色》开篇第一句"这几天心里颇不宁静",就是全文的"情眼"。有的可以称得上是作品情感的宣泄口,如鲁迅先生《记念刘和珍君》中的几段议论,集中而又强烈地抒发了作者的悲愤之情。有的可以称得上是全篇的点睛处。全文娓娓而叙,一路平缓,到了末尾用一二句画龙点睛,感情得以凸现,令人回味无穷。如朱自清《背影》的末句"我不知何时再能与他相见",把感情推向高潮。总之,抓住这样一类的词、句、段推敲,等同于打开全篇的感情之窗。

以一篇文章的阅读为例。

小　鸟

徐　刚

在北京,春夏时节的早晨,总会有一些老人提着鸟笼在林荫道上散步。八哥、金丝鸟等便都在笼子里发出各种叫声,还把翅膀扑打着,似乎要冲出笼子飞向蓝天似的。每每遇见这些关着的小鸟,我总要静静地听听它们的歌唱——谁知是欣喜呢,还是哀怨?不管如何,生活在热闹的都市,鸟叫是难得听见的。究其原因,一是小鸟太少,二是虽然也有几只,但终究都被不绝于耳的汽车喇叭声所埋没了!

于是,这就很是引起了我的一点乡思。

在我故乡的蓝天上,在我故乡的竹林中,小鸟是可以自由自在地飞翔,可以自由自在地歌唱的。

小鸟飞翔的姿态是最能教孩子们神往的了——飞得快的时候,像箭一样向前;飞得慢的时候,就像踩在云朵上休息。时上时下,或远或近,有时还互相嬉戏、互相斗架……

不知道有多少神话或传说是和小鸟联系在一起的?

是小鸟的歌声第一次叩动了我儿时心灵的门窗。

麻雀为什么要把窝做在屋檐下呢?

母亲告诉我:麻雀虽小,五脏俱全,它可精明了。麻雀知道从地里收回来的稻草是"仙草",因此才到屋檐下做窝的。有很多别的鸟在冬天里冻死了,麻雀却依旧一群一群地飞……

麻雀的住所是和人在一起的,麻雀也的确很机灵。天上有各种各样的小鸟,成群结队地去偷吃稻子的只有麻雀。因此,每到秋天,稻田变成了金黄色,稻子快要熟的时候,故乡的农民就要在稻田里扎起一个个草人,草人的手中还得拿着一根竹竿,竹竿上吊起一面破的芭蕉扇来赶麻雀。麻雀却依旧活着——一到地光场净,秋收完毕后,地里、场头,总会留下一些残余的稻粒,它们便一群一群地飞来飞去。迅速地找,迅速地吃,迅速地飞走。

麻雀很小,胆子却不小。它时常站在屋檐上听农民们说话,村子里的每一户人家它们都要去"串门"。它们的歌好像是唱给自己听的,祖祖辈辈都是"叽叽喳喳"而已,无论春夏秋冬全是这个调调。

那么多的麻雀几乎连大小也一样,而且都在家家户户的屋檐下做窝。可是,它们很少走错门,吃饱了就各自睡觉。偶尔也有走错的,便在窝的洞口前大战一场,得胜者得窝。

海边的风光那么好,麻雀为什么不去呢?

麻雀的接近农民是为了吃稻。

因为它不会劳动,所以就无法高飞!

农民更喜欢喜鹊。

喜鹊叫,喜事到。

谁家门前有一棵很高的树,谁就盼着喜鹊来做窝。

喜鹊一身都是黑的,黑得油光闪亮。它没有一根花花绿绿的羽毛,它也不会像鹦鹉那样学舌,它只是在高兴、愿意的时候才唱几声,从来不唠唠叨叨。

你盼它唱,它不一定唱;你不喜欢它唱,它却偏要唱——哪能像麻雀呢?只要有一点吃的,就唱个不停!

有一年冬天,喜鹊在我家门前的一棵杨树上做窝了,左邻右舍都来看,一边晒着太阳一边说喜鹊的故事。

喜鹊是鸟类中的"建筑家",它们从不凑合着做个窝,而是必须用千万根树枝在高高的树顶上,搭成一个圆球状似的家,远看很像一座黑色的堡垒。

据说,它们每衔得一根树枝就要流一滴血,它们一边衔,一边施工,而且总是一雌一雄双双飞来飞去的忙碌。

这还仅仅是外观,倘若爬到树上看个究竟,那就更教人惊讶了!喜鹊窝不漏风也不漏雨,从门里进去还得拐几个弯才是那一对喜鹊的住所。有时,台风能把屋顶上的茅草卷走,喜鹊窝却安然无事。喜鹊是勤劳而机智的。

每天黎明,喜鹊都要唱歌,而不管是晴天还是雨天,或者迷雾曾经一时遮住了太阳。

儿时,我们还常到芦苇荡中捉鸟。

无边无际的芦荡,春夏时一片绿,秋后芦花一片白茫茫。涨潮的时候只有哗啦、哗啦的涛声,落潮以后就显得荒凉而寂寞——那时,这里没有人烟,是螃蟹和水草的天下。但,偶尔也会传来几声鸟叫,给寂静的海滨增添了不少生气。我们就追着鸟叫找去……芦荡中的鸟一般都是"白头鸟",它除了身体比麻雀稍大外,外形很相似,只是头上有一块白点。我的故乡还有民谣道:"白头,白头,白想念头;早也唱歌,晚也唱歌;啾啾,啾啾"……

在茂密的芦苇丛中,白头鸟用水草做成一个个小窝,过着风餐露宿的生活。不知道为什么它总是不愿意飞到稻米飘香的田里去,而只是在海边唱着、望着。仿佛有什么奇怪的念头,也仿佛在期待着什么。

有时,台风、暴雨和大潮会把整个芦荡淹没——它们却依旧不肯离去,只是在水面上低低地飞着。潮水退走,芦苇一根根重新站立起来时,它们就赶紧回来重建家园。唱着,跳着,显得乐观而自信。

后来,一块块芦荡被开发了。开发者大为奇怪的是:这海边的荒地为什么如此肥沃?经过研究,才知道:有很多的落叶,有很多的鸟粪,土地怎能不肥?

这时候,白头鸟又飞到了另外的,还没有开发的芦荡中……

在艰苦的地方,它勇于生存;在寂寞的时候,它敢于歌唱。

大海是它的知音!

我曾经和渔民一起出海过。

当海岸线在视野中消失,身边和四周除了浪头还是浪头,你就会真正地感受到:什么叫辽阔?什么叫孤单?

在海里,与我故乡的渔民朝夕为伴的,就是海鸥。

海鸥一身雪白,很像是个穿着白裙子的少女——当它站立在水上,露出一张小小的红色的嘴巴时,确是使人感到振奋而欣喜的。

谁不爱美呢?

蔚蓝色的海上还有如此之美的精灵!

海鸥也是很孤独的,据说它们本是龙宫里的宫女,龙王娘娘因为妒忌她们的美,才使她们变作小鸟,放逐到水面上。而那些虾兵蟹将却依旧在作威作福!

也有的传说并不一样,说是她们羡慕人间,才变作小鸟飞出了龙宫,因为迷了路,便永远在海面上飞呀,飞呀……

难怪一有船队出现,海鸥便成群结队地飞来。有时,它们飞到船舷边;有时,它们飞到风帆旁;有时,甚至擦着人们的身子飞过。

它们不是炫耀自己的美,而是为了表达对人类的向往。

因为同样孤独,便会产生更强烈的感情。

假若海上没有了它们,画家的画,诗人的诗,不知将逊色多少!

愿一切真的、美的小鸟,不再遭到妒忌!

有很多小鸟是人类的良师益友。

发明飞机的科学家不就是从鸟的翅膀得到启发的吗?

直到现在,飞机和火箭都还有翅膀。

然而,人们对小鸟的了解还是远远不够的。

因为聪明,有时也就更自私。

猫头鹰的叫声中带着哀怨和忧愁,便被横加指责为不吉之兆,而要加以驱逐或消灭。其实,猫头鹰是捕捉老鼠的能手。

啄木鸟因为长得其貌不扬,很少为人称道。它浑身的结构都是为了捕捉害虫——嘴巴像钢锥一样尖锐,大脑有着很好的防震结构,舌头上还长着刺。它把用羽毛装点山林的荣誉全部让给了别的伙伴,自己只是一心一意地找害虫、吃害虫。

没有它们,就没有青枝绿叶,就没有栋梁之材!

一见美丽的小鸟,往往是大家抢去大捕大捉,直到灭绝为止。捕来后赶紧装入笼子——为了装点自家的门面,为了唱歌给自己听。倘若是吃人的老虎下山,捉鸟的英雄又会赶紧逃得无影无踪。

在聪明人的手中,什么都可以成为装饰品。装进笼子的小鸟不也是吗?天长日久,翅膀就不再坚硬了,连目光也有些迟钝,但,会看主人的眼色行事。

让所有长得美丽的小鸟去飞翔吧——只有在大自然的怀抱里,只有在祖国的田野上,它们才能朝气勃发,用自己的羽毛去驮着阳光、色彩,溶化进湖光山色间……

让所有能唱歌儿的小鸟去飞翔吧——只有属于大众的歌声,才是最最动听的歌声……

为什么不把麻雀与乌鸦关进笼子呢?

这是一篇以小鸟为题材的抒情散文。作者分别描写了麻雀、喜鹊、白头鸟、海鸥以及猫头鹰、啄木鸟等的外形、本领、习性,同时又用一两句话加以评说。对各种小鸟的叙述时,又赋予它社会的人格的属性,使之具有普遍的象征意义。描写是传神的,感受也是深刻的。要认识全篇的感情底蕴,就必须从词、句、段三方面考察、体味。

先看词语的感情色彩。文章开头写故乡的小鸟是"可以自由自在地飞翔,可以自由自在地歌唱的",连用两个"自由自在",一则是刻画故乡小鸟的精神状态无拘无束,写出小鸟的性灵;二则是作者对小鸟生活的主观认识——作者认为,小鸟的生活理应如此。同时在结构上,与文末议论相呼应。写麻雀,作者用了"精明"一词;写喜鹊,作者用了"勤劳""机智"两个词;写白头鸟,作者用了"勇于生存""敢于歌唱"的词语;写海鸥,作者说它是海上的"精灵"。作者写鸟选用不同的词语,并非是怕用词重复,而是思想感情使然。"精明"含有贬义,而"勤劳""机智""勇敢""精灵"则体现了鲜明的颂扬色彩。

再看句子。作者写鸟,除描写外,还用一二精辟的议论句来表达自己的态度。写麻雀:"因为它不会劳动,所以就无法高飞!"指责之情很明显。写喜鹊:"喜鹊是勤劳而机智的",赞赏之情,一语出之。写白头鸟:"唱着,跳着,显得乐观而自信",抓住特点,褒奖性格。写海鸥:"假若海上没有了它们,画家的画,诗人的诗,不知将逊色多少!"肯定、喜爱之意,溢于言表。写猫头鹰、啄木鸟:"没有它们,就没有青枝绿叶,就没有栋梁之材!"指明作用,同样倾注了赞美之情。总之,这些句子散落在文中,闪现着感情的火花,综合起来考察、分析,就可以看到作者的感情内容与特点了。

还有必要研究一下重点段落。作品结尾三段,是全篇的点睛之笔,集中表现出作者的审美情趣、社会理想和爱憎感情,从而突出了文章的中心。作者的愿望是:"让所有长得美丽的小鸟去飞翔吧","让所有能唱歌儿的小鸟去飞翔吧",这是作者热爱小鸟感情的真切流露。作者同时又提出疑问:"为什么不把麻雀与乌鸦关进笼子呢?"爱憎分明,引人深思。前边是铺叙、描写;文末是揭示题旨,表明态度。铺叙、描写之中有感情的流露,揭示题旨、表明态度是感情的总爆发。认识到这一点,就把握了全篇的感情脉搏。

3. 分析寓意,体会含蓄的思想感情

许多优秀作品言在此而意在彼,多有寄寓之意。读这类文章必须先认清作者的寓意是什么,再分析作者为什么要寄寓这层意思,然后联系文章内容和写作意图,准确地把握作品中深藏着的思想感情。

例如碧野散文《我怀念的是牛》中的两个片段:

我怀念的是牛

碧 野

牛栏里,有几十头牛,其中有几头大水牯,它们叫做三牯子、大青牯、二青牯、小青牯。下面讲的就是它们的故事。

三 牯 子

三牯子,身高体大,足有一千公斤重。它的脑袋方方正正,圆圆的角,大额头突出,显得十分憨厚。它最高兴给它抓痒,一抓痒,它的尾巴就高高地翘起,尾巴尖上的那一撮毛,喜得直颤;特别是给它抓抵角根部四处,它低着头,真解痒,乖乖地,一动也不动。

三牯子年轻力壮,有时喜欢搞点小乱子,它追赶小公牛打闹,一直追到稻田里,把秧苗踩了。你给它两鞭子,它昂昂头,只当给它抓痒。

三牯子特别喜欢水。我们那里有个七里湖,湖水清凉。三牯子随群放牧的时候,最爱撒欢跑进七里湖,掀起波浪,向远远的草场游去。

那牧场在林地上,林梢映现晶蓝的天空和悠悠的白云。它随群在牧场上徜徉。那牧场上的青草多么芳香,它可以选择最嫩最甜的草儿吃个饱。

在归途上,它东窜西窜,那高高扬起的长鞭有时追逐着它,但鞭子并不落到它的身上,只看见鞭梢在它的耳朵边飞过,然后在低空里发出清脆的响声。

三牯子食量大,回栏后,你还得满足它的要求。它的料筐大,要比别的牛多装一倍的料;夜草要放足,要不,它会越栏推翻草垛的。

三牯子对养牛人很有感情,它善良地望着你,温驯地依傍着你;可是生人走近它,它就低着头,歪着抵角,从大鼻孔里咻咻地喷着气,吓得大家急忙后退。

三牤子拉的是给它特制的大车。车身高大,车辕宽阔。它喜欢大车的辕木轻轻地摩擦着它的身子。别的大车显得太小了,三牤子肩宽体大,塞不进车辕。它力大无穷,装满了几千斤的大车,它拉起来毫不吃力,鼻孔不喷大气,嘴角不吐白沫。在秋熟的田间大道上,三牤子拉着满车堆成小山似的庄稼,昂首阔步,气概非凡。秋风凉爽牛蹄疾,它觉得四蹄生风,谁望见它都要拍手欢喊:

"三牤子,好!"

这喝彩声使三牤子显得又庄严又活泼,它挺胸迈步,小尾巴乱甩。

大 青 牦

大青牦身材均匀,体格健壮,肌肉发达,浑身是劲。它的角长而坚硬,像两支长矛,骁勇善斗。有一天夜里,它破栏而出,一夜走了几十里路,一路上斗败了十几头公牛。

有一次,大青牦拉着大车,在中途遇见一头称霸一方的大公牛,横立路上,睥睨一切。大青牦哪能容许那大公牛逞强,它一声长啸,拉着大车愤怒冲上前去,空寂的野地里立即发出牛角猛烈的碰击声。只几个回合,大公牛奇异地寂静下来。原来是大青牦的锐利的角尖挑住了对手的眼角,它昂头挺立,对手眼角流着血,痛得不能动。

后来,人们把大青牦的双角锯去了锐利的角尖。

但大青牦仍然勇猛好斗。

牛,有一种特异的记性。只要斗过一次,相隔几年也不会忘记,只要一见面,又是一场恶斗。

有一天,大青牦犁地,远远地隔着几条田垄,它一眼望见一头水牯解下犁耙,正在田埂上甩着尾巴吃草。突然,大青牦拉着犁铧直往那远处狂冲。只见被它拉着乱晃的犁铧在太阳下闪光,在人们的惊呼声中,那头曾经被大青牦斗败过的大公牛,就拼命地逃跑了。

虽然大青牦好斗,给人带来不少麻烦,但它却是一头非常出色的大水牯。

大青牦最大的特点是吃苦耐劳。它干起活来,闷头苦干,一天能犁十亩地。它认真严肃,一丝不苟,人们只要一看到新翻的田土,就知道这一定是大青牦刚刚犁耙过的,深翻的泥土是这么香,细细耙过的田地像一幅幅黑缎。

不要看大青牦脾气这么犟,这么凶猛,但是它有时却非常听话,非常温和。当你把它从斗牛场上拉开以后,用红药水给它涂伤口,端着盆让它喝温水的时候,它两眼望着你,显得像个大孩子。这时,你数说它的缺点,责备它的错误,它对你一动也不动地站着,深深地低着头……

这是一篇咏牛之作,开篇点明意图:"讲的就是它们的故事。"在内容与写法上,作者写"三牤子""大青牦"基本一致,都是从形貌入笔,继之写习性与品格,最后写"我"对它的认识与评价,用的都是白描手法,三言两语,刻画精神。理解到这一步,仅仅是认识了文章的基本内容,还应继续思考,提出这样的问题:作者写牛的用意何在?很多同学可能依据所知道的写物之文旨在写人的有关知识回答:写牛旨在写人。应该说,这样回答是对的,但失之笼统。作者把文章标题定为"我怀念的是牛",别具深意:"怀念"是一个饱含感情的词,一般用来表达对亲人的思念之情。这里用来写牛,可见"牛"与"我"之间有着异乎寻常的关系,"我"对"牛"有着一种异乎寻常的感情。究竟是一种什么样的感情?作者没有发表议论,也没有直接抒情,要靠我们来体悟。从内容看,"我"对"牛"的观察、了解是全面而又细致的,无论是形貌还是习性、特点,都写得生动活泼。从写作致力点上看,作者着意表现的是牛的纯朴品质和独特个性:它们通情,"对养牛人很有感情","两眼望着你,显得像个大孩子";它们吃苦耐劳,"装满了几千斤的大车","拉起来毫不吃力","干起活来,闷头苦干,一天能犁十亩地";它们直率而又敢斗,"夜草要放足,要不,它会越栏推翻草垛","一夜走了几十里路,一路上斗败了十几头公牛";它们欢迎鼓励也接受批评,"喝彩声使三牤子显得又庄严又活泼","你数说它的缺点,责备它的错误,它对你一动也不动地站着,深深地低下头……"。总之,作者致力表现的是牛的率真、顽强、耐劳、通情的性格之美。言在此而意在彼,我们自然会领悟到,作者写牛的性格美,实际上是呼唤人的人格美。作者塑造牛的真实形象,实际上是以牛为"镜子"来照出人的性格与灵魂。不用作者写出"我们人应在牛身上得到启示"这样直白的文字,我们也能看出作者的用心是以牛示人,以牛教人。由此看来,作者的创作思想是深邃的,笔端倾注的感情是深沉的:希望人剥去伪装,像牛一样直率;希望人减少冷漠,像牛一样通情;希望人少一些精明,而像牛一样质朴……

4. 由表及里,层层剥笋

任何一篇文章都是作者情动于中言溢于表的产物,阅读时切不可停留在文字表面,要"披文以入情"。我们通过对文字的咀嚼、剖析,就可领略到文章的味儿,或醇厚,或清淡,或甘甜,或苦涩……勾起遐想,引入深思,遨游于情操海洋、文化海洋之中,觉醒,振奋,憧憬,追求。

《邓稼先》是著名物理学家、诺贝尔奖奖金获得者杨振宁教授写的回忆文章,发表于邓稼先同志逝世七周年之际。邓稼先是中华民族核武器事业的奠基人和开拓者之一,是中国原子弹和氢弹设计与制造的元勋。杨振宁和邓稼先是中学同学、大学同学,在美留学期间又是同学,"五十年的友谊,亲如兄弟"。友情甚笃,注情于文,浇铸出生辉的文章。阅读时,由表及里,把握感情的热流,就会对文字的表述有深层次的理解。现以其中一个局部为例。

奥本海默和邓稼先分别是美国和中国原子弹设计的领导人,各是本国的功臣,可是他们的性格和为人截然不同——甚至可以说他们走向了两个相反的极端。

奥本海默是一个拔尖的人物,锋芒毕露。他二十几岁的时候在德国哥廷根镇做玻恩(Born,1882—1970)的研究生。玻恩在他晚年所写的自传中说,研究生奥本海默常常在别人作学术报告时(包括玻恩做学术报告时),打断报告,走上讲台拿起粉笔说"这可以用下面的办法做得更好……"我认识奥本海默时他已四十多岁了,已经是家喻户晓的人物了,打断别人的报告,使演讲者难堪的事仍然不时出现,不过比起以前要较少出现一些。

奥本海默的演讲十分吸引人。他善于辞令,听者往往会着迷。1964年为了庆祝他六十岁的生日,三位同事和我编辑了一期《近代物理评论》,在前言中我们写道:他的文章不可以速读。它们包容了优雅的风格和节奏。它们描述了近世科学时代人类所面临的多种复杂的问题,详尽而奥妙。

像他的文章一样,奥本海默是一个复杂的人。佩服他、仰慕他的人很多,不喜欢他的人也不少。

邓稼先则是一个最不要引人注目的人物。和他谈话几分钟就看出他是忠厚平实的人。他诚朴坦白,从不骄人。他没有小心眼儿,一生喜欢"纯"字所代表的品格。在我所认识的知识分子当中,包括中国人和外国人,他是最有中国农民的朴实气质的人。

我想邓稼先的气质和品格是他所以能成功地领导各阶层许许多多工作者为中华民族做了历史性贡献的原因:人们知道他没有私心,人们绝对相信他。

"文革"初期他所在的研究院(九院)成立了两派群众组织,对吵对打,和当时全国其他单位一样。而邓稼先竟有能力说服两派继续工作,于1967年6月成功地制成了氢弹。

1971年,在他和他的同事们被"四人帮"批判围攻的时候,如果你和我去和工宣队、军宣队讲理,恐怕要出惨案。邓稼先去了,竟能说服工宣队、军宣队的队员。这是真正的奇迹。

邓稼先是中国几千年传统文化所孕育出来的有最高奉献精神的儿子。

邓稼先是中国共产党的理想党员。

我以为邓稼先如果是美国人,不可能成功地领导美国原子弹工程;奥本海默如果是中国人,也不可能成功地领导中国原子弹工程。当初选聘他们的人,钱三强和葛若夫斯(Groves),可谓真正有知人之明,而且对中国社会、美国社会各有深入的认识。

粗读,我们可以立刻获得这样的印象:作者对中国、美国两位原子弹设计的领导人进行对比评述。确实如此。一个锋芒毕露,一个最不要引人注目。一个打断别人的报告,使演讲者难堪;一个忠厚平实,从不骄人。都是功勋卓著,但性格与为人迥然有异。阅读时如果仅停留在这样理解的层面上,就太肤浅了。为什么评述会如此个性鲜明?这不仅由于作者对两位科学家透彻了解,更由于作者用热爱科学、热爱这两位人物的真情浇灌。"他善于辞令,听者往往会着迷",他的文章"包容了优雅的风格和节奏",描述"多种复杂的问题,详尽而奥妙",字里行间对奥本海默充满了钦佩、敬仰和颂扬的感情。"他没有小心眼儿,一生喜欢'纯'字所代表的品格","他是最有中国农民的朴实气质的人","人们知道他没有私心,人们绝对相信他"。这些发自肺腑的语言,是对邓稼先气质和品格的由衷赞叹。作者无限敬佩这位纯粹的人、道德情操极其高尚的人。理解到这一步,摸到了文中"情"的脉搏,开始读出文章的味儿。

然而,这仍然还没触及文章的底蕴,文章的厚实还没充分展现。"邓稼先是中国几千年传统文化所孕育出来的有最高奉献精神的儿子","邓稼先是中国共产党的理想党员",这两个评述的句子作了深层次的揭示,不仅饱含对邓稼先的赞颂,也是对中国数千年优秀文化、对中国共产党全心全意为人民服务宗旨的高度赞扬。热爱中华文化、热爱为民族作奉献的精神与赞颂邓稼先的感情汇成热流在文中流淌。同是赞颂科学家,但邓稼先是中国的、中国共产党的,浸透了中华文化的印记,因而字里行间更洋溢着中华情。行文至此,友情一下子升华为民族感情,内涵大大丰富,促人深思,催人奋起。

对钱三强和葛若夫斯的评论也不可一掠而过。言虽简,意却深。从科技发展史的高度来看,发现人才的人同样功不可没,同样值得赞颂。

阅读如剥笋,要善于从文字入手进行剖析,一层层深入,抓住文章的精髓。

5. 识破"假借",看寓情于景的艺术

表达感情的方式各有不同,可直接倾吐,也可间接抒发。后者作者不直接吐露感情,而是有所"假借",把要表达的感情依附于景、物、人、事,曲折含蓄地加以抒发。

茅盾的《雾》,就是把内心的感情通过眼前之景抒发的佳作。胸中有动情之景,笔下就有动情之文。

雾遮没了正对着后窗的一带山峰。

我还不知道这些山峰叫什么名儿。我来此的第一夜就看见那最高的一座山的顶巅像钻石装成的宝冕似的灯火。那时我的房里还没有电灯,每晚上在暗中默坐,凝望这半空的一片光明,使我记起了儿时所读的童话。实在的呢,这排列得很整齐的依稀分为三层的火球,衬着黑魆魈的山峰的背景,无论如何,是会引起非人间的缥缈的思想的。

但在白天看来,却就平凡得很。并排的五六个山峰,差不多高低,就只最西的一峰戴着一簇房子,其余的仅只有树;中间最大的一峰竟还有濯濯地一大块,像是癞子头上的疮疤。

现在那照例的晨雾把什么都遮没了,就是稍远的电线杆也躲得毫无影踪。

渐渐地太阳光从浓雾中钻出来了。那也是可怜的太阳呢!光是那样的淡弱。随后它也躲开,让白茫茫的浓雾吞噬了一切,包围了大地。

我诅咒这抹煞一切的雾!

我自然也讨厌寒风和冰雪。但和雾比较起来,我是宁愿后者呵!寒风和冰雪的天气能够杀人,但也刺激人们活动起来奋斗。雾,雾呀,只使你苦闷,使你颓唐阑珊,像陷在烂泥淖中,满心想挣扎,可是无从着力呢!

傍午的时候,雾变成了牛毛雨,像帘子似的老是挂在窗前。两三丈以外,便只见一片烟云——依然遮抹一切,只不是雾样的罢了。没有风。门前池中的残荷梗时时忽然急剧地动摇起来,接着便有红鲤鱼的活泼泼的跳跃划破了死一样平静的水面。

我不知道红鲤鱼的轨外行动是不是为了不堪沉闷的压迫?而我呢,既然没有杲杲的太阳,便宁愿有疾风大雨,很不耐这愁雾的后身的牛毛雨老是像帘子一样挂在窗前。

这篇短文是作者1928年流亡日本时所作,发表在1929年2月10日出版的《小说月报》第20卷第2号上。此时正处于大革命失败后革命的低潮期。作者内心惆怅,向往光明,呼唤革命的暴风雨,于是假托眼前景来表述自己的胸怀。

清人施补华在《岘傭说诗》中指出:"写景须曲肖此景。"意思是描绘景物须逼真入微,绘山像山,绘水像水。这篇短文通篇描写雾,对这无形状少色彩的雾怎样才能描绘得逼真入微呢?一是用以物衬物的方法。清人刘熙载《艺概·诗概》中说:"山之精神写不出,以烟霞写之;春之精神写不出,以草树写之。"以烟霞写"山",以"草树"写"春",用侧面衬托的方法写出描写对象的精神。写雾即如此,下笔写"正对着后窗的一带山峰",意在刻画把山峰"遮没了"的"雾"。写"稍远的电线杆""可怜的太阳""大地",意图均在刻画把它们遮没了的"雾"。无边无垠,遮没一切是它的特征。二是用对比的方法深入一步刻画。把雾和寒风、冰雪进行对比,从人的感受的角度,深一层地刻画它的特征——使人"苦闷",使人"颓唐阑珊"。三是用动态描写的方法。晨雾"白茫茫",傍午,雾变成了遮没一切的"牛毛雨"。早晨,太阳光从浓雾中钻出来,随后"淡弱"的光"躲开",白茫茫的浓雾"吞噬了一切"。

绘景贵寓深意,正如王夫之在《夕堂永日绪论内编》中所说:"烟云泉石,花鸟苔林,金铺锦帐,寓意则灵。"为写景而写景,往往苍白乏力;寄托情思,描写对象就活动起来。雾,在作者笔下刻画得逼真入微,所寄托的情思就具体实在。作者以象征的手法表达自己的爱憎与期望,诅咒"遮没一切""吞噬一切""抹煞一切"、使人苦闷消沉的"雾",以此来抨击革命低潮期沉闷的社会,表达自己不堪沉闷的压迫的感情。

文章基调是低沉的,然而,低沉并未令人窒息,原因在文章的各个部分都精心地透露出一丝光亮。文章开头描写童话般美丽的夜景,以峰巅像钻石装成的宝冕似的灯火,表达作者在黑暗中对光明的向往;中间部分宁愿要寒风与冰雪,憎恨使人"像陷在烂泥淖中"的雾,是抒发追求奋发战斗的激情;文末描写红鲤鱼在池中活泼泼地跳跃,更是对不安于死寂沉闷的"轨外行动"的热情赞颂;最后期盼、呼唤"疾风大雨"势在必行。绘景时作如此精心的安排,全文的抒情格调就由苦闷低沉而转向振奋昂扬。

阅读这类作品，一忌粗疏，二忌见景不见人。粗疏，就会忽略细微之处，而细微之处往往是作者精心考虑、曲曲折折表达心态的笔墨。见景不见人，就难以领悟文章的真谛。

鞭辟入里明真谛
——议论的风采

议论,就是讲道理。

议论文,就是通过事实材料和逻辑推理来阐明自己观点,表明自己态度的文章。

同学们读过不少议论文,已经知道议论文的有关知识,如论点、论据、论证方法等,这里就不再"炒冷饭",逐一说明了。

想跟同学们集中讨论一个问题,怎样领略议论文的特殊风采:鞭辟入里明真谛。

因为我发现,很多同学读议论文并没有深入底里,读出议论的"真味",常常停留在"知"的层面上,比如知道这是论点,那是论证方法,似乎把一篇议论风生、妙笔生花的议论文当成了印证有关议论文知识的"标本"。显然,这样的阅读,无法把握议论的灵魂,也无法领略议论之美。

议论之美,美在思想的深刻与新颖,美在论证的气势,美在分析的具体与独到,美在语言的风格多样化与感染力。如果说叙事写景之文,重在一个"情"字,那么发表观点与看法的议论文,重在一个"理"字。因此,阅读时就不能不欣赏其妙趣横生的"理趣"。

怎样领略议论文的独特风采呢?

1. 看作者的眼光,看文章的见识

任何一篇优秀议论文,都体现了作者敏锐犀利的眼光,都展示了胜人一等的新颖而又深刻的见识。所谓敏锐犀利的眼光,是指作者善于发现问题,善于抓住本质,善于把握时代的脉搏,善于抓住问题的症结、穴位。所谓见识的新颖与深刻,是指发表的观点与看法不是人云亦云、随声附和,而是启人心智,给人新知,使读者产生"柳暗花明又一村"之感,从而在思想认识上得到提高、深化。"眼光"与"见识"既是写议论文的制胜之道,也是我们读文章必须抓住的要领。请读下边短文:

也说"难得糊涂"

谢 云

不久前,读到公今度同志的《"难得"也不要"糊涂"》一文,勾起了早先沉落在心底的一点思绪,终于下决心把它写出来。

公今度的文章,是从郑板桥的一方闲章"难得糊涂"说起的。我没有见过这方闲章,更不知道这位怪人镌刻这枚闲章的时间和背景。对这四个字应作何理解,是否属于他的"自诩",不敢妄说。但据鲁迅说:"那四个篆字刻得叉手叉脚的,颇能表现一点名士的牢骚气。"而我见到的有关拓片,在"难得糊涂"这四个大字下面,还有几句话:"聪明难,糊涂难,由聪明转入糊涂更难。放一着,退一步,当下心安,非图后来福报也。"据此看来,这"难得糊涂"的"难得"二字,似乎既无"难能可贵"之意,也不好作"偶尔"来解释,它的意思大概接近于"不易",就是说,想要做浑浑噩噩的糊涂人,却又难于做到。

郑板桥是个仕途上不得意,而又颇有些正义感的人。他在山东潍县当七品官时,有一首题画诗:"衙斋卧听萧萧竹,疑是民间疾苦声;些小吾曹州县吏,一枝一叶总关情。"他是想做点有益于地方的事的,但囿于情势又往往无能为力,于是内心矛盾,"进又无能退又难,官途局蹐不堪看",所以这"难得糊涂",实际上反映了封建社会里一个正直的士大夫的彷徨与苦闷。

我之所以早想就"难得糊涂"说点什么,是因为郑板桥的那张拓片,现在似乎颇为流行。它陈列在文物商店里,悬挂在一些人家的屋子里,有的出版单位还曾拿了来作为赠送作者的礼物。人们在欣赏板桥的书法之余,未尝不受到那人生哲学的濡染。或者兴趣竟在那字义上,而并非看重其书法。我虽不挂那拓片,但坦率地说,那四个字在自己的思想里,却也曾经引起过某种共鸣。看到党风、社会风气尚未根本好转,不正之风在有些时候、有些方面,还颇有争新斗奇、愈刮愈烈的劲头,而自己却祛邪无力,扶正乏能,于是在痛苦之余,有时不免产生一种念头:不如让自己的神经变得麻木一点,以求心绪的平静。但要真正看破,又谈何容易!终于是"难得糊涂",而且不甘于糊涂。

然而,这种念头只能说明自己灵魂的软弱。真正的战士,应该能直面人生。不但在枪林弹雨中敢于冲锋陷阵,在风沙扑面时勇于奋然前行,而且能在污泥浊水中,在泥泞沼泽中坚持爬行不息,始终朝着明确的目标。这里需要的不是逃避,不是伤感,甚至也不只是激愤;而是扎扎实实的劳作,一点一滴的努力,有一分热,发一分光的精神。一句话,只能是鲁迅先生所一再昭示我们的那个字:"韧"。如果说,郑板桥当年慨然于"难得糊涂",还有其可爱处,而今天如果竟向往于糊涂,就只剩下消极和倦怠,其与"心死"已相距不远了。这实在是值得深加警戒的。

写完这篇短文,在自己算是一次清算。今后能否就此完全摆脱"难得糊涂"的人生哲学侵袭呢?还得靠经常的反省。

"难得糊涂"这张拓片,一个时期以来,在社会上颇为流行。其所反映的人生哲学在一部分人中间,产生影响,引起共鸣。一些不解其意的人,也随大流附和着。《也说"难得糊涂"》一文,针对社会上出现的这一错误思想倾向,发表看法,可谓一针见血,极有针砭作用。文章先解释"难得糊涂"的含义,继之分析郑板桥所处的时代背景和他的思想经历,然后联系现实,分析原因,重点思想"穴位",说出自己的见解。

这篇文章好就好在:① 眼光敏锐,迅速捕捉社会现象加以议论。② 眼光犀利,准确看到有些错误思想的根本原因,即"看到党风、社会风气尚未根本好转,不正之风在有些时候、有些方面,还颇有争新斗奇、愈刮愈烈的劲头,而自己却祛邪无力,扶正乏能,于是在痛苦之余"有时不免产生"不如让自己的神经变得麻木一点,以求心绪的平静"的糊涂念头。③ 见识深刻,单刀直入,直抵"灵魂":"这种念头只能说明自己灵魂的软弱",如果"向往于糊涂","与'心死'已相距不远了"。作者不是就事论事,而是由现象看本质,直逼要害,使人不能不引起警觉。

2. 看文章解剖事理、分析问题的缜密思路

平庸之作往往是提出观点再举出一些事例加以说明,而优秀之作则重在"解剖"与"分析"。作者如同高明的医生,拿着手术刀对问题加以分解;又好像善于"解牛"的"庖丁",目有全牛,胸有成竹,庖刀所触,问题便迎刃而解。"分析问题"是一件很不容易的事,首先,作者对问题的认识要全面。只有做到成竹在胸,分析才显得周到,不失于偏颇。其次,作者对问题的认识要深透。只有由表及里,由现象到本质,去伪存真,分析才能鞭辟入里,抓住要害,点到关键之处。再次,作者对问题的认识要缜密,要凭靠极强的逻辑思辨能力对问题进行分解。只有这样,内容的组织才会显得既条分缕析,又完整严密。我们读议论文要在这些方面领略作者的分析艺术,根据分析的要点,摸清议论的思路。请阅读下文:

恰 到 好 处

杨 述

善于描写一个人的美,莫如宋玉。他在《登徒子好色赋》里是这样地描写"东家之子"的美的:"东家之子,增之一分则太长,减之一分则太短。著粉则太白,施朱则太赤。"东家之子的美,真是"恰到好处"。稍为多一点,或稍为少一点,就不美。

我们不管做什么事都需要"恰到好处"。京戏著名演员表演,总讲究不瘟不火。优秀的歌手在热情地歌唱时,情真而又能自持。工人炼钢要注意火候,做政治工作要掌握分寸。一句话:"过"与"不及"都不好。

"不及"就是"不够",许多人都知道这是不好的;或者说这是"不够好"。"过"就是"过火""过了头",却往往容易被人们误认为好。说这就是"深""透",是"彻底",难道不好吗?其实过了头,常常把好事做成坏事。事情做得一过分,就会走向反面。失眠不好,睡觉睡得着就好;但睡觉过多就可能变成懒汉。劳动好;但劳动过累,就要妨碍健康。而对健康过于注意的人,又常常会造成精神上的一种负担,老是疑心自己有病,结果反而把身体搞坏了。列宁说过:"只要向前再多走一小步——看来仿佛依然向同一方向前进的一小步——真理便会变成错误。"这话讲得多么深刻。

写到这里,有人会问:"依你说:一个漂亮的姑娘,个儿要高,又不能太高。脸要白,又不能太白;要白里透红,又不能太红。什么事都要不长不短,不快不慢,不多又不少,那岂不是变成折中主义了吗?孔夫子讲过:过犹不及。你的说法很像儒家的中庸之道。"我说:不是折中主义,折中主义是按自己的主观,把长和短、快和慢、多和少加起来被二除的东西。自己以为"恰到好处",其实是一种主观上的想象。我说的"恰到好处",也不是中庸之道,中庸之道的"过"与"不及",是按孔夫子所说的标准来衡量的。我们常说做事要恰如其"分",这"分"也就是标准的意思。孔夫子认为的"分"和我们不同。马克思主义者对"过"与"不及"有自己的标准,那就是客观的实践的标准。这个客观的标准就是实事求是,就是从实际出发,按事物本身的规律性办事,要经过实践的检验。寻求这个客观的标准,就要下一番调查研究工夫,认真走群众路线;而且要善于在实际行动中总结出经验来,只有这样,才能准确地判断什么情况是"过",什么情况是"不及",才能使我们的工作做得"恰到好处"。

这篇短文分三层,第一层(第1～2段),由宋玉写人的小故事引出全文的中心论点:我们不管做什么事都需要"恰到好处"。什么叫"恰到好处"?这是一个不容易说清楚的问题,作者以简驭繁、以少胜多,举了三个例子就把问题讲得一清二楚。第二层(第3段),内容深入一步,分析"过"与"不及"。"不及"一笔带过,"过"是分析的重点。分析"过",又从两方面入手,一是举生活中人人熟知的例子,以"事"服人;二是引用列宁的话,画龙点睛,强调"过"的危害性。文章写到这一步,似乎可以收束了,因为观点明确了,道理也说清楚了。但作者仍然再进一步,辨析"恰到好处"与"折中主义"的本质不同。辨析从三方面入手,一是指出"恰到好处"不同于"折中主义";二是指出"恰到好处"不同于"中庸之道";三是指出我们的标准与孔夫子的标准不同。由于作者抓住了要害,三言两语就把问题剖析清楚了,语言之简,分析之透,层次之明,实在值得赞叹!还须指出的是,文章末尾通过比较分析,不仅更科学地揭示了"恰到好处"的含义,而且指出了怎样才能做到"恰到好处",从而使内容又深入一步。说到分析,许多同学可能会想到要分列"分论点"。是的,在讨论某一内涵丰富的中心论点时,作者往往分列若干"分论点",从不同方面论述,这当然是"分析"。但"分析"还有另外的形式,像本文,抓住人们对同一问题的几点疑惑逐层加以辨析,虽没有分列"分论点",但读来照样使人感到分析透彻,层次分明,井然有序。其奥妙在于作者采用了"层层剥笋"的议论方法,先从浅层问题分析,再从深层次问题上分析,层层剥去,然后见骨。

3. 要注意论证结构的巧设

有的同学以为议论文的结构比较简单,不比记叙类作品,无非是总说—分说—总说。其实议论文的论证结构自有其特色,巧妙的结构安排有两大作用。一是增强说服力。开门见山,势如破竹,有说服力;环环相扣,步步引入,也同样有说服力。二是增强内容组织的严密性。尤其是一些过渡句段的安排,常常使内容显示出腾挪进逼、环环紧扣的特点。

我们举两篇文章为例。

<h3 style="text-align:center">虎皮鹦鹉之死(节选)</h3>

张雨生

过分地娇养子女,会获得怎样的苦果,做父母的往往不愿意多想。一位同志在幼儿园调查结果表明,偏食、嘴馋、任性、自理能力差等弱点,在独生子女身上表现明显。那缘故是不言而喻的。凡被父母捧若掌上明珠的孩子,多是食不厌精,衣不厌丽,任着性子来。走出家庭,一比较,缺点就显得鲜明。

如今,我也领了独生子女证,做父亲了。读过报上刊登的调查,自有所警觉。不过,真正触动我的,还是邻家的虎皮鹦鹉之死。娇养竟至于毙命,实在令人震惊。

那只鹦鹉,我是知道的。隔着窗子,我常常醉心欣赏它的歌唱。约莫半个月前,它逃出笼子,主人痛心,我也惋惜。但又想,鸟归林,鱼入水,用子产的话说,正是"得其所哉",便也心境安然。谁知十来天后,在山坡上的树林子里,找到的却是它的僵硬尸体。看林老人说:"家养的鸟儿,用不着找吃找喝,慢慢的会失去寻食的本事。一旦飞出笼子,难免不饿死。"主人半信半疑,拿回来一解剖,可不是,肠胃空空,没点食物渣子。可悲啊,天底下竟有这种鸟儿,飞到广阔的世界,饿死在秋实累累的林子里。

我佩服过杜甫的高见:"纨绔不饿死,儒冠多误身。"现在仔细一想,对它又有点疑惑。像鲁迅所说的,"政治家认定文学家是社会扰乱的煽动者,心想杀掉他,社会就可平安。"那毕竟是封建专制者治下的事。今后,不敢说误身之儒不会再有,但大概会少得多。"纨绔不饿死",向来就不见得。纨绔子弟要真不饿死,得有一个过硬的条件,那就是他的老子没有罢官,或没有入阴曹。若失去这个条件,娇养的虎皮鹦鹉们,一不能自治,坐吃山空;二不能自防挖墙脚的纷纭而至,很快被囊括一空。昌明隆盛之邦,诗礼簪缨之族,钟鸣鼎食之家,落得个蓬牖茅椽,绳床瓦灶,贫困潦倒,不足为奇。老子"威赫赫爵禄高登",儿女"昏惨惨黄泉路近",也是寻常事。中国人向来只咒骂败家子,其实冤了一半。败家子的习性,十之八九,应该归过于兴家老子的娇养。

不知你注意到没有,这篇文章的开头与一般议论文的写法有所不同。按一般写法,先写"虎皮鹦鹉之死"这个故事,然后由故事引出话题,提出论点,继之展开论证。而本文则是先说娇养子女问题,再引入故事,再生发议论。作者是不是把"虎皮鹦鹉之死"故事作为论证观点的论据呢?也不是,意图还在于用来进行类比引发,由故事带出现实的问题。既然作用还是在于引发议论,那么为什么又不以故事开头,而先议论一番呢?

单从结构本身上看,是先写还是后写,似乎无关大局;如果从增强说服力上看,这种安排确乎是别具匠心的。

开头说,"过分地娇养子女,会获得怎样的苦果",这实际上是一个老话题,并不新鲜,报上有调查结果,生活中也常见这类事情,大家都知道。如果作者还是从列举现象上做文章,那么文章也就没有抓住人的地方了。可贵的是,作者抓住老话题,作进一步讨论,指出危害性的极致——"娇养竟至于毙命",从而使人们产生"震惊"的反应。作者先写"娇养"的极大危害性,目的就在于此,希望人们不仅仅是注意,不仅仅是警觉,更应该也必须"震惊"!由此可见,作者先从议论开始,旨在使文章产生先声夺人的效果。为了渲染这个效果,开头两段的写法也耐人寻味。第1段第一句指出"做父母的往往不愿意多想",意在使读者警觉起来:"还有应该多想的地方吗?"第2段写自己的感受,虽然以前"自有所警觉",但这一回才得到"真正触动"。这就使读者更加注意起来:有了警觉还不够,还会产生"震惊",那么"震惊"何在呢?急欲一读的心理激发起来了。

大凡议论文在开头发出警策之语,先声夺人,目的在于强调所讨论问题的严重性。接下来具体说明,读者也就易于接受了。本文如此开头,用意同样如此。

要说明的是,开头开门见山,先声夺人,大多是因为所讨论的问题无可争议,人们都有所认识,只是认识不够而已。比如"娇养"害人的道理,无须再来证明对错。如果观点还存在争议,甚至有些观点多数人还不能接受,作者往往先掩藏观点,采取委婉、诱引的办法慢慢道来,到最后亮出观点,水到渠成。读者阅读的过程也就是一个逐步接受观点的过程。这样一种写法,也同样具有说服力。

我们再来读一篇名文,看看过渡的特殊表达作用。

在马克思墓前的讲话

恩格斯

3月14日下午两点三刻,当代最伟大的思想家停止思想了。让他一个人留在房里还不到两分钟,等我们再进去的时候,便发现他在安乐椅上安静地睡着了——但已经是永远地睡着了。

这个人的逝世,对于欧美战斗着的无产阶级,对于历史科学,都是不可估量的损失。这位巨人逝世以后所形成的空白,不久就会使人感觉到。

正像达尔文发现有机界的发展规律一样,马克思发现了人类历史的发展规律,即历来为纷繁芜杂的意识形态所掩盖着的一个简单事实:人们首先必须吃、喝、住、穿,然后才能从事政治、科学、艺术、宗教等;所以,直接的物质的生活资料的生产,从而一个民族或一个时代的一定的经济发展阶段,便构成基础,人们的国家制度、法的观点、艺术以至宗教观念,就是从这个基础上发展起来的,因而,也必须由这个基础来解释,而不是像过去那样做得相反。

不仅如此。马克思还发现了现代资本主义生产方式和它所产生的资产阶级社会的特殊的运动规律。由于剩余价值的发现,这里就豁然开朗了,而先前无论资产阶级经济学家或者社会主义批评家所做的一切研究都只是在黑暗中摸索。

一生中能有这样两个发现,该是很够了。即使只能作出一个这样的发现,也已经是幸福的了。但是马克思在他所研究的每一个领域,甚至在数学领域都有独到的发现,这样的领域是很多的,而且其中任何一个领域他都不是肤浅地研究的。

他作为科学家就是这样。但是这在他身上远不是主要的。在马克思看来,科学是一种在历史上起推动作用的、革命的力量。任何一门理论科学中的每一个新发现——它的实际应用也许还根本无法预见——都使马克思感到衷心喜悦,但是当有了立即会对工业、对一般历史发展产生革命影响的发现的时候,他的喜悦就非同寻常了。例如,他曾经密切地注意电学方面各种发现的发展情况,不久以前,他还注意了马赛尔·德普勒的发现。

因为马克思首先是一个革命家。他的毕生的真正使命,就是以这种或那种方式参加推翻资本主义社会及其所建立的国家制度的事业,参加现代无产阶级的解放事业,正是他第一次使现代无产阶级意识到本身的地位和需要,意识到本身解放的条件。斗争是他的生命要素。而他进行斗争的热烈、顽强和卓有成效,是很少见的。最早的《莱茵报》(1842年),巴黎的《前进报》(1844年),《德意志—布鲁塞尔报》(1847年),《新莱茵报》(1848—1849年),《纽约每日论坛报》(1852—1861年),以及许多富有战斗性的小册子,在巴黎、布鲁塞尔和伦敦各组织中的工作,最后,作为全部活动的顶峰,创立伟大的国际工人协会,——老实说,协会的这位创始人即使别的什么也没有做,也可以为这一成果自豪。

正因为这样,所以马克思是当代最遭嫉恨和最受诬蔑的人。各国政府——无论专制政府或共和政府,都驱逐他;资产者——无论保守派或极端民主派,都竞相诽谤他,诅咒他。他对这一切毫不在意,把它们当作蛛丝一样轻轻抹去,只是在万分必要时才给予答复。现在他逝世了,在整个欧洲和美洲,从西伯利亚矿井到加利福尼亚,千百万革命战友无不对他表示尊敬、爱戴和悼念,而我敢大胆地说:他可能有过许多敌人,但未必有一个私敌。

他的英名和事业将永垂不朽!

文章第 2 段是对马克思的总评,也是全文内容的总纲,接下来分几方面具体论述。第 3 段论述马克思的伟大贡献之一——发现了人类历史的发展规律。第 4 段论述马克思的另一贡献——发现剩余价值,请注意该段开头四个字:"不仅如此",既与上段紧密联系,也带出本段新的内容,在语义和语气上有进一步突出的意味,因此使人感到:内容在变化,文章在推进。第 5 段又从两方面说,先是肯定"两个发现",有总结上文的作用;再是说明马克思在其他方面也有发现和研究,从而很自然地带出第 6 段内容。文章第 7 段论述马克思是伟大的革命家及其革命实践活动,开头提领式句子"因为马克思首先是一个革命家",在内容上起到了概括作用,在结构上起到转换层次的作用;同时又与第 8 段开头"正因为这样"相暗扣。

我们知道,过渡是通过一定的字、词、句、段承上启下,使文章的这一层意思顺畅地连接到另一层意思的手段。过渡得好,可以使文章气脉贯通,条理清楚,结构严谨。各种文体的文章都需要运用过渡方式。议论文要求有严密的逻辑性,处理好过渡尤其重要。议论文在什么情况下需要过渡呢?一般地说,论述问题"由总到分"或"由分到合"的分合关键;"由此及彼",由一层意思转换为另一层意思互相承接的地方,就需要过渡。过渡的方式大致有三种:一是使用一些关联词语作为过渡,如"既然""因为""虽然""但是""不仅如此"等;二是在上一段结尾或下一段开头的地方使用过渡性的句子过渡;三是通过"过渡段"进行过渡,就是专门用一个较短的独立的段,作为两个部分或两个段之间的过渡。《在马克思墓前的讲话》这篇名文的过渡艺术是非常典型、出色的。不仅在结构上发挥了作用,而且也使文气酣畅贯通,富有力度。

4. 把握议论文的语言特点

与其他文体相比,议论文的语言尤其讲求严密性,句与句之间的因果、递进、转折、条件诸关系体现得非常明显。因此阅读议论文,分析议论文语言,一要理解语句所表达的意思;二要在此基础上分析句子之间的关系,以看清句子组织上的内在逻辑联系。例如阅读胡鉴《论各尽所能》中的一个片段:

各尽所能,按劳分配,是社会主义经济的一项基本制度。对于这项制度,人们容易有意无意地把它掰成两半:个人要对社会各尽所能,社会应该对个人按劳分配;前者是个人的觉悟问题,后者是社会的制度问题。

这种理解对不对呢？对，又不尽对。

说它对，是就一个社会主义社会的劳动者来说，的确要有这个觉悟：社会主义公有制消灭了人剥削人的制度，我们成了国家的主人，应该认识到劳动是一切有劳动能力的公民的光荣职责，应当以国家主人翁的态度对待自己的劳动，有一分热，发一分光，尽其所能地努力工作。说它不尽对，是就社会主义社会来说，它的职责和作用绝不止于对人们进行按劳分配，而且要从各方面使人们得以各尽所能。各尽所能不仅仅是个人的事情，也是社会的事情。

这三段文字的基本意思是明确的，指出"各尽所能，按劳分配，是社会主义经济的一项基本制度"，分析人们认识上的"对"与"不尽对"，从而作出正确的理解。在句子的组织上，环环相扣，句句相连，随意调换句序就会破坏意思的表达。先看第1、2两段。这两段可以合为一段，所以把"这种理解对不对呢？对，又不尽对"单独成段，意在突出、强调。这两段共三句话，第一句讲"各尽所能，按劳分配"这个制度；第二句讲人们对这个制度的理解；第三句是作者的看法，对人们"理解"的判断。有制度，才有"理解"；有"理解"便有对"理解"的评论，这种认识事物的先后顺序是不能颠倒的。再看第2、3两段。第3段内容是对第2段所谈看法的展开，先"说它对"，对在哪里；再说"它不尽对"，"不尽对"的道理又在哪里。两层意思分别集中表述，层次分明。说两层意思时，作者对句子的组织同样是非常讲究内在逻辑的。即以第一层而言，说"对"就对在"有这个觉悟"，继之用一个冒号表示下文是对"觉悟"的说明。说明"觉悟"，先说之所以有这个"觉悟"的条件——"社会主义公有制消灭了人剥削人的制度，我们成了国家的主人"，这是十分重要的条件。如果没有这个条件，下边的"认识"就不可能产生。在这个"条件"下，作者又说了两点,先说"应该",再说"应当"。说"应该"是从"认识"上讲的;说"应当"是从行动上讲的。先说"认识"再说"行动"大有讲究,因为有什么样的"认识"才会有什么样的"行动"。再看第二层是怎样说"不尽对"的理由的。先说"职责和作用"包括"按劳分配""各尽所能"。说"职责和作用"又有先后,先说"对人们"怎么样,再说"使人们"怎么样。说"对人们"怎么样,偏重于讲"职责";说"使人们"怎么样,偏重于讲"作用"。说完"职责和作用"后,又补说一句"各尽所能不仅仅是个人的事情,也是社会的事情"。从文意上看,这一句紧承前句,偏重于对"作用"的补充。通过这个阅读实例的讲解,我们应该认识到,理解议论文严密的语言特点,必须做句意疏解、句间关系分析的工作,只有这样,理解语言才能落在实处。

严密性是议论文语言的共同特点。同其他文体一样,议论文语言的风格也是多种多样的。有的平实如话;有的幽默风趣;有的辛辣老成;有的文采绚烂;还有一些议论文用散文化的语言写,生动形象,情采飞扬。风格既受作家性格、禀赋、语言能力制约,也由议论内容、写作目的及议论方式决定。比如写立论文,偏于道理说明,语言大多平和;写驳论文,重在指谬驳误,有时带有愤激之情,因此,语言大多犀利、辛辣,不乏讽刺的色彩。

这里,不妨比较两篇议论文的语言风格。

阅读是写作的基础(节选)

叶圣陶

在中小学语文教学中,基础知识和基本训练都重要,我看更要着重训练。什么叫训练呢?就是要使学生学的东西变成他们自己的东西。譬如学一个字,要他们认得,不忘记,用得适当,就要训练。语文方面许多项目都要经过不断练习,锲而不舍,养成习惯,才能变成他们自己的东西。现在语文教学虽说注意练习,其实练的不太多,这就影响学生掌握基础知识。老师对学生要求要严格。严格不是指老师整天逼着学生练这个练那个,使学生气都透不过来,而是说凡是要学生练习的,不要练过一下就算,总要经常引导督促,直到学的东西变成他们自己的东西才罢手。

有些人把阅读和写作看做不甚相干的两回事,而且特别着重写作,总是说学生的写作能力不行,好像语文程度就只看写作程度似的。阅读的基本训练不行,写作能力是不会提高的。常常有人要求出版社出版"怎样作文"之类的书,好像有了这类书,依据这类书指导作文,写作教学就好办了。实际上写作基于阅读。老师教得好,学生读得好,才写得好。这样,老师临时指导和批改作文既可以少辛苦些,学生又可以多得到些实益。

阅读课要讲得透。何谓讲得透,无非是把词句讲清楚,把全篇讲清楚,作者的思路是怎样发展的,感情是怎样表达的,诸如此类。有的老师热情有余,可是本钱不够,办法不多,对课文不能透彻理解,总希望求助于人,或是请一位高明的老师给讲讲,或是靠集体备课。这不是从根本上解决问题的办法。功夫还在自己。只靠从别人那里拿来,自己不下功夫或者少下功夫,是不行的。譬如文与道的问题。人家说文与道该是统一的,你也相信文与道该是统一的,但是讲课文,该怎样讲才能体现文道统一,还得自辟蹊径。如果词句不甚了解,课文内容不大清楚,那就谈不到什么文和道了。原则可以共同研究商量,怎样适当地应用原则还是靠自己。根本之点还是透彻理解课文。所以靠拿来不行,要自己下功夫钻研。

善于建设一个新世界

《人民日报》特约评论员

四个现代化,需要的是真心实意、脚踏实地的实干家,需要的是勤奋努力、虚怀若谷、老老实实的好作风。我们要的是有扎扎实实的真知识、真本领的实干家,而不要那种说大话、说假话的吹牛家。林彪、"四人帮"造成的那种招摇撞骗、粉饰太平、指鹿为马的恶劣风气,必须坚决铲除。不懂装懂、弄虚作假的现象,再也不能继续下去。

战国时候,有个南郭先生。此人不学无术。他听说齐宣王爱听竽乐合奏,就混在乐队里,装模作样,冒充内行,领取俸禄。后来,齐宣王死了,齐湣王偏偏喜欢听独奏,叫吹竽的人,一个一个地吹给他听。南郭先生再也没法混下去,只得溜走。这就是"滥竽充数"这个成语的由来。

滥竽充数,这四个字概括得好。好就好在它点出了南郭先生的要害,在于一个"充"字。

人没有生来就会吹竽的。南郭先生不会吹竽,本来无可厚非。但是,他不该不会装会、弄虚作假、冒充内行,而且一味装下去,靠蒙骗过日子,以致落得个逃之夭夭、贻笑天下的结局。

从这里,我们的同志可以得到一点启示。这就是,不管做什么事情,都要有一个老老实实的态度。不懂就是不懂,不能装。中国共产党干了五十八年的革命。五十八年里,新情况、新任务层出不穷。打阶级敌人,打民族敌人,搞土改,搞经济,搞文化,哪一件不是从不会到会的?从一无所知,到知之不多,到知之甚多,这是一个不断转化的过程。当前,全党全国工作的中心转移到四个现代化,又出现了许多我们不懂的东西。我们很多同志坐井观天、孤陋寡闻,不懂的东西太多了。不懂怎么办?承认就是了。正如列宁在十月革命后所说的:"要建成共产主义社会,就要坦率地承认,我们还非常不善于管理,不善于当组织者和管理者。"承认不懂,才能从不懂变懂;承认不会,才能从不会变会。装,只能使自己永远是外行,永远不懂,永远无知。

当然,转化是有条件的。这条件,就是靠干和学,而不能靠混。南郭先生不是在齐宣王那里很混了一阵子吗？最后怎么样呢？混不下去了，只得灰溜溜地走掉。要在新的转变中不掉队，办法只有一条：重新学习。要像毛泽东同志教导的那样，拿出当年打日本帝国主义、打蒋介石的那股劲，那种拼命精神，钻进去，勤勤恳恳地学，老老实实地学，努力使自己从门外汉变成有知识、懂技术、会管理的内行。没有这一条，岂不有点南郭先生的嫌疑？长此下去，实践会将你的军，群众会将你的军，马脚会越露越多，终将在新的征途上落下伍来。

如果说，南郭先生的装腔作势，只是骗了一个齐宣王的话，那么，在革命队伍里装腔作势，那就是骗党、骗群众。四个现代化是科学，科学是老老实实的学问，来不得半点虚夸。现代化的社会主义强国，靠装，装不出来；靠吹，吹不出来；只能靠实实在在的本领，才能干出来。不懂偏要装懂，势必搞瞎指挥、乱弹琴。结果怎么样呢？必然违抗客观规律，使国民经济遭受损失，人民生活遭受灾难。这个危害，可就大了。

毛泽东同志教导我们，要说真话，老老实实，要"不偷，不装，不吹"。不偷，就是不要把别人的当自己的，书是人家写的，不要"抄袭"。不装，就是老老实实，说老实话，办老实事，做老实人，懂就懂，不懂就不懂，不要"猪鼻子插根葱——装象"。不吹，就是一是一，二是二，不夸大，不吹牛，要实实在在。毛泽东同志这番话，是总结了我们党的历史教训而说的，语重心长，值得我们铭刻在心。

共产党人和南郭先生当然不能相提并论。还是列宁说得好："我们应该抱定这种信念：我们既然不内行，我们就要从头学起。我们到底还是革命者。"只要不装腔作势不懂装懂，而又意识到自己肩负的历史使命，我们一定能够完成重新学习的伟大任务。几百个中央委员和第一书记，几千个中央和地方的高级干部，应当首先带头钻研现代化经济建设，把学习风气搞起来。历史终将证明，"我们能够学会我们原来不懂的东西。我们不但善于破坏一个旧世界，我们还将善于建设一个新世界。"

"文一"的语言,朴实如话,多用口语,读起来深感亲切自然。例如解释"训练",不是严密地下定义,而是以通俗口语出之:"就是要使学生学的东西变成他们自己的东西"。通俗必须以准确为前提,这句话中的"变成"就抓住了"训练"的目的与核心。又如对"严格"的看法,作者说"严格不是指老师整天逼着学生练这个练那个,使学生气都透不过来……"意思是不要盲目地无端地增加学生学习负担,"逼""气都透不过来"非常准确、形象。真正的"严格"不是"逼";"逼"是粗暴的,蛮横的;"气都透不过来",极言"逼"的危害性。用这样的语言表达比用"粗暴蛮干,学生难以承受"之类的话表达更能鲜明形象地揭示自己的思想观点。再如,作者不说"素养不高",而说"本钱不够";不说"具体深刻全面",而说"讲得透","无非是把词句讲清楚,把全篇讲清楚,作者的思路是怎样发展的,感情是怎样表达的"这些话,意思是一样的,但说得通俗、浅明,就更易于读者理解。叶圣陶先生的文章以朴实、敦厚见长,语言风格自成一家。

"文二"的语言富于文采,富有气势。一是成语用得多,简洁明快,具有极强的概括力。如"虚怀若谷""招摇撞骗""粉饰太平""指鹿为马""逃之夭夭""贻笑天下"等,感情色彩浓郁,表达节奏明快。二是对偶句子用得多,如"我们要的是有扎扎实实的真知识、真本领的实干家,而不要那种说大话、说假话的吹牛家";"承认不懂,才能从不懂变懂;承认不会,才能从不会变会";"现代化的社会主义强国,靠装,装不出来;靠吹,吹不出来;只能靠实实在在的本领,才能干出来";"结果怎么样呢?必然违抗客观规律,使国民经济遭受损失,人民生活遭受灾难"。诸如此类的对偶式句子,使文章增添了淋漓酣畅的议论气势,同时也富有抑扬顿挫的节奏。另外,文章也偶尔用一些口语,如"不懂就是不懂,不能装","实践会将你的军,群众会将你的军","一是一,二是二,不夸大,不吹牛"等,无疑也使语言显出生动活泼的特点。

两篇文章语言风格不同,各有所长,各臻其妙。叶老以谈心的口吻,讲道理,"评论员"以号召、鼓动的语气,讲道理。一显平和,一显酣畅,读来都使人深有启迪。

横看成岭侧成峰
——运用与锻炼思考力

好作品都是立体的。

像一座奇峰突兀的山,如一条九曲连环的河,也似一座精制巧构的艺术宫殿。走进作品,从不同角度观赏,会看到不同景致;从不同方面思考,会得到不同的认识。

阅读过程是一个思考的过程。从字词认读,到篇章推敲;从语言感受,到思想领悟,每走一步,都与思考有关。

文章是作者思考的结果,认读文章就是认识作者的"思考"。对作者的"思考",读者自有自己的看法,有的与作者一致,有的可能与作者不同,这是很正常的事。因此,不论读哪一位作家的作品,读者都应有自己的主见。这样的阅读才是有效的、有益的。

思考是有路子的。这里跟你谈谈在阅读过程中怎样运用和锻炼自己的思考力,依照一定的途径来获得阅读成果。

1. 延伸式思考

一篇作品,有人读后作出了评价,你读作品,再读别人的评价,不妨进行新的思考,在别人的"认识"基础上求得"新的认识"。这种思考过程,不妨称作是"延伸式思考"过程。进行延伸式思考要具备两个条件:一是对原作有准确、全面的了解,这是思考的基础,不读懂原作,思考的翅膀就无法飞翔;二是对别人的"评价"文字有准确、全面的了解,这是思考的起点。由于读懂了"评价"文字,你就可以找到新的思考点(或者是漏洞与破绽),通过重读原作,就可以比较快地形成自己的看法。

进行延伸式思考,以求创见,当然是最好不过的。但对于我们中学生而言,要求也不宜过高。常见的思考形式是:读原作,读一些"评论";顺着"评论"的思路或内容再找一些实例来补充。有些"评论"不一定是评某一篇作品的,而是对作家作品总体风貌的说明。这类"评论"在内容上显得概括,不妨依据其要点,结合原作,加以展开和实证。这对提高自己的思考力和对作品的理解水平同样是大有裨益的。比如,朱自清的作品我们读过不少,老师在课堂上也讲得很透,如果再读一些"评论",理解的深度和广度就会进一步得到发展。

朱德熙先生写过一篇评论《漫谈朱自清的散文》,不妨拿来一读。

朴素自然不等于呆板。朱自清在他的散文里创造了许多新鲜的意境、新鲜的用语,非常有风趣。例如《松堂游记》里关于白皮松的一段文字,作者认为"松堂"的白皮松要是太密了,会显得挤得慌,孤零零的几棵,疏是疏了,又显得松懈。可是他不说密,而说"你挤着我我挤着你"。不说四角上各种上一棵,疏是疏了,可是不好看,而说"四角上各来上一棵,疏不是?谁爱看?"不说高大轩敞的亭子刚好跟四围的松树相配,而说"这座亭子高大轩敞,对得起那四围的松树"。他不是板着脸作文,而像随便谈天,语气自然而有情趣。写大理石的柱子和栏杆只用了三个字"白,滑,冷"。写"松堂"高大,他不直说,却说自己小。这些地方都是作者着意经营过的,可是看不见斧凿的痕迹。

这篇文章的末尾,描写"松堂"的夜晚尤其精彩。作者本来想看月亮,可是有云,起初还是"犹抱琵琶半遮面",到后来全都让云遮住了,只好打消了赏月的意思。作者说:"云越来越厚,由他吧,懒得去管了。"这两句话非常传神,一方面刻画出想看月亮又看不着的无可奈何的心情,另一方面也间接地写出了作者游览了一天,到晚上既感到新鲜兴奋,又感到疲倦、困倦的神情。

结尾一段,借洋蜡怯怯的跳动的焰子,来刻画"松堂"的高和大;用海来比喻广阔无边的深邃的黑暗;用远近的犬吠声衬托出四周的寂静,这些简短而富有诗意的描写,把读者也带到"松堂"去了。

朱自清很善于把静态的东西写成动态的东西。关于这一点,我们可以举《欧游杂记》的《巴黎》里描写沙摩司雷司岛上的胜利女神像一段文字为例。雕像本来是静止的,无声的东西,可是作者故意写动作、写声音,他说"那身子在摇晃着,在挺进着",这是写的动作;又说"海风呼呼地吹着,船尖儿嘶嘶地响着",这里写的是声音。把静态的东西写成了动态的东西,因此显得栩栩如生。

朱自清的散文是很讲究语言的,哪怕是一个字两个字的问题也决不放松。可是他的注重语言,绝不是堆砌词藻。无论是用词还是造句,原则似乎只有两条:第一是准确,第二是自然。特别值得注意的是自然这一点。因为要求自然,他的散文,总是用的通常说话的口气,十分接近口语。这从我们刚才所举的几个例子里就可以看出来。

我们不妨再举一段写景的文字为例。在《欧游杂记》的《瑞士》一文中,作者说到在冰河时期,冰河融化的水把许多大石头块儿冲成深深的石潭,有的石块儿把棱角磨光了,变成了圆球。在这段文字中,"现在是安静了"里头的"安静","教你想见多少万年前的大自然的气力"里头的"气力","居然背着多少万年的历史"里头的"背"字,都是很普通的字眼,可是用在这几个地方,显得熨帖而富有风趣。如果要找更恰当的词来替换它们,恐怕不大容易。

作者谈了三点内容:一是"朴素自然不等于呆板";二是"善于把静态的东西写成动态的东西";三是"朱自清的散文是很讲究语言的,哪怕是一个字两个字的问题也决不放松"。这三点是全文的骨架,是作者的见解。每一点看法都用实例加以佐证。

根据朱德熙先生的三点看法,我们不妨拿《荷塘月色》这一篇散文来作专题讨论,题目和要点提纲可以列成这样的:

《荷塘月色》略评

(1) 总体风貌:朴素自然
(2) 妙笔生辉:静态描写与动态描写

$$\begin{cases} ① \text{ 月光} \\ ② \text{ 荷叶} \\ ③ \text{ 花} \\ \cdots\cdots \end{cases}$$

(3) 一词添彩:

$$\begin{cases} \text{浮、画} \\ \text{洗、带} \\ \text{梦}\cdots\cdots \end{cases}$$

把《荷塘月色》《绿》《背影》几篇散文拿到一起来,仍以《漫谈朱自清散文》为题,列评论提纲如下:

漫谈朱自清散文

(1) 总体风貌:朴素自然——以《荷塘月色》《绿》《背影》为例
(2) 妙笔生辉:① 静态描写,动态描写
　　　　　　② 行动描写,心理描写
(3) 语言艺术:① 一词添彩
　　　　　　② 多种修辞手法
　　　　　　③ 口语化
　　　　　　④ 平实的语言中浸透情感

对朱自清散文可按这样的思路来思考,来评论,对其他作家作品也可以

这样思考。比如我们读过多篇鲁迅先生作品,不妨列出这样的思考提纲:

对鲁迅小说的初步认识
——以《故乡》《孔乙己》《祝福》为例

(1) 总体风貌:忧愤深广的思想内容

巧妙隽永的表达艺术

(2) 妙笔生辉:① 语言描写

② 行动描写

③ 景物描写

④ 细节描写

⑤ 心理描写

(3) 语言特色:① 简洁,传神

② 隽永,深邃

③ 饱含情感

上述提纲仅仅是供你参考的,你可以根据自己的理解加以改变。这里想说明的是:把别人的"评论"当作思考的起点,或模仿,或引发,可以使自己的思考之路延伸很远。经常进行这样的思考训练,好处是:① 加深对作品的理解;② 使理解类化,形成系统,比如把同一作家的不同作品归到一起,按照一个主题加以分类剖析等。

2. 多角度思考

"横看成岭侧成峰,远近高低各不同"。观山尚且要横看,侧看,远看,近看,俯看,仰看,阅读优秀作品就更不用说了。只有作品从各个不同角度加以立体的展示,看到的,才是一个完整的艺术世界。阅读角度的多样化,不仅扩大了认识领域,也为提高理解的质量提供了条件。

同学们也许会说,多角度思考确乎重要,但"多角度"如何选定呢?习惯于一个角度读作品,怎么样才能变"一个"角度为"多个"角度呢?

这的确是一个十分重要的问题。

就中学生而言,这里讲的"多角度"包括两个层次:一个层次是从不同方面对作品进行全面了解,完整欣赏。比如读鲁迅先生的《一件小事》,一般说来,必须从主题、结构、写法、语言、时代背景、作者思想基础等方面加以分析理解。这一点同学们做起来并不难,就不多说了。第二个层次是运用多学科知识和不同的思想观念来研读作品。比如读鲁迅先生的小说《孔乙己》,可从哲学角度来讨论孔乙己其人,可从语言学角度来讨论小说的语言,可从社会学角度来认识小说所表现的社会现实,可从文学角度来分析人物形象。无疑,这样思考是有一定难度的。一方面,自己的知识修养要高,认识视野要开阔;另一方面,运用多门类知识只是一种手段,根本目的是要分析作品,求得新的见解。唯其难度大,所以对于思考力的培养的作用也就越大。在这方面,建议中学生朋友,尤其是高中生做点尝试。

多角度思考有一个"定点"问题,即首先要确定好"着眼点"。"着眼点"不同往往决定了角度的变化。仍以读《孔乙己》为例,如果着眼点定在"人物形象",那么就可以确定如下角度:

(1)从语言上看;

(2)从伙计、掌柜、丁举人角度看;

(3)从行动描写上看;

(4)从"笑"的喜剧性与悲剧性上看;

(5)从命运结局上看。

当然,你还可以根据自己的理解选定其他一些思考的角度。"角度"多,认识人物、理解作品就更全面、透彻、完整。

请看一个实例。

《济南的冬天》是老舍的名文,同学们已经学习过了,对作品主题、描写艺术、语言特点都有所理解。再读,能否有新的认识与发现?不妨先读原文。

济南的冬天

老舍

对于一个在北平住惯的人,像我,冬天要是不刮风,便觉得是奇迹;济南的冬天是没有风声的。对于一个刚由伦敦回来的人,像我,冬天要能看得见日光,便觉得是怪事;济南的冬天是响晴的。自然,在热带的地方,日光是永远那么毒,响亮的天气,反有点叫人害怕。可是,在北中国的冬天,而能有温晴的天气,济南真得算个宝地。

设若单单是有阳光,那也算不了出奇。请闭上眼睛想:一个老城,有山有水,全在天底下晒着阳光,暖和安适地睡着;只等春风来把它们唤醒,这是不是个理想的境界?小山整把济南围了个圈儿,只有北边缺着点口儿。这一圈小山在冬天特别可爱,好像是把济南放在一个小摇篮里,它们安静不动地低声地说:"你们放心吧,这儿准保暖和。"真的,济南的人们在冬天是面上含笑的。他们一看那些小山,心中便觉得有了着落,有了依靠。他们由天上看到山上,便不知不觉地想起:"明天也许就是春天了吧?这样的温暖,今天夜里山草也许就绿起来了吧?"就是这点幻想不能一时实现,他们也并不着急,因为这样慈善的冬天,干啥还希望别的呢!

最妙的是下点小雪呀。看吧,山上的矮松越发的青黑,树尖上顶着一髻儿白花,好像日本看护妇。山尖全白了,给蓝天镶上一道银边。山坡上,有的地方雪厚点,有的地方草色还露着;这样,一道儿白,一道儿暗黄,给山们穿上一件带水纹的花衣;看着看着,这件花衣好像被风儿吹动,叫你希望看见一点更美的山的肌肤。等到快日落的时候,微黄的阳光斜射在山腰上,那点薄雪好像忽然害了羞,微微露出点粉色。就是下小雪吧,济南是受不住大雪的,那些小山太秀气!

古老的济南，城内那么狭窄，城外又那么宽敞，山坡上卧着些小村庄，小村庄的房顶上卧着点雪，对，这是张小水墨画，也许是唐代的名手画的吧。

那水呢，不但不结冰，倒反在绿萍上冒着点热气，水藻真绿，把终年贮蓄的绿色全拿出来了。天儿越晴，水藻越绿，就凭这些绿的精神，水也不忍得冻上，况且那些长枝的垂柳还要在水里照个影儿呢！看吧，由澄清的河水慢慢往上看吧，空中，半空中，天上，自上而下全是那么清亮，那么蓝汪汪的，整个的是块空灵的蓝水晶。这块水晶里，包着红屋顶，黄草山，像地毯上的小团花的小灰色树影；这就是冬天的济南。

有一位同学从"色彩词的运用"上来看散文语言的特色。古今中外文学家，都喜欢在文中巧设"色彩词"，以增添语言的趣味。杜甫诗云："两个黄鹂鸣翠柳，一行白鹭上青天；窗含西岭千秋雪，门泊东吴万里船。""黄""翠""白""青"四色相配，明丽动人；"千秋雪"虽未写色，但暗含了"银白"；"万里船"与水有关，使人联想到浩浩碧波。宋代诗人杨万里也是用色妙手："接天莲叶无穷碧，映日荷花别样红。""碧""红"搭配，明丽而又热烈。《济南的冬天》在色彩词运用上也是大有讲究的。用"青黑"写山上矮松；用"一髻儿白花"写树尖上的积雪；山尖与蓝天相接，所以说山尖的白雪给"蓝天镶上一道银边"；用"暗黄"写露出来的"草色"；用"微黄"写落日的阳光；用"粉色"写落日余晖中的"薄雪"；写水藻不仅"真绿"，而且还把"终年贮蓄的绿色全拿出来了"。最后作者用"清亮""蓝汪汪"写整个世界的明丽，同时又把这样一个明丽的世界比作是"蓝水晶"，用"红""黄"等色彩词收束全文。这位同学找出色彩词，并作分析，可以说是另辟了蹊径，使我们对本篇语言特色多了一层认识，不仅知道抒情性特点，口语化特点，多种描写手法综合运用的特点，而且还认识到，作者巧用色彩词为我们展现了一幅多彩的济南冬天百景图。济南的冬天,一奇在于温暖,二奇在于多彩。

还有一位同学从"语气词的运用"上来体会本篇语言特色,也可以称得上是角度小而新,分析有理有据。一查,全文果然在12处运用了语气词"呢""吧""呀"。一篇短小散文,这么多次使用语气词,确实耐人寻味。"最妙的是下点小雪呀",一般说来,"呀"不要也是可以的。不要,语气短促;要,语气舒缓。是短促好还是舒缓好,孤立地看,不分优劣;而结合语境思考,用"呀"的趣味就看出来了,表达了对"小雪"的期盼、赞赏之情。而这种情感与全段写"小雪"之景的情感是一致的,与全篇满怀深情地描写济南冬天一山一水、一草一木的基调也是合拍谐调的。"看吧,由澄清的河水慢慢往上看吧,空中,半空中,天上,自上而下全是那么清亮",连用两个"看吧",表达了一种惊喜的心情;强调这份"惊喜",一是说明眼前之景奇美无比,一是表明"我"被奇美景观打动了,有不呼不快之感。总之,这些例子告诉我们:作者大量使用语气词,不仅仅是增强语言的口语化特点,而且也增添了抒情色彩;惊喜之情、赞美之情、热爱之情、呵护之情,通过"呀""呢""吧"等语气词得到了恰当的表达。

这篇文章难道仅仅是写济南冬天之景吗?有一位同学提出了这样的疑问。他的看法是:这篇作品写在20世纪30年代初,当时的中国正是暗无天日之时,老舍从伦敦回国,在济南齐鲁大学任教,不可能不关注现实,只沉湎于闲情逸致之中。因为老舍是一个现实主义作家,他的《骆驼祥子》《茶馆》等著作充分体现了他的忧愤之情。因此,根据作者的思想感情及写作背景,可以作出这样的推断:在暗无天日的时代,在饥寒交迫的北中国,"冬天的济南"无疑是一片令人向往的美好天地。这并不是说济南就没有饥饿与寒冷,也不可能是一片"特区",作者的用意是明显的,正如陶渊明写《桃花源记》一样,他是借对这座"桃花源"的描绘,来寄托自己的美好理想。作者描山绘水,确实热爱济南的冬景。

同时,我们又何尝不能说,这里面包含着老舍先生希望中国人民能够过上和平安静日子的诚挚心愿呢?应该说,这位同学的认识是有道理的。尤其是他不孤立地阅读作品,而是选取时代背景及作者创作思想这一角度来认识这篇散文的思想,确乎难能可贵。这对于正确而又全面地把握作品的主题无疑是有助益的。

上述实例告诉我们:文章不厌百回读,每读一遍,多少都会有一些新的认识与体会;角度新,文章就会常读常新。

3. 逆向思考

所谓"逆向思考"就是反过来想一想。"反过来"就是批判与怀疑。爱因斯坦说过:"发展独立思考和独立判断的一般能力,应当始终放在首位,而不应当把获得专业知识放在首位。"李四光也说"不怀疑不能见真理"。做事情,读书,都应有怀疑精神,敢于独立思考。

当然独立思考不能胡思乱想。有些同学读《愚公移山》一文,认为"愚公"确实愚蠢,他所以挖山,是因为两座大山挡住了去路,"出入之迂也"。与其这样子子孙孙地挖山,还不如把家从山里搬到山外去。表面看来,这个观点把《愚公移山》的精神否定了,比较大胆,似乎也有独创性。其实,这种否定是错误的。《愚公移山》是一则寓言,寓言重在寓理,而不在于事情的真假。就愚公移山这件事来说,恐怕世界上没有这样的傻事,但就这件事所寄寓的精神与道理来说,古今中外则有许许多多的例子可以证明。寓言是假托故事来说明寓意的文体。如果就事论事,则所有的寓言故事都要否定掉。

还有一点也必须注意,这就是对某些观点提出不同看法时,要对原观点作完整、全面的理解。否则,只顾"反过来想一想",连原观点正确的东西也"反掉"了,就必然要陷入片面性泥坑。比如,"有志者事竟成",这是一条古训,对人有教育意义。有的同学说"有志者事不一定成",并举出一个例子来说明:一个双腿残疾者,虽有志于当长跑冠军,但客观条件不许可,他还是"成"不了。这样说,是有道理的,强调了客观条件的重要性,但是这位同学接下来下结论就不对了。他说,事实证明,"有志者事竟成"这句话忽略了客观条件,是错误的。其实,"有志者事竟成"这句话是对于无志者来说的。世界上有许多人,客观条件很好,就是胸无大志,用这句话鼓励这些人去拼搏,怎么不对呢?正如这位同学强调客观条件重要一样,"有志者事竟成"这句古训强调了主观能动作用的重要,自然也是有很强的针对性和教育意义的。因此,可以对这句古训作补充,但不能全盘否定。

下边跟同学们讨论在阅读过程中,可从哪些方面作逆向思考。

(1) 在遣词造句上作逆向思考。一般说来,作家笔下的语言是通畅的,富有表现力的,因为一字一句都经过作家作了推敲。但也不是说一字一句都到了尽善尽美的地步,在许多作品中,语言文字仍值得再锤炼,再加工,甚至要加以修改。

例如,《从三到万》中有一段话:

这个故事比较通俗易懂,有的相声演员也曾讲过。人们大都当作笑话,而不把它看成一个严肃的讽刺性故事。我则以为我们应该从这个故事中吸取一些学习方面的经验教训。

《从三到万》是著名杂文家马南邨的名篇,语言洗练、简洁,但白璧难免微瑕,上段文字还可以作点加工。"而不把它看成一个……"的"而"可以删去,因为与"大都当作笑话"连起来看,语义上没有转折,也不必转折。"我则以为我们应该……"中的第二个"我们"也可以删去;而"吸取一些学习方面的经验教训"中的"经验"一词更有必要删去,因为上述故事是讲学习之病,给人的只有"教训",毫无"经验"可言。

吴伯箫是著名散文家,所写《记一辆纺车》堪称名篇,语言文字是很

美的,但有些地方的词句也还是可以提出不同看法的。比如下边一段话:

  为了提高生产率,大家也进行技术改革,在轮子和锭子之间安装加速轮,加快锭子旋转的速度,把手工生产的工具改成半机械化。

末一句"把手工生产的工具改成半机械化"应改作"使手工生产的工具半机械化"。
  (2)在思想观点上作逆向思考。例如《善于建设一个新世界》中讽刺了"南郭先生"。"南郭先生"固然可笑,但让"南郭先生"得手的齐宣王难道就没有责任了吗?于是有位同学写成《"滥竽"为什么能充数》一文,言之成理,观点新鲜,给人以启发。

  滥竽充数,见于《韩非子·内储说》。故事极短,十分简练,字词无一可有可无的"充数"者,不妨抄录如下:
  "齐宣王使人吹竽,必三百人。南郭处士请为王吹竽,宣王说之,廪食以数百人。宣王死,湣王立,好一一听之,处士逃。"
  以往读之,只是对于南郭处士的不懂装懂感到好笑;最近又读,觉得远远不止于此,其中还寓有更为深刻的道理。
  那位南郭处士之所以以充数而"名垂青史",实在和齐宣王有密切的关系。宣王在对待机构编制和有关人事工作上大有问题。一是他摊子贪大,爱搞"人海战术",甚至连一个乐队,也"必三百人"。其实,这完全是随心所欲,是"未必"的。如果真的是"必三百人",不顶一个人用的处士也混不进去,进去了也混不下去。他的存在,说明乐队人员少于三百,也是完全可以的。二是他以言取人,根本不看是否有真本事。那位南郭先生得知齐宣王听竽喜欢人多,便投其所好,说要为他吹竽。但这只是嘴巴讲,并未实际为他表演。宣王一听,便高兴起来,马上把不会吹竽的处士弄进了竽队。三是他大手大脚,慷国家之慨。竽队里存在着混饭吃的人物,对他无所谓,反正是"廪食",由官府供给粮食,不需他自己去掏腰包养活,所以他大方得很。由上可见,没有宣王也就没有充数的"滥竽","滥竽"充数是以宣王的存在为前提、为条件的。批评南郭处士滥竽充数,如果不说说宣王的"不是"之处,似乎是不大公道,不大实事求是的。

(3)根据新的事实材料,提出新的看法。初中教材曾有一篇说明文《澜沧江边的蝴蝶会》,描述和说明了蝴蝶竞飞的壮丽场面。在一般读者看来,文中所写的都是确凿无误的事实。然而有一位中学生勇于探索,敢于怀疑,通过实地考察写成一篇对《澜沧江边的蝴蝶会》一文有所纠正的文章。

著名的"蝴蝶会"是云南省大理县的独特景色。地理学家徐霞客早在300多年前就描写过蝴蝶会盛景:"真蝶千万,连须勾足,自树巅倒悬而下,及于泉面,缤纷络绎,五色焕然。"

去年阴历4月15日,正好是星期日。我特地跟着爸爸妈妈一起去看蝴蝶会。真是名不虚传,十分壮观,无数的彩蝶在泉边飞舞,一串串"蝴蝶"从树枝上垂吊下来。

为什么蝴蝶泉的蝴蝶那么多呢?我请教了从事林业工作和生物研究的叔叔阿姨,也试着自己去查找一些资料,又结合自己的观察,这才有了一些认识。原来,蝴蝶泉正处在一个大断层上,这里四季如春,山坡上终年生长着各种树木花草,为蝴蝶之类的昆虫提供了生活和繁殖的良好条件。另外,每年春天,蝴蝶泉旁的合欢树发新叶的时候,都要分泌一种带芳香的树汁,它是蝴蝶和蛾类最爱吃的食物,招引来了成千上万的蝴蝶和蛾类,形成了罕见的蝴蝶会。

另外,我也有一个新的发现。蝴蝶泉旁的确有许多蝴蝶,单是凤蝶就有十四五种,此外还有一些蛱蝶科、粉蝶科的蝴蝶,在泉旁翩翩起舞。但是那些成串垂吊在树枝上的竟都不是蝶类,而是蛾类。蝴蝶会中的蛾类实际上比蝶类多,大约有110种以上,其中最多的是灯蛾科中的红腹灯蛾。这种灯蛾身上闪着金黄色的光泽,腹部红中夹黑,十分美丽。

历来人们都说蝴蝶会上成串垂挂着的是蝴蝶,这个说法是错误的,是蝶蛾不分的结果。

开头引用徐霞客的话,继之又请教"从事林业工作和生物研究的叔叔阿姨",同时又查找资料,亲自观察,这说明小作者具有严谨、科学的认识态度。因此,作者"有一个新的发现"也就可想而知了。作者的"发现"是在观察与思考中得到的,因此,文末的结论,简明有力。

在阅读过程中,时时离不开思考。思考的范围很广,门径很多,这里择其要者,讲了三点,希望你拉起思考的帆篷,在阅读之海上迎风击浪,不断前进。

读出文章的个性
——可贵的独立见解

读文章有两种情况。一是只读文本。何谓文本？文本就是书或文章的本身，是书或文章的原原本本的文字。读一本书或一篇文章，读的就是文本，但"只读文本"就不对了。清代诗人袁枚在《随园诗话》中讲了这么一个故事：明朝有位读书人叫丘浚，浏览群书，博闻强记，经史子集，无所不读，引得很多人百般推崇，但是他一生并无成就。他的朋友刘健说，丘浚学识虽多，简直像一仓库钱币，到处乱堆放着，却没有一根绳子把它们串起来，所以废弃无用。清朝书画家郑板桥作诗讽刺道："读书数万卷，胸中无适主，便如暴富儿，颇为用钱苦。"应该说，读书多是对的，但要讲究一个"破"字。何谓"破"？一为读书时间久，次数多，磨破了书。二是有所思考，对书有所"剖析""分析"。重要的，是后者。第二种情况就是善思文本，即以文本为依据，但不受文本拘束，敢于思考，善于思考，最后形成独立见解。前一节课，我们讨论"运用与锻炼思考力"问题时举了一些善于思考的例子，这里再举一例。唐宋八大家之一的柳宗元有一篇名作《黔之驴》，同学们在初中也曾读过，似乎没有什么异议。有一位读者却对文中的那位"好事者"不以为然，他说："倘若把老虎放入海中与鲨鱼去斗，恐怕它也会'技穷'的。"他是这样看问题的：

凡人凡物，各有所长，用人用物，都应扬其长而避其短，深知而善用之，这道理不知被实践证明了多少次。但执行起来便走了样，这不能不追究"好事者"的责任，柳先生的偏见也应当在摒弃之列。正基于此，笔者倒要为"驴子"说说情，还是应扬扬它的长处为好。

这个看法是新颖的、有道理的。读通了《黔之驴》，又不受文本拘束，通过独立思考，阐发新见，给人以启迪，确乎难能可贵。

当然，"独立见解"有高下之分，大学问家，识见高，抓大问题，我们中学生比不了。我们不妨在一些基本问题上动动脑筋，比如，读文章要读出个性，就是一个基本要求。个性，也即文章的特点。不论读什么文章，只要是精读，你都应抓住文章的个性。否则，就谈不上读懂，谈不上有所思考，谈不上有所创见。果如此，不就像丘浚那样，是一个"两脚书橱"了吗？

读出文章个性，绝非易事。

个性，深藏于文章内部，又由文章的"表象"来体现。正如一个人，个性是其内在性格上的特点，而这个"特点"又由外在的言行举止来体现。因此，必须在"由表及里"上花气力，下功夫。"由表及里"可以说是读出文章个性的必由之路。先要识"表"，即认清文章的"表象"，如字词句篇等；再由"表"及"里"，即体会、分析、鉴别文章的气韵、风格与灵魂，包括思想特点，语言特点，风格特点，等等。"由表及里"是一个思考的过程，不识"表"，就失去了及"里"的凭借、抓手；一旦及了"里"，再回头看"表"，往往会恍然大悟，原来"表""里"是相通的、一致的。据"里"识"表"，对"表"就识鉴得更加通透、明晰了。比如，读鲁迅先生的《一件小事》，先要识"表"，即有关描写内容：天气，事件，人物行动及"我"的态度。然后及"里"，即分析"车夫"的人格特点，再思考作者塑造这一人物的特殊意义。"车夫"的形象不用多说了，要考虑的是，作者写这个人物有何用意呢？说作者旨在写"好人好事"，未免可笑；说作者意在赞扬贫苦劳动者的美德，未免过浅。如果联系鲁迅先生其他小说中的人物形象来思考、挖掘，你就会觉得，作者用意很深。在鲁迅先生的小说中，所写的人物绝大多数都是被侮辱、被损害的人，如孔乙己、祥林嫂、阿Q、闰土、华老栓等。作者既写出他们"善"的一面，也刻画了他们"丑"的一面（如孔乙己的迂腐、祥林嫂的迷信、阿Q的油滑、闰土的麻木、华老栓的对革命者的不理解等）。作者的感情倾向很明显：同情、悲哀，没有丝毫的赞扬。而写"车夫"则不同。作者是把"车夫"当作"中国的脊梁"来写的，写其人格的真善美，表现了他的"伟大"与"崇高"。作者的赞扬态度在文中溢于言表、一见即知。由此可见，《一件小事》篇幅虽短，却为我们塑造了一个特殊的"人物形象"，而这便是这篇小说的最突出的"个性"。

分析小说的人物形象个性要由表及里，分析作品的语言个性也应如此。我们知道，鲁迅先生作品的语言特点之一，就是善于运用极其通俗的词语来表达极其深广的感情与思想。这方面的例子真是不胜枚举，请看《阿Q正传》中的一处描写：

"阿Q！你这浑小子！你说你是我的本家么？"

阿Q不开口。

赵太爷愈看愈生气了，抢进几步说：

"你敢胡说！我怎么会有你这样的本家？你姓赵么？"

阿Q不开口，想往后退了，赵太爷跳过去，给了他一个嘴巴。

"你怎么会姓赵！——你那里配姓赵！"

不说"打"了他一个嘴巴，而说"给"了他一个嘴巴。是"打"好，还是"给"好？恐怕有不同意见。有的同学会说，用"打"好，"打"比"给"更有力量,更能表现赵太爷的凶狠。按这样理解,则可以判断出赵太爷对阿Q很看重,非狠狠打一嘴巴不可。其实,赵太爷根本看不起阿Q,在他眼中,阿Q算什么东西,不过是一个毫无地位的雇工,土谷祠里的光棍,真是轻如草芥。一个"给"字,动作多么轻松顺手。赵太爷"给"了,阿Q只能"受"用,而不可"反给"。尤其要想到的是,这里不需要强调"耳光"的重和响,只要强调赵太爷的有恃无恐,打得熟练、顺手,打惯了,伸手就是一下子就够了。你看,作者用一个"给"字,体现了多么深刻的思想感情啊!

讲解以上例子,无非是想说明这样的道理:要读出文章个性,非由表及里、表里兼顾不可。

由表及里,表里兼顾,只能说是读出文章个性的基本要求。为了实现这个要求,还必须掌握一些基本方法。下面我们就着重介绍几种阅读方法,供你参考。

1. 选点挖掘

读文章最忌浅尝辄止。刚刚读懂了内容就说"吾得矣,吾得矣",其实只是得到了一点皮毛而已。正确的态度是,潜心穷究,剥皮见骨,挖一层再挖一层,直至发人之所未发,见人之所未见。挖掘是重要的,知道从何处挖掘也很重要。因此,与"挖掘"相伴随的就有一个"选点"问题。所谓"选点",就是选择应该挖掘、必须挖掘的疑点、难点、重点。疑点,就是文中引起疑惑不解的地方;难点,就是理解起来有一定难度的地方;重点,就是文中值得重加探究的地方。抓住了这三点,又注意深入挖掘,文章的个性之泉,就能汩汩于你的眼前了。

挖掘,要步步进逼,一层深于一层。比如读议论文,同学们注意的是文章的结构、论点、论据等,这当然是无可非议的,读议论文必须要抓住这些"要素"。但是,仅止于此,只是了解了大概,则未免失之肤浅。即使读一千篇议论文,也如同读一篇议论文一样,翻来覆去,所思所想的还是那么几个不痛不痒的老问题。如果善于选点挖掘,所得就大不一样。比如读物理学家卢嘉锡院士的文章《毛估比不估好》：

科学家不是"算命先生"，不能"预言"自己的研究结果；但漫无目标地"寻寻觅觅"也是科学工作者的大忌。进行科学研究时，我一向比较重视对最终结果的预测，以便从总体上更好地把握研究方向。我习惯于把这种预测叫作"毛估"，而且时常这样告诫自己的学生和科研人员说："毛估比不估好！"

我所以特别强调"毛估"，说起来和我做学生时出过的一次差错有关。记得念大学三年级时（1933年），教物理化学的区嘉炜老师挺喜欢考学生。有一回他出了几道考题，其中有个题目特别难，全班就我一个人基本上做出来。可是等改好的卷子发下来，我发现那道题目老师只给了1/4的分数，感到很委屈，因为我只是把答案的小数点点错了地方。

老师注意到我思想上有些想不通，就耐心地开导我说："假如设计一座桥梁，小数点点错一位可就要出大问题，犯大错误了。今天我扣你3/4的分数，就是扣你把小数点点错了地方……"

我理解了老师重扣分的一片苦心，继而就想：如何才能避免诸如把小数点点错地方之类的不应有的错误呢？当我静下心来检查出错的原因时，我发现问题不仅仅在一时的疏忽上，因为我的计算结果在数量级上明显地不合理；如果解题的时候能够认真对照分析一下题目所给的条件，那错误是完全可以及时发现和纠正过来的。而我所以出了"岔子"，根本的原因就在于自己心中对解题的目标没个"谱"。

从那次以后，不论是考试还是做习题，我总是千方百计地根据题意提出简单而又合理的物理模型，也就是毛估一下答案的大致数量级，如果计算的结果超出这个范围，就赶快检查一下计算过程……这种做法，使我有效地克服了因偶然疏忽引起的差错。

1939年秋，我在英国获得理学（国外通常称为"哲学"）博士学位，旋即到了美国加州理工学院,跟随后来两度荣获诺贝尔奖(1954年化学奖和1963年和平奖)的鲍林教授学习和从事结构化学研究。我注意到并十分钦佩这位导师所具有的那种独特的化学直观能力:只要给出某种物质的化学式,鲍林往往就能大体上想象出这种物质的分子构型。这无形中"催化"了我那朴素的毛估思维,我常常揣摩导师的治学与研究的思维方法,探究他那非凡想象力的根基与奥秘。我发现那是善于把握事物本质的能力与毛估性判断的结果,这一发现引发我更重视毛估方法的训练和提高。

这是我长期从事科学研究工作积累起来的一点体会,我想寄语青年一代科学工作者:当你捕捉到一个有价值的研究课题却在工作开展后把握不住方向时,当你在探索真理的汪洋大海中感到茫然不知所措时,当你下狠心攻克某个科学难关而又难于攻下时,请回头探讨一下你的"目标模型",问问自己是否已经建立起一个相当合理的模型。

最后,我想与大家共勉的还是那句老话:"毛估比不估好!"

"毛估比不估好"是此文的论点,无疑是十分明确的。为了证明论点的正确性,举了两个典型事例进行论证,最后寄语青年一代科学工作者,并以"毛估比不估好"互勉。读文章,到了这一步,可以说是把握了全文的内容了。到此为止,可否? 不可,还要抓住重点、层层挖掘。

先看论点。文章是开宗明义提出论点的,论点的提出又非泛泛而谈,而是紧紧扣住职业特点,实实在在,针对性强。针对科学研究工作者思想上容易产生的误解,指出科学家既不能"预言"研究成果,又不能漫无目标地"寻寻觅觅",而应该重视最终结果的"预测"。在议论中提出观点后,立刻强化这种认识。强化方法为二:一是"时常这样告诫自己的学生和科研人员",可见其重要性,简直成了座右铭;二是浓缩成简明的语言,"毛估比不估好",易懂易记。

接下来重点挖掘文章在论据上的特色。

为了使这个观点有说服力,文中运用了两个事例,一中一外,一个是自己的,一个是导师的。这是从论据类型上考虑,可以看出作者用例讲求典型性。继之要考虑两个事例所以能以一当十、以少胜多的艺术作用,归为一个字,即"比"。第一个事例叙述解答题目小数点出错,极容易归咎于粗心、疏忽。如果认识只囿于这一点,这种事例车载斗量,司空见惯,无甚价值。文章深入一层,检查出错的原因更在于数量级上的明显不合理,心中无"谱",没有"预测",没有"毛估",这就生动说明差错出自"不估"。如果事例只举到这儿,只能证明"不估不好",仍没有把问题说清楚,仍不能有效地论证论点。文章不是如此,而是继续深入,阐明毛估的有效性。"不论是考试还是做习题,我总是千方百计地根据题意提出简单而又合理的物理模型",不是一次两次,而是每一次。前后比较,"毛估比不估好"的观点正确无疑。

第二个事例叙述十分概括,赞扬导师的非凡的化学直观能力和毛估性判断能力。导师两度获得诺贝尔奖,他的学术上的成就与他把握事物本质的能力和毛估性判断密切关联,因而这个事例同样有价值,有典型意义。无可辩驳的事实本身就具有极强的说服力。

挖掘论据特色,到此也算可以了。不妨穷追不舍,再思一层,文章的佳妙还在于两个事例的内在联系。导师学术上的杰出成就与研究的独特风格是自己朴素的毛估思维的"催化"剂,因而更重视毛估方法的训练与提高。如此论证,有正有误的对照,有内因的驱使,外因的激励,左右逢源,浑然一体。另外,论据在证明论点时要能以一当十,剪裁还须精当。比如导师鲍林教授可叙述的事很多,在文章中只要紧扣论点的需要选用就行。也可以这样理解:前一个事例是主要论据,后一个起补充、强化作用。赘述必然拖沓,反而有淡化论据的作用。

应该说,《毛估比不估好》的优点是很多的,语言、结构等都值得欣赏。但相比较而言,抓住"论据"深入挖掘,更能看到文章的艺术个性与写作特点。

2. 联系比较

有比较才有鉴别。比较,是一种朴素的认识事物的方法,也是一种思维过程。心理学家经过实验证实,人们通过比较后获得的知识,印象深刻,不易遗忘,而且能大大激发学习兴趣,提高创造能力。正如苏联心理学家乌申斯基所言:"比较是一切理解和思维的基础,我们正是通过比较来了解世界上的一切的。"有经验的阅读者也认识到,一些作品单个读起来,很难看出它的独特个性,一经比较,个性与特色就显露出来了。

当然,比较不是碰到什么内容就比较什么内容,要注意可比性。所谓"可比性",是指作品本身所具有的比较因素(相同因素或相异因素等)和条件。随意"拉郎配",势必鸡零狗碎,肢解文章,难得收益。

比较有两种方式。

一是"假设比较",即根据所读文章的内容,临时假设一个相似内容与之比较,以看出优劣来。例如从《阿Q正传》中抽出两句话,编配相似的例子加以比较。

原句标点情况	假设例句
① 你怎么会姓赵!——你那里配姓赵!	① 你怎么会姓赵,你那里配姓赵!
② "老Q,……现在……"赵太爷却又没有话,"现在……发财么?"	② "老Q,"赵太爷却又没有话,"现在……发财么?"

先看例①,原句中用两个感叹号,充分表现了这个豪绅咄咄逼人的口气,中间的一个破折号活现了赵太爷步步逼人的气焰。而假设例句不能体现这一特点,标点运用一般化。再看例②,赵太爷的一句话仅九个音节,却用了三个省略号,表明四次才说完。"现在"一句竟然重复两

次,停顿两次,巧妙的标点,惟妙惟肖地揭示了赵太爷之流惶惶不安的心理。同样,假设例句也没有达到这样的表达效果。

又如毛泽东同志《反对党八股》一文,语言通俗、生动,为更好地体会这一特点,不妨也假设一些例句与原句加以比较:

"但没有什么内容,真是'懒婆娘的裹脚布,又长又臭'。"/没有什么内容,显得空空洞洞,而且又拖沓冗长。

"俗话说:'到什么山上唱什么歌。'"/具体问题具体对待。

前为原文句子,后为假设编拟的句子。通过比较,哪一种语言通俗易懂,深入浅出,生动活泼,便不言而喻了。

比较的另一种方式是"选文比较"。比较的对象不是读者假设、编拟的,而是实有的。所选文章是完整的,比较内容多样,既可比较相同点,也可比较相异点。比较阅读下面的文章。

几件小事(节选)
——记父亲叶圣陶
叶至诚

我今年62岁了,可是拿不好筷子。人家拿筷,拇指上一只,食指上一只,吃起来,两只筷平行地向碗里伸去,或扒或拣,灵活方便;我却是拇指、食指和中指合捏一双筷,想要吃什么,交叉着两只筷子往菜碗里伸。妻子取笑我说:"人家吃菜是拣的,你吃菜是叉的。"还跟小孙女讲:"不要学你爷爷,你爷爷拿筷子多难看。"我就接着说:"是啊,我爸爸妈妈从来没管我怎么拿筷子,我自小就没学会。"

还有一件我无论如何干不好的事,就是写毛笔字。参加什么会议,看到会场门口摆着墨盘、毛笔、签到簿,我心里就嘀咕:"又得出一回洋相了。"好不容易毕恭毕敬地把名字写上,自己再不敢多看一眼,只好出门不认货,掉头就走。这当然要怪我自己从小没有下功夫练过,然而父亲却从来也没问过我毛笔字写得怎么样这件事。直到后来我学着写散文了,父亲也只管我稿子写得是不是清楚,不管我的字是不是好看。

父亲也有管着我的事,譬如让我递给他一支笔,我随手递过去,不想把笔头交在了父亲手里,父亲就跟我说:"递一样东西给人家,要想着人家接到了手方便不方便,一支笔,是不是脱下笔帽就能写;你把笔头递过去,人家还要把它倒转来,倘若没有笔帽,还要弄人家一手墨水。刀子剪刀这一些更是这样,决不可以拿刀口刀尖对着人家;把人家的手戳破了呢?!"直到如今,我递任何东西给别人,总是把捏手的一边交给对方,报纸书本也让人家接到手就能看。

冬天,我走出屋子没把门带上,父亲在背后喊:"怕把尾巴夹着了吗?"次数一多,不必再用这么长的句子,父亲只喊:"尾巴,尾巴!"就这样渐渐养成了我冷天进出屋子随手关门的习惯。另外,父亲还告诫我开关房门要想到屋里还有别人,不可以"砰"的一声把门推开,"砰"的一声把门带上,要轻轻地开,轻轻地关;我也从此遵循到现在。

后来我想:父亲不管我的,都是只关系我个人的事,在这方面,父亲很讲民主,给我极大的自主权,有时候在我喜爱的事情上帮我一把,譬如为我儿时集邮册页的楠木夹板雕刻篆字题签,给我们手足三个修改文章等等;而父亲管我的,都是涉及我和他人之间的关系的事,在这方面,父亲反反复复地要我懂得,我是生活在人们中间的,在我以外,更有他人,要时时处处替他人着想。

我 的 母 亲

邹韬奋

说起我的母亲,我只知道她是"浙江海宁查氏",至今不知道她有什么名字!……我听见她的娘家的人们叫她做"十六小姐",男家大家族里的人们叫她做"十四少奶",后来我的父亲做了官,人们便叫她做"太太",她始终没有用她自己名字的机会!我觉得这种情形也可以暗示妇女在封建社会里所处的地位。

我的母亲在我十三岁的时候就去世了。我生的那一年是在九月里生的,她死的那一年是在五月里死的,所以我们母子两人在实际上相聚的时候只有十一年零九个月。我在这篇文里对于母亲的零星追忆,只是这十一年里的前尘影事。

我现在所能记得的最初对于母亲的印象,大约在两三岁的时候。我记得有一天夜里,我独自一人睡在床上,由梦里醒来,朦胧中睁开眼睛,模糊中看见由垂着的帐门射进来的微微的灯光,在这微微的灯光里我瞥见一个青年妇人拉开帐门,微笑着把我抱起来。她嘴里叫我什么,并对我说了什么,现在都记不清了,只记得她把我背在她的背上,跑到一个灯光灿烂人影幢幢往来的大客厅里,走来走去"巡阅"着。大概是元宵节吧,这大客厅里除有不少成人谈笑着外,有二三十个孩童提着各色各样的纸灯,里面燃着蜡烛,三五成群的跑着玩。我此时伏在母亲的背上,半醒半睡似的微张着眼看这个,望那个。那时我的父亲还在和祖父同住,过着"少爷"的生活,父亲有十来个弟兄,有好几个都结了婚,所以这个大家庭里有着这么多的孩子。母亲也做了这大家族里的一分子。她十五岁就出嫁,十六岁那年养我,这个时候才十七八岁。我由现在追想当时伏在她的背上睡眼惺忪所见的她的容态,还感觉到她的活泼的、欢悦的、柔和的、青春的美。我生平所见过的女子中,我的母亲是最美的一个,就是当时伏在母亲背上的我,也能觉到在那个大客厅里许多妇女里面,没有一个及得到母亲的可爱。我现在想来,大概在我睡在房间里的时候,母亲看见许多孩子玩灯热闹,便想起了我,也许蹑手蹑脚到我床前看了好几次,见我醒了,便负我出去一饱眼福。这是我对母亲最初的感觉,虽则在当时的幼稚脑袋里当然不知道什么叫做母爱。

后来祖父年老告退,父亲自己带着家眷在福州做候补官。我当时大概有了五六岁,比我小两岁的二弟已出生了。家里除父亲、母亲和这个小弟弟外,只有母亲由娘家带来的一个青年女仆,名叫妹仔。"做官"似乎怪好听,但是当时父亲赤手空拳出来做官,家里一贫如洗。我还记得,父亲一天到晚不在家里,大概是到"官场"里"应酬"去了,家里没有米下锅;妹仔替我们到附近施米给穷人的一个大庙里去领"仓米",要先在庙前人山人海里面拥挤着领到竹签,然后拿着竹签再从挤得水泄不通的人群中,带着粗布袋挤到里面去领米。母亲在家里横抱着哭啼着的二弟踱来踱去,我在旁坐在一只小椅上呆呆地望着母亲,当时不知道这就是穷的景象,只诧异着母亲的脸何以那样苍白,她那样静寂无语地好像有着满腔无处诉的心事。妹仔和母亲非常亲热,她们竟好像母女,共患难,直到母亲病得将死的时候,她还是不肯离开她,以孝女自居,寝食俱废地照顾着母亲。

母亲喜欢看小说,那些旧小说,她常常把所看的内容讲给妹仔听。她讲得娓娓动听,妹仔听着忽而笑容满面,忽而又愁眉双锁。章回的长篇小说一下讲不完,妹仔就很不耐烦地等着母亲再看下去,看后再讲给她听。往往讲到孤女患难,或义妇含冤的凄惨的情形,她两人便都热泪盈眶,泪珠尽往颊上涌流着。那时我立在旁边瞧着,莫名其妙,心里不明白她们为什么那样无缘无故地挥泪痛哭一顿,和在上面看到穷的景象一样地不明白其所以然。现在想来,才感觉到母亲情感的丰富,并觉得她讲的故事能那样地感动着妹仔,如果母亲生在现在,有机会把自己造成一个教员,必可成为一个循循善诱的良师。

我六岁的时候,由父亲为我"发蒙",读的是《三字经》,第一天上的课是:"人之初,性本善;性相近,习相远。"莫名其妙!一个人坐在一个小客厅炕床上"朗诵"了半天,苦不堪言!母亲觉得非请一位"西席"老夫子教不可，所以家里虽一贫如洗，情愿节衣缩食，把省下来的钱请一位老夫子。说来可笑，第一个请来的这位老夫子，每月束脩只须四块大洋（当然供膳宿），虽则这四块大洋，在母亲已是一件很费筹措的事情。我到十岁的时候，读的是"孟子见梁惠王"，教师的每月束脩已加到十二元，算增加了三倍。到年底的时候，父亲要"清算"我平日的功课，在夜里亲自听我背书，很严厉，桌上放着一根两指阔的竹板。我的背向着他立着背书，背不出的时候，他提一个字，就叫我回转身来把手掌展放在桌上，他拿起这根竹板很重地打下来。我吃了这一下苦头，痛是血肉的身体所无法避免的感觉，当然失声地哭了，但是还要忍住哭，回过身去再背。不幸又有一处中断，背不下去；经他再提一字，再打一下。呜呜咽咽地背着那位前世冤家的"见梁惠王"的"孟子"！我自己呜咽着背，同时听得见坐在旁边缝纫着的母亲也唏唏嘘嘘地泪如泉涌地哭着。我心里知道她见我被打，她也觉得好像刺心的痛苦，对我表着十二分的同情，但她却时时从呜咽着的、断断续续的声音里勉强说着："打得好！"她的饮泣吞声，为的是爱她的儿子；勉强硬着头皮说声"打得好"，为的是希望她的儿子上进。由现在看来，这样的教育方法真是野蛮之至！但是我不敢怪我的母亲，因为那个时候就只有这样野蛮的教育法；如今想起母亲见我被打，陪着我一同哭，那样的母爱，仍然使我感念着我的慈爱的母亲。背完了半本"梁惠王"，右手掌打得发肿有半寸高，偷向灯光中一照，通亮，好像满肚子装着已成熟的丝的蚕身一样。母亲含着泪抱我上床，轻轻地把被窝盖上，向我额上吻了几吻。

当我八岁的时候，二弟六岁，还有一个妹妹三岁。三个人的衣服鞋袜，没有一件不是母亲自己做的。她还时常收到一些外面的女红来做，所以很忙。我在七八岁时，看见母亲那样辛苦，心里已知道感觉不安。记得有一个夏天的深夜，我忽然从睡梦中醒了起来，因为我的床背紧接着母亲的床背，所以从帐里望得见母亲独自一人在灯下做鞋底，我心里又想起母亲的劳苦,辗转反侧睡不着,很想起来陪陪母亲。但是小孩子深夜不好好的睡,是要受到大人的责备的,就说是要起来陪陪母亲,一定也要被申斥几句,万不会被准许的(这至少是当时我的心理),于是想出一个借口来试试看,便叫声母亲,说太热睡不着,要起来坐一会儿。出乎我意料之外的,母亲居然许我起来坐在她的身边,我眼巴巴地望着她额上的汗珠往下流,手上一针不停地做着布鞋——做给我穿的。这时万籁俱寂,又听到滴嗒的钟声和可以微闻得到的母亲的呼吸。我心里暗自想念着,为着我要穿鞋,累母亲深夜工作不休,心上感到说不出的歉疚,又感到坐着陪陪母亲,似乎可以减轻些心里的不安成分。当时一肚子里充满这些心事,却不敢对母亲说出一句。才坐了一会儿,又被母亲赶上床去睡觉,她说小孩子不好好地睡,起来干什么!现在我的母亲不在了,她始终不知道她这个小儿子心里有过这样的一段不敢说出的心理状态。

母亲死的时候才二十九岁,留下了三男三女。在临终的那一夜,她神智非常清楚,忍泪叫着一个一个子女嘱咐一番。她临去最舍不得的就是她这一群子女。

我的母亲只是一个平凡的母亲,但是我觉得她的可爱的性格,她的努力的精神,她的能干的才具,都埋没在封建社会的一个家族里,都葬送在没有什么意义的事务上,否则她一定可以成为社会上一个更有贡献的分子。我也觉得,像我的母亲这样的被埋没葬送掉的女子不知有多少!

两篇散文都是记人之作,写真人真事,抒真情实感,这,就是两文的共同点。另外在写作手法上,两文都注重细节描写。《我的母亲》一文成功地利用一系列细节描写,把母亲的内心世界刻画得真切动人。例如元宵节的夜间,母亲看到家中热闹的情形,想起正在睡觉的孩子,就几次悄悄地跑到卧室中,看见孩子醒了,马上背出去让他"一饱眼福"。当孩子背不好书而挨打时,母亲一边泪如泉涌地哭着,一边说"打得好",然后把孩子抱上床,轻轻地把被子盖好,又在额上吻了吻。这些细节描写,生动地说明了母亲对子女细致入微地关切,表明母亲的心地是非常仁慈宽厚的,读了使人深为感动。《几件小事》也是借用细节来表现人物。这一点,同学们自能看得出,就不再举例说明了。

通过比较,我们还可看出两文的不同点,即两文的不同特色与个性。《我的母亲》一文,重在揭示母亲仁慈宽厚的内心世界,笔墨倾注于人物的心理刻画;《几件小事》一文,重在揭示叶圣陶先生的育人思想。一写母亲的柔情,一写父亲的思想,这一点,两文在末尾的议论中都有所揭示。另外,在行文上,《我的母亲》是分事叙述,朴素自然;《几件小事》则是采用先抑后扬的构思,先写父亲不管我什么,再写父亲管我什么。两条线并成一股,到末尾分析原因。《我的母亲》一文,以情感人,读之潸然泪下;《几件小事》一文,以理教人,读之使人在做人上深受启迪。

以上讲了两种主要的阅读方法。其实,读出文章个性有多种路子,同学们在阅读实践中可自行摸索。总之,要记住一条,由表及里,深入挖掘,通过比较,认清异同。

指点形象，辨析文字
——文学作品的初步鉴赏

可以断言，每一位青少年都是文学青年。这并不是说每一位青少年都在动笔进行文学创作，而是指他们乐意走进文学世界，采撷文学的鲜花，接受文学的熏陶。有的同学爱读散文，有的同学爱读小说，有的同学爱读戏剧作品，更多的同学就是喜欢诗。

阅读优秀的文学作品，就是接受一次思想灵魂的洗礼，就是给美妙的青春增添一分鲜亮的底色。

然而，必须指出的是，由于应试教育产生的不良影响，很多同学不得不忍痛割舍了"文学"。这种情况实在令人担忧！长此以往，人将会变得越来越浅薄，生活将会变得越来越单调。无疑，这对于青少年的感情熏陶，思想锤炼，性情培养，素质提高是非常不利的。应该让每一位同学增添一分文学梦，应该让文学的绿草在青少年心灵世界里铺织人生的春天。

当然，我们鼓励同学们阅读文学作品，并非是仅仅停留在浏览故事的层面上，而是要走进文学作品的斑斓世界，学会独立思考，能够初步鉴赏，自觉地吸取文学养料。不然，专为猎取新鲜故事，就没有多少阅读意义了。

文学作品的初步鉴赏，有一个基本要求和方法，即"指点形象，辨析文字"。为什么说要"指点形象"？这是由文学作品的形象性决定的。

黑格尔说:"艺术的内容就是理念,艺术的形式就是诉诸感官的形象。"别林斯基也说过:"艺术是对真理的直感的观察,或者说是寓于形象的思维。"古今中外的优秀文学作品都为我们塑造了难以忘怀的文学形象。作家经过观察、分析和概括,将丰富的感性材料加以"去粗取精,去伪存真,由此及彼,由表及里"的改制和创作,从而创造出具有一定思想倾向的文学形象,让文学形象来表达作家自己的深厚的思想感情。这里要特别指出的是,所谓的"文学形象"不单单是指小说中的人物形象。我们可从两方面来认识:一是叙述性的文学作品(包括叙述诗)的形象性,最主要的就表现在人物形象的塑造上;二是诗歌、散文类文学作品的形象,则由景物、意境、意象来体现。诗歌、散文这类作品,都不是刻画人物形象的,但却生动地描写了各种各样的具体形象,使这些作品具有丰富的形象性,并通过生动的形象描绘,鲜明地表达了作者的思想感情。另外,历来优秀的文学作品都不是靠议论,而是通过作品中出现的形象来感染读者、说服读者、对读者起潜移默化的作用,即都是用形象来达到教导人的目的。因此,不论读哪一类文学作品,都必须"指点形象"。

为什么要"辨析文字"呢？这里讲的"文字"是指文学语言。我们知道,文学是语言的艺术,语言是作家用以塑造艺术形象、反映社会生活的必不可少的工具。在文学创作中,作家要把一幅幅的生活图画和鲜明、生动的艺术形象展示出来,就必须通过语言的媒介。离开了语言,就不可能有文学。正是从这个意义上,高尔基把语言称为"文学的第一个要素"。因此,要真正理解文学作品,把握文学形象,就必须从语言文字入手。再一点,文学语言是在人民口头语言的基础上经过提炼加工而成的,它集中、突出了人民口头语言中的精华,又剔除了人民口头语言中的杂质、糟粕。文学语言在全民语言的发展中起着巨大的推进作用。人们把那些卓越的作家称为"语言巨匠""语言大师",就是由于他们创造了光辉的文学语言,足以成为全民语言的楷模。他们以自己的创造性劳动为丰富和发展全民语言做出了贡献。从这个意义上讲,分析与学习文学作品语言,不仅是理解文学作品的需要,也是提高自身语言修养的需要。

"指点形象,辨析文字",不同体裁的文学作品有不同的方法。由于文学作品范围很广,品种很多,不可能一一涉及,这里仅就常见的四种体裁——诗歌、散文、小说、戏剧文学,谈一些"指点形象,辨析文字"的具体方法。

1. 诗歌的初步鉴赏

诗歌是最早出现的一种文学体裁。由于诗人写作时的感情活动特别强烈,思想特别丰富,所以诗歌的最显著的特征,就是饱含着丰富的想象和感情。与小说、戏剧文学等相比较,诗歌中作者的感情往往以直接表达的方式,凝结在诗篇的字里行间,显得特别鲜明,特别动人。诗歌的语言,精练简洁,音调和谐,有鲜明的节奏和韵律。

鉴赏诗歌的重点,一般说来有如下三点:

一是反复诵读,分析节奏。诵读是最基本的一个环节,短诗力求背诵,长诗也应反复朗诵。通过反复诵读,初步感知诗歌的内容和节奏。

二是品尝重点诗句。诗的语言一般都是比较含蓄的,很多诗句"意在言外"。因此,选出一些重点诗句,品味其深刻含义就显得非常重要了。通过重点诗句含义的理解,也有益于我们把握诗歌的主题。

三是研究诗的表达形式和写作技巧。诗的结构特点以及多种表达技巧、修辞手法的运用是为揭示诗的主旨服务的。研究它们,是为了把握诗歌的表达艺术。

鉴赏诗歌的要领,一般说来也有三个方面。

(1)分析意象。"意象"的内涵比较复杂,主要是指形象化的词语所包含的思想情感。比如"春风又绿江南岸"中的"绿"就是一个意象,既有形象——"绿色",又有感情——对生机盎然的春天的赞美,同时也暗含因绿色引起的某种难以言说的思念之情。一首诗是由若干个意象组合而成的,因此,分析意象是读诗的基本环节。

怎样分析意象呢?一般说来,可以采用这样的方法:

① 根据诗歌的总体思想来推敲一些富有深意的形象化语词。比如"鸟宿池边树,僧敲月下门"中的"敲",是一个表示动作的形象化语词,单看词义,很好懂;如果联系整首诗所渲染的幽静的情景来品味,"敲"的意味就不同寻常了。

② 通过比较,体味意象的含义。意象的中心是"意",即思想含义。一首诗中的某个意象一时还不明白,可以试着用另外一个词来代替,看看哪一个词更富有情味。比较是发现的好办法,不比不知道,一比就有了鉴别;有了鉴别,认识就深刻而又具体了。

请读林子《秋感》一首诗的片段:

田野里生长着父亲厚实的渴望

每一株庄稼

都闪烁着汗水的光芒①

林间的鸟鸣被太阳一点

便燃烧成天边的彩霞

夕阳沉睡的姿势

是最茂盛的秋色②

有黄叶在风中优美的伴舞

蛙鸣或蝉噪成了听不厌的歌

我在秋的辉煌里迷路了

便问一声田头的父老乡亲

他们是秋天里最有资格的向导③

一季都把心紧贴在大地上

让它和秋的脉搏一起跳动

诗中加点的语句都是富有情意的"意象"。① 句揭示了辛苦劳作的情景；② 句描写了斑斓秋色，同时也展示了丰收的情景；③ 句中的"向导"最为重要，意思是，用劳动换取丰收，是父老乡亲给我们的人生启示。

（2）领悟意境。这里讲的"意境"是指一首诗在整体上展现出来的既有思想含义又有形象特点的情景。一首诗的完整意境由若干个意象共同组成。因此，领悟诗歌的意境，就必须从以下几个方面入手：

① 分析意象，组合意象。分析意象，上边已经说过了，这里说说什么叫"组合意象"。所谓"组合意象"就是把若干意象词拢到一起，加以概括和提炼，从中找出共同点，并以此作为整首诗的基本主旨。

② 分析作者的写作意图。作者写一首诗总是有感而发，有情而抒的。作者的情感是什么？为什么要抒发这样的情感？读诗时，都要对此一一加以推测和分析。把握了作者的写作意图，有利于我们准确地理解诗的意境。

③ 参与自己的理解。诗无达诂，意思是说，一首绝妙好诗，往往是仁者见仁，智者见智，没有一致的标准答案。读者可以根据自己独特的感受来理解诗的意境。当然，参与自己的理解也不能漫无边际，任意解释。要做到言之成理，言必有据。

请读下面一首诗：

晚　　霞

闻　捷

夕阳在蔚蓝的天空，
抹下了五光十色；
微风与牧人们耳语：
你看它变幻无穷。

那、那一溜金黄的——
该不是负重的骆驼队，
摇着悦耳的铜铃，
在起伏的沙梁上缓行；
那、那一团火红的——
该不是奋鬃长鸣的骏马，
忽地腾空跃起，
想跃过那积雪的山；
那、那一片雪白的——
该不是驯良的羊群，
相互挨挤着又追逐着，
嬉游在牧草肥美的湖滨。

那、那一块绛紫的——
该不是肥胖的乳牛，
吊着两大袋奶子，
摇头摆尾地走进新圈棚。

> 草原上的牧人哟!
> 爱恋这七月的黄昏;
> 你听!是谁弹起三弦琴,
> 歌唱晚霞洞悉牧人的心……
>
> 1953年—1957年
> 乌鲁木齐—北京

这首诗首尾两段总写草原晚景,二、三、四、五段分写不同景物。这几种不同景物综合起来,并由美丽的夕阳作背景,诗的意境显得宽广而又美丽。从形象上看,重在描写色彩的斑斓,如"金黄""火红""雪白""绛紫"等色彩词;从含义上看,重在表现丰收、自由和喜悦的情怀。

(3) **体味情感**。读任何文章都应体味情感,读诗更应如此。只有真切地把握了诗的情感基调和情感内容,才算得上读懂了一首诗。有的诗,情感炽热、奔放,和盘托出;有的诗,情感深沉、含蓄,藏而不露……因此,体味诗的情感是要讲求具体方法的,一般说来有:

① 从关键词句入手。这里讲的关键词句主要是指抒情句,议论句。这些诗句往往是作者感情的引发点。

② 从诗的思想底蕴上入手。也就是说,先从总体上把握诗的主题和思想基础,然后结合主旨来体味情感特点。

③ 通过朗诵的方法来体味情感。有些诗看起来平平淡淡,但经过多次朗读之后,诗情就出来了。

请读柯岩《周总理,你在哪里》这首诗的片段:

> 我们回到祖国的心脏,
> 我们在天安门前深情地呼唤:
> 周——总——理!

广场回音:

"啊,轻些呀,轻些,

他正在中南海接见外宾,

他正在政治局出席会议……"

总理啊,我们的好总理!

你就在这里啊,就在这里!

——在这里,在这里,

在这里……

你永远和我们在一起

——在一起,在一起,

在一起……

你永远居住在太阳升起的地方,

你永远居住在人民心里,

你的人民世世代代想念你!

想念你啊,想念你

——想——念——你……

我们把关键性词句打上了着重号。你不妨反复诵读,体味这些词句所包含的含义,诗中浓郁的深刻的思念之情就像跳荡的激流奔涌在我们的眼前。

2. 散文的初步鉴赏

散文这一概念,在不同时期有不尽相同的含义。朱自清先生是散文大家,对散文深有研究,他在《什么是"散文"》里细致地区分了"散文"的各种含义,对我们正确认识现代"散文"含义极有帮助。朱自清先生是这样说的：

　　散文的意思不止一个。对骈文说，是不用对偶的单笔，所谓散行的文字。唐以来的"古文"便是这东西。这是文言里的区别，我们现在不大用得着。对韵文说，散文无韵；这里所谓散文，比前一义所包广大，虽也是文言里旧有的分别，但白话文里也可采用。这都是从形式上分别。还有与诗相对的散文，不拘文言白话，与其说是形式不一样，不如说是内容不一样。
　　按诗与散文的分法，新文学里小说，戏剧（除掉少数诗剧和少数剧中的韵文外），"散文"，都是散文。——论文，宣言等不用说也是散文，但通常不算在文学之内——这里得说明那引号里的散文。那些与诗，小说，戏剧并举，而为新文学的一个独立部门的东西，或称白话散文，或称抒情文，或称小品文。

我们这里讲的散文，正是"与诗，小说，戏剧并举"的散文。
　　鉴赏散文，一般说来有三个重点：
　　一是体会散文深刻的思想感情，接受思想美、情感美、哲理美、艺术美的熏陶，使自己逐步成为一个思想纯正、感情健康、富有艺术趣味的人。
　　二是学习散文语言。或品尝华美，或钟爱质朴，或偏爱委婉，或喜欢酣畅，从而使自己的语言不断规范、优美起来。
　　三是学习散文的构思艺术。散文是美文，美在思想，也美在构思。学习散文的构思，既可提高自己的艺术趣味，也可培养自己灵动、敏捷的思维能力。
　　当然，不同作品，有不同的鉴赏重点，不能一概而论。从基本的鉴赏路子上讲，过程可分为两个阶段。一是认识文章的时代背景，特别是一些思想深刻、主题含蓄之作,更要摸清它的写作意图与时代原因。二是分点攻关,即确定鉴赏的要点,逐一加以分析、思考,切忌浮光掠影,大而化之地议论一番作罢。鉴赏要点的确定并非易事,一般要反复诵读作品,在初步了解全文内容的基础上,再选定几个疑点、难点、重点用问题形式提出来,加以解答。解答问题的过程也就是鉴赏的过程。

下面以中学语文课本中的《听潮》《闻一多先生的说和做》及《第二次考试》为例,从"境界""人物""感情"三方面,来讨论散文的鉴赏。(原文见课本)

(1)着眼于展现艺术境界。有人说:在文学的百花园里,散文和诗是两朵最亲近的姐妹花,虽然它们各具自己的风姿和逸韵,但色泽芬芳确有不少相同之处。一篇清新隽永的散文,总是洋溢着动人的诗情画意,展示出耐人寻味的艺术境界。散文是无韵之诗,讲究意境的描绘。所谓意境,就是艺术境界。王国维在《宋元戏曲考》中曾这样论述:"写情则沁人心脾,写景则在人耳目,述事则如其口出是也。"可见意境讲究一个"真"字,景物逼真,感情真挚。作者的思想感情和描写的景物交融为一的时候,就会出现感人的艺术境界。王鲁彦的《听潮》在这方面颇具特色。

这篇经删改后的散文着重在景物的描绘,用优美的笔触描写大海的神奇变幻和海潮奔涌而来的壮观,摹声绘态,展现大海的雄壮美,歌颂大海所寓含的伟大力量。

作者描绘海潮奔腾而来的情景如"在人耳目"。文中抓住海潮汹涌澎湃的特征细笔细描,先写潮初涨时的声音和情态,再写涨到高峰时的壮观;采用了拟人的手法,摹拟海潮的声音、情态和性格,十分逼真。一个"惊醒"报告了潮来时的消息,然后从声、光、色、形等多方面描绘渲染:"汩汩的声音","银光晃动","银龙似的","像铃子、铙钹、钟鼓在奏鸣着",使人如闻潮声,如见潮水上涌。接着从与岩石撞击的角度写潮的势头。一笔用排比句,用准确的动词刻画大海掀巨澜的力量,"它狠狠的用脚踢着,用手推着,用牙咬着,它一刻比一刻兴奋,一刻比一刻用劲";一笔写岩石受海浪冲击后的反响,"战栗","嗥叫"。而写岩石,也正是为了写海潮。"海的鳞甲,片片飞散",用形象的比喻描绘出海潮冲刷岩石溅起无数水花的景象。最后,重笔描绘涨潮达到高峰时的雄伟气势和惊心动魄的奇观。文中用了多种多样的声音状海潮的巨大声势:"战鼓声、金锣声、呐喊声、叫号声、啼哭声、马蹄声、车轮声、机翼声,掺杂在一起",真是天上地下,人马杂沓,犹千军万马混战,动魄惊心。文中又用"愤怒""咆哮",猛烈地"冲向"岸边,"冲进"罅隙,"拨刺"壁垒,疯狂地"汹涌着","吞没了"岛屿等分量很重的词语描绘海潮的汹涌澎湃,震天撼地。

　　文中之所以能凸显出海潮的雷霆万钧之势,摧坚吞垒之力,不仅由于作者善于运用拟人、比喻等修辞方法制造音响效果,描摹出滔滔滚滚的雄姿,而且还在于交代了听潮、观潮的十分优越的位置:幽静的寺院里的一间靠海湾的楼房,还有一个露台突出在海上。露台观海,脚下是海,闭窗听海,观潮者犹如置身于大海之中,心潮随着海潮起伏翻腾,情景交融,使读者有身临其境之感。更何况在海潮奏伟大乐章之前,作者精心设计了前奏。作者来小岛上游览观光,领略海景,必然要早观潮、晚观汐。因此,交代了听潮、观潮的时间与地点后,立即从潮入笔初写海景。先以潮水冲击岩石的音响诉之于读者的听觉,再以"细雨似的,朝雾似的,暮烟似的飞沫升落"的情态诉之于读者的视觉,又以"带着腥气,带着咸味"的气味诉之于读者的嗅觉。这样写,初显海潮特征,为海潮咆哮、奔腾,为大海的伟大乐章作前奏。

　　文章着力写大海的汹涌澎湃,显示其雄壮有力,也不忘描绘它的温柔静谧。写后者,不仅能使读者较为全面地了解大海,认识它的神奇变幻,而且也为大海的雄壮有力做了很好的铺垫。有"静"有"动",唯其

"静","动"就更为突出,更为吸引人。写海景的变幻,人的心情变化,由"欢心""喜悦"到"战栗""恐惧"才有依据。而心情变化的刻画又更逼真地表现出海景的神奇,内情与外物相融合,意境展现,真切感人。

文中描写大海平静的画面也颇富有诗意。先用"静寂"这个词语总领,然后从"波浪"轻吻、"海面"平静、"银光"颤动、"红玉"琼台等方面写其静态,波平浪静,色彩柔和,使读者欣赏到大海的宁静美。而五个比喻的连用,像诗人"沉吟",像"朦胧的月光和玫瑰的晨雾那样温柔",像"情人的蜜语那样芳醇",像"微风拂过琴弦",像"落花飘零在水上",给大海的宁静美增添了神秘、欢愉的色彩,分外有情趣。与写大海怒吼的过程一样,也描写了海的静寂之中细微的变化。从"波浪轻轻吻着岩石,像蒙眬欲睡似的"开始,而后写它的"沉吟",再写它的"睡熟"。为了渲染宁静的气氛,写大小岛屿"也静静地恍惚入了梦乡",写星星"也像要睡了",写"我俩也像入睡了似的",真是万籁俱寂,皆入梦乡。这种对"幽静的和平的愉悦的神秘"的诗意描写,为下文的海潮呼啸奔腾、狂暴不测充当先行,传递消息。

作者分别细致地描绘海静、海闹的变化过程,犹如一幅幅画面的连续转动,增强了立体感,增添了使人身历其境的实感。

文学欣赏,常常是通过眼前的有限形象不自觉地捕捉和领会到某种更深远的东西而获得美的享受。教学《听潮》这篇散文,不正是可以引导学生从海潮的形象中领略沸腾生活的壮美,胸襟广阔的可贵吗?

(2)着力于再现动人形象。有人说,散文有四美:形象美,绘画美,音乐美,含蓄美;而形象美最为重要。这话有道理,散文中有鲜明的形象就会有艺术感染力。散文中的形象往往通过神速的剪影来表现,以十分简约的笔墨,活灵活现地描绘出某种场景或某个人物,形神毕现,给人以难忘的印象。

臧克家同志的《闻一多先生的说和做》记述了闻一多先生从学者到

革命家的言行片段,"口的巨人""行的高标"的形象就跃然纸上。教学时要着力于再现这位革命家的形象,以他孜孜矻矻钻探文化宝藏的精神及嫉恶如仇、为祖国安危而英勇献身的凛然正气和高尚情操教育、感染学生。作者巧妙地选取了不同的角度来记述闻一多先生的事迹,赞颂他的可贵精神。文章的第一部分记述他作为学者方面"做"了再"说"、"做"了不"说"的特点。第二部分记述他作为革命家"说"了就"做"、又"说"又"做"的特点。中间用三段过渡,脉络清楚,连缀紧密,给人以深刻的印象。

文中记述闻先生的言行、描写闻先生形象很具匠心。尽管文中说作为革命家方面的闻一多先生与作为学者方面的闻一多先生对待"说"与"做"情况迥然不同,但实际二者并不矛盾,二者统一在言论与行动的完全一致,而且以宝贵的生命"证实了他的'言'与'行'"。言行一致是闻先生人格的写照。如果笼统地写,容易落入窠臼,流于一般化。选取恰当的角度,采用剖析的方法记述,具体,实在。既刻画了闻先生力戒空言、崇尚实干的学术道德,又刻画了为民主事业作狮子吼的慷慨陈词、昂首挺胸的战士形象。采用剖析的方法记述,不仅从不同的侧面揭示闻先生的精神世界,而且揭示了他思想前进的历程;从埋头寻觅文化药方,到挺身而出为争取民主、反对独裁而斗争。这样记述,虽只是言行的片断,但学者、革命烈士的精神美洋溢纸上,形象鲜明,血肉丰满。

这篇散文以记叙为主,但其中不少语言含有诗意,字词凝练,句式整齐,音调铿锵,感情浓烈,给人以强烈的感染。如"目不窥园,足不下楼。兀兀穷年,沥尽心血"四句 16 个字,内容丰厚,气势流畅,一个"沥"字深刻地表现了用心血一滴一滴浇灌学术研究花朵的钻研精神,精当,凝练。又如,"不动不响,无声无闻",两个"不",两个"无",看来普通,但细细咀嚼,颇有韵味。不是"不动",而是在"动",在废寝忘食地"动",用灯火"漂白了四壁"动。这个"不动",是不说,是无声,是听不到。用"不动"来突出闻先生的"做",突出他沥尽心血、埋头实干。再如"他'说'了""他'说'了""他'作'了"的排比段,感情如冲开闸门的潮水汹涌澎湃,一泻千里,倾泻出对闻先生英勇精神的高度钦佩与赞扬。结尾的"他,是口的巨人。他,是行的高标",是对闻先生人格的艺术概括,句式短促,音调高亢,节奏分明,情深意赅。散文中运用诗意的语言能增添文章的浓度,能使人物形象更为鲜明,能更为深刻地表达讴歌闻先生坚持真理、英勇无畏、慷慨献身精神的主题,能以文中包孕的感情激流给人以激励、鼓舞和感染。

为了突出形象,深化主题,文章在记人叙事的基础上,穿插了一些精要的议论,安排十分得当。第一部分先引闻先生的"言",然后记其"行",再进行议论,表现他在治学方面的埋头专攻精神。第二部分把闻先生的"言"和"行"糅合起来写,把"言"插入所叙事实之中,而这些"言"又是闻先生致作者信中亲笔所书,言导行,行证言,情真意切。作者在记"言"述"行"的基础上,连用三段文字进行议论,给人以飞流直下、一气呵成的感觉。这样写,既绘出了闻先生"说"的气冲斗牛、声震天地的情状,再现了他坚强不屈的声音,昂首挺进的形象;又深刻地揭示了他以生命为代价求民主反独裁的高尚人格。议论中寓含深情,议论中夹以事实,叩击读者心弦,使人对闻先生的无畏精神、凛然正气和高尚情操油然而生敬仰之情。

散文的形象不局限于人的形象,更多的是见之于物的形象,景的形象。通过形象的描绘,表现写作的意图。教学中着力于再现神采奕奕的形象,学生不仅能观形闻声,而且能深入理解文章的主题,受到教育与启示。

(3)注意把握思想感情的踪迹。优秀的散文非常讲究结构的艺术。乍看,笔下所写似乎信手拈来,随心所欲,其实颇有规矩,其中总有一条线索贯串首尾。寻觅作者逻辑思维的踪迹,把握蕴含在字里行间感情起伏的波涛，文章就能拎起来，不会像断了线的珍珠四处乱滚。何为同志的《第二次考试》这篇散文在谋篇布局上就很讲究章法。

这篇文章记叙了一个学生参加合唱训练班入学考试的故事。它的基本情节是：陈伊玲初试获胜；抢险救灾；复试失利；事因揭晓；终被录取。如果按故事的发生、发展、结果为顺序，应这样排列，而作者对题材进行了调整：写初试获胜后，立即写复试失利，然后调查事因，设下悬念，形成波澜，造成故事的曲折性，增强吸引力。

作者在文中制造了一系列悬念，处处布置疑点，时时引起读者揣测，收到引人入胜的效果。文章一开始把先后两次考试成绩悬殊的现象巧妙地构成一件"奇怪的事情"，造成了一个大悬念，在解开这个"奇怪"的谜团过程中又不断设置一个个疑点。有的用一系列疑问句设疑、布疑，如小石子投入水中，激起读者心中的浪花——"是因为怯场心慌，还是由于身体不舒服，影响声音？人们甚至怀疑她在生活上是否有些散漫？是否不注意自己身体的健康？"正当人们在这几种可能性中揣测、推论时，作者又通过人们的感觉说明"可是整个看来，她通体是明朗的，坦率的，可以使人信任的"，于是再用一个反问句布疑："难道就因为一点意外的什么事故使她遭受挫折吗？"正当人们希望从陈伊玲口中听到复试失利的原因时，偏偏作者写她"抱歉地对大家笑笑，飘然走了"，真使读者疑上加疑。有的以场景描写来制造悬念，如正当苏林教授因陈伊玲复试反常而生气时，作者突然调转笔锋，不写他的心理活动，而插入几句台风袭击后窗外断枝残叶狼藉满地的景象。读者不禁要想：这与陈伊玲考试有什么关系呢？苏林根据报名单上的地址"好容易"才找到了那条马路、那条弄堂，偏偏扑入眼帘的是受台风与火灾严重破坏的景象。就在读者急于想知道事情的真相时，文中又设了一个小疑点——"……手持纸条，不知从何找起。"这样处处设疑，妥善布疑，似乎山穷水尽,终究柳暗花明,激发读者浓厚的兴趣。

　　作者在精工编织材料的过程中,对作品的重点人物倾注了赞美的感情。白居易在给元稹的一封信里说:"感人心者,莫先乎情,莫始乎言,莫深乎义。诗者,根情,苗言,华声,实义。"诗歌如此,散文也是这样。一个作家,记叙什么事情,歌颂什么人物,选择什么语言,都是跟他的思想感情分不开的,都是从"情"这个根子里出来的。《第二次考试》的作者用饱蘸感情的笔赞扬陈伊玲这样的热爱人民、热心为人民服务、具有共产主义道德品质的社会主义新人。从人物的声音美、形态美、行动美上揭示人物的心灵美。作者安排她的第一次出场,首先在声音的描绘上下功夫,不仅直接描绘她音色"灿烂",理解"深沉",而且以门外窗外听的人的"挤挤挨挨",以教授们的眼神、表情为衬托,进行渲染刻画,给人以强烈的美的享受。接着在外貌、神态上轻轻一点,绘出蓬勃的朝气和毫不骄矜的品质。第二次出场在声音描写上作了明显的对比——"发涩""毫无光彩",在神态上也一反前次的朝气蓬勃,而是眼睛"黯然无神",嘴角流露出"无可诉说的焦急"。然而,作者在描写这个人物异样时,仍然着力写了她内在的美,"她通体是明朗的,可以使人信任的";临走时"抱歉"的微笑也透露了这一点。除了上述的直接描写,文中还通过苏林教授的看照片勾画她的肖像,通过她弟弟的转述刻画她的行为的高尚。

　　总之,作者把这个人物放在不同的环境里,从不同的侧面揭示她的内心世界。有同一环境里表现不同的直接描写;有另一环境中别人的转述,从侧面来描写,笔笔带情,表现高尚的品质。尽管没有写一次对话,一个内心活动,但陈伊玲的高贵的品质、动人的歌声和优美的风采所构成的艺术形象却栩栩如生地展现在读者的眼前。值得注意的是:第二次考试后,这个人物"飘然走了",再没有和读者见面。作者用这种"曲终人不见"的手法来处理,让人追寻、思索,意味隽永。

3. 小说的初步鉴赏

小说是一种以综合性运用语言艺术的各种表现方法,来塑造人物形象、反映社会生活的文学体裁。它的主要特点是:细致而多方面地刻画人物性格,生动而完整地叙述故事情节,充分地、多方面地展现人物活动的环境。

怎样鉴赏小说?下面讲几个要点。

(1) 分析人物。小说都有其重点塑造的人物形象。用"分析人物法"研读小说,就是对小说主人公进行评价,抓住其性格特点、精神风貌以及作者塑造他的目的和意义。怎样"分析人物"呢?

一是看这个人物在小说中的地位。一篇小说常常要有几个人物,我们要分清哪是主要人物,哪是次要人物;一般地说,要把主要人物也就是主人公作为分析的重点。

二是看作者是怎样描写这个人物的。小说写人或重在肖像描写,或重在心理揭示,或重在言行描写,或重在环境烘托……我们在分析人物时,就必须紧扣这些描写内容来分析人物的思想特点、性格特征。

三是看作者的意图与态度。作者写一个人,总是有目的的;同时,作者也往往加以议论以表明自己的态度。由分析作者的创作意图入手来看作品中的人物形象,有利于我们准确把握人物的精神实质及其典型意义。

下面,请读周立波《分马》中的一个片段。

几个人跑去扶起他来,替他拍掉沾在衣上的干雪,问他哪块摔痛了。老孙头站立起来,嘴里嘀咕着:"这小家伙,回头非揍它不可!哎哟,这儿,给我揉揉。这小家伙……哎哟,你再揉揉。"

郭全海把玉石眼追了回来,人马都气喘呼呼。老孙头跑到柴垛子边,抽根棒子,撵上儿马,一手牵着它的嚼子,一手抡起木棒,棒子落到半空,却扔在地上,他舍不得打。

继续分马。各家都分了称心的牲口。白大嫂子,张景瑞的后娘,都分到相中的硬实马。老田头夫妇牵了一匹膘肥腿壮的沙栗儿马,十分满意。李大个子不在家,刘德山媳妇代他挑了一匹灰不溜的白骗马,拴到他的马圈里。

《分马》写了一组人物,其中"老孙头"是重要人物之一。单就这几段文字来看,作者写了"老孙头"的语言和行动。语言蕴含气愤之情,但其中称"马"为"小家伙"又流露了一种喜爱之意;写行动是交代"老孙头"要打马,但是究竟没有打,原因何在?作者作了评断:"他舍不得打。"把言行描写和作者的评议结合起来思考,我们就可以看出"老孙头"这一人物形象的特点了:他是一位翻身之后满怀喜悦、善良朴实又不乏幽默感的老农。在他身上可以窥见翻身农民的精神风貌。

(2) 理清情节。情节又称"故事情节",是指作品中借以表现人物、揭示主题的某一事件的发生、发展、演变的过程及结果。它是人物生活发展、性格形成的历史,一般包括开端、发展、高潮、结局等组成部分。

理清情节的基本方法有:

一是找出事情的高潮并划分事情全过程的阶段。任何故事情节都有高潮,阅读时可先找出来,然后分析高潮前有几个阶段,高潮后的结果如何。

二是抓住过渡性语句或段落来分析情节发展变化的过程。由开端到发展,由发展到高潮,由高潮到结局,其中都有一个变化过程。为了表示这个"变化",作者往往用过渡性语句来交代。因此,理清情节就必须从过渡性语句或段落入手。

请阅读《小小说选刊》中王木的一篇小说。

在我们这个普通的居民点,38号的户主老钱是名望最高的。这与他的地位和才智似乎无关,与他的长相和风度也无关。换个角度说,老钱是个非常清正的人,邻居们喜欢他,平日里亲昵地直呼他为"38号",而不呼他官衔,就是一个佐证。

我们注意到,38号的口味喜清淡,长年食物含油脂少。一些个手拎甲鱼、黄鳝、鳗、虾、蟹的人向他家"进击",每每被他拒之门外。久而久之,人们了解了他,便停止了这种粗俗的以"小利换大利"的勾当。而他在将近40年的税务生涯中,却满足于清淡恬静的生活,直到临近退休,最高职务只是一个税务所的副所长。

在准备办理退休手续的日子里,38号家的门被两位衣冠楚楚、神色庄重的中年男子叩开了。

清茶。寒暄。在客人对主人作了一番敬意油生的表白后,其中一位中年客说:"钱同志,此来别无他事。知道您就要退休了,心中依恋。这一带的纳税单位,深为您的秉公办事和清正廉洁所感动,受大伙儿的委托,给您准备了一件小小的纪念品——不是什么行贿哟,只是表达大家的敬意而已。所以请您一定不要客气。"

38号不吭声,静察。

客人把随身带来的一卷画纸展开——是一幅尚未裱糊过的中国画。画面是几棵青菜和数个萝卜,青青白白,煞是逼真。画作题款是硕大非常的两个行书:清淡。

38号瞄了一下。接着眉毛抬了一下:"还是请拿回去,这不好——当然不是说这幅画画得不好,画是很不错、很有意境;你们的心意我心领了,请收回吧。"

两位客人危坐不动,大有不收受就不走的架式。

空气有点沉闷。一直没有开口的另一位中年客说:"38号,您是个热心人,热心了近40年了。人心是秤,家喻户晓。我们也希望您对我们两人热心一点。您这样,我们很难'交差',您已经上不了几天班了,这只是表达我们的……怕您不接受,也没有再破费去裱糊……"

38号终于被客人的诚恳所打动,叹了一口气:"好吧,就留下吧,谢谢、谢谢。"

客人如释重负地告辞了。

墙也透风。赠画一事,不知怎么一来,传到所里,于是很自然地惹起一番议论。其中较新颖的议论是:此画乃出自大陆一位丹青大家之手,是花了5 000元的代价定购的,云云。

这天,在沸沸扬扬的议论声中,38号默默地走进他的办公室。他是来向同事们"告别"的,即日起,他就可以赋闲在家了。只见他望了一眼他的办公桌,又把目光一一移到所长、新任副所长和别的几位科员身上,语气低沉:"今天,我要走了,谢谢大家的合作。我也没带来什么礼物,这里有一幅画,就留在办公室。欣赏权属于所里的每个人,画的所有权归公家。"就是那幅"青菜萝卜"图,他已经花了一些钱给裱糊了一下,添了轴,更挺括了。

办公室的后墙上钉了一枚钉,立轴即刻被挂在墙上了。画上的题款"清淡"两字旁边,新添一行正楷——"与同志们共勉"。不难看出,这些新字为38号所书。

38号退几步,朝"青菜萝卜"凝视片刻,说:"很好!"

这篇小说所写的主人公是"老钱",也即"38号"。所叙之事也比较简单:赠画的故事。事虽简单,但情节却很有波澜,即"看画→拒画→收画→送画"。"看画"是开端;"拒画""收画"是发展;"送画"(把画送给办公室)是故事的高潮,也是结局。这个高潮既揭示了人物的思想感情、性格特征,同时也具有深刻的教育意义。

(3)剖析环境。小说常常进行环境描写,这个环境一指社会环境,即人物的时代背景;一指生活环境,即人物所处的居室、场所以及其他具体的活动范围等。作者描写环境主要是烘托人物形象,揭示人物的思想、性格、志趣与爱好等。因此,读小说应该研究环境描写。

怎样剖析环境呢?基本方法有:

一是抓住环境特征。作者写环境总是要突出表现环境的特点的:是美的环境,还是丑的环境;是具有时代典型意义的环境,还是体现个人性格特点的环境。作者笔下都会有所交代。

二是看环境与人物之间的关系。有什么样的环境,往往就有什么样的人;有什么样的人,也往往就有什么样的环境。环境与人之间的关系是密切的。了解这个关系,对于分析人物形象、揭示作品主旨都大有裨益。

请阅读下面一段文字:

六月十五那天,天热得发了狂。太阳刚一出来,地上已经像下了火。一些似云非云、似雾非雾的灰气低低地浮在空中,使人觉得憋气。一点风也没有。祥子在院子里看了看那灰红的天,喝了瓢凉水就走出去。

街上的柳树像病了似的,叶子挂着层灰土在枝上打着卷;枝条一动也懒得动,无精打采地低垂着。马路上一个水点也没有,干巴巴地发着白光。便道上尘土飞起多高,跟天上的灰气连接起来,结成一片毒恶的灰沙阵,烫着行人的脸。处处干燥,处处烫手,处处憋闷,整个老城像烧透了的砖窑,使人喘不过气来。

这是老舍《在烈日和暴雨下》中的一段景物描写(景物描写是环境描写的一种方式)。作者所写的这个环境特点是"奇热"。天气如此奇热,祥子却不得不出门拉车接客,人物生活之艰难便不言而喻了。由此可见,作者写自然环境,旨在揭示人物的悲惨命运。

4. 戏剧文学的初步鉴赏

戏剧是一种综合艺术,它是文学、音乐、美术、舞蹈等各种艺术的综合体,以创造完整的舞台艺术形象为目的。戏剧文学,是指戏剧演出用的剧本。

鉴赏戏剧文学作品,要从三方面入手。

(1) 把握戏剧的冲突。所谓"冲突"是指故事矛盾和人物感情及心理矛盾,并且,这些矛盾在故事发展进程中形成了波澜,产生了冲撞,甚至到了白热化状态。"冲突"是戏剧的特点,否则就没有"戏"了。作者制造冲突的方法一般是悬念法、误会法、对比法、伏笔与照应法。

怎样把握戏剧的冲突呢?基本方法有:

① 由"果"推"因"。也就是说,先看戏剧的结局,然后一步一步往前推,找出产生这种结果的原因。这样读,能更好地摸清故事发展的来龙去脉,抓住冲突的原因及线索。

② 寻找故事的悬念及伏笔、照应文字,分析其在故事推进中所起的作用。一般地,冲突是由悬念引起的。在戏剧故事、人物命运发展的初期阶段,作者总喜欢设置几个悬念,扣人心弦,引人生疑;或者埋下一个伏笔,到故事结束时才交代,使读者恍然大悟。这些悬念、伏笔、照应,是作者精心设计的,阅读时认真推敲、思考,对理解整个戏剧故事的冲突大有裨益。

请阅读下文:

陈　毅　可以,决不多加打扰。

齐仰之　请。

〔齐仰之请陈毅进屋。

陈　毅　(打量房间)齐先生就住这里?

齐仰之　对,好多年了。

陈　毅　我倒想起了刘禹锡的《陋室铭》:"山不在高,有仙则名;水不在深,有龙则灵。斯是陋室,惟吾德馨。"

齐仰之　(高兴地)不不,过奖了,过奖了!

陈　毅　不过刘禹锡的陋室是"苔痕上阶绿,草色入帘青",齐先生的这间陋室嘛,则是"苔痕上墙绿,草色室中青"。

齐仰之　(笑)陈市长真是善于笑谈。

陈　毅　(看到墙上贴的条幅,念)"闲谈不得超过三分钟"。

齐仰之　(看表)有何见教,请说吧。

陈　毅　(也看表)真的只许三分钟?

齐仰之　从不例外。

陈　毅　可我做报告,一讲就是几个钟头。

齐仰之　(看表)还有两分半钟了。

　　　　〔齐仰之请陈毅坐下。

陈　毅　好好好。这次我趋访贵宅,一是向齐先生问候,二是为了谈谈本市长对齐先生的一点不成熟的看法。

齐仰之　哦?敬听高论。

陈　毅　我以为,齐先生虽是海内闻名的化学专家,可是对有一门化学齐先生也许一窍不通。

齐仰之　什么?我齐仰之研究化学40余年,虽然生性驽钝,建树不多,但举凡化学,不才总还略有所知。

陈　毅　不,齐先生对有门化学确实无知。

齐仰之　(不悦)那我倒要请教,敢问是哪门化学?是否无机化学?

陈　毅　不是。

齐仰之　有机化学?

陈　毅　非也。

齐仰之　医药化学?

陈　毅　亦不是。

齐仰之　生物化学?

陈　毅　更不是。

齐仰之　这就怪了,那我的无知究竟何在?

陈　毅　齐先生想知道?

齐仰之　极盼赐教!

这是初中语文第五册课文《陈毅市长》中的一段人物对话。齐仰之拒见陈毅,冲突开始;见面后只准谈三分钟,冲突发展;齐仰之告知陈毅"还有两分半钟了",冲突达到高潮。在这个节骨眼上,陈毅单刀直入,指出齐仰之"对有一门化学""一窍不通",引起齐仰之疑惑,"极盼赐教!"陈毅指出三分钟已到,假装告辞。齐仰之非留陈毅不可,一直谈到办医药厂,两人思想沟通,冲突才告结束。由此可见,要把握这一矛盾冲突,必须理清情节过程,即:拒客→限定时间→留客长谈,同时,又要抓住"三分钟限时"这个悬念。

(2)品味戏剧的语言。在戏剧文学中,故事的发展,人物性格的揭示,以及剧作家对人物事件的评价和态度,一般都依靠人物的对话来完成。因此,品味戏剧的语言,对于理解主题,了解人物形象,有着很重要的意义。

怎样品味戏剧的语言呢?可从以下三方面入手:一是分析戏剧人物语言的个性化特点;二是戏剧人物语言比较精练、含蓄,要挖掘语言的含义,也即理解人物的"潜台词";三是根据人物性格特征来揣摩其语言特点。

请读《陈毅市长》下面一段对话:

陈　毅	市政府决定聘请齐先生主持筹划。
齐仰之	好,我一定效力,一定效力!
陈　毅	至于详细计划,改日再与齐先生细谈吧。
齐仰之	不,不,现在就谈! 现在就谈!
陈　毅	(看表)已经谈了30分钟了。
齐仰之	没关系,没关系。
陈　毅	(指墙上的条幅)喏,喏!
	〔齐仰之解嘲地大笑。电灯突然熄灭。
齐仰之	咳,又停电了!
陈　毅	停电倒不怕,怕就怕敌人破坏电厂,那就要一片漆黑了。
	〔齐仰之点燃蜡烛。
齐仰之	没关系,我们可以秉烛夜谈。
陈　毅	再谈多久?
齐仰之	(扯下"闲谈不得超过三分钟"的字条,撕得粉碎)三天三夜!

这一段对话表现了齐仰之激动、急切的心情。"一定效力,一定效力!""现在就谈! 现在就谈!""没关系,没关系。"这些重复句子,生动传神地揭示了齐仰之的心理特点,与一开始时的拒客、冷漠相比,真是判若两人。前边说"闲谈不得超过三分钟",而在这里说,再谈"三天三夜"。所说的话不同,表明人物的心情不同。齐仰之的话简洁朴实,都是内心之言,很好地揭示了人物的心理变化、感情变化。

(3) 探究艺术形象。戏剧文学和小说一样,都要塑造典型的艺术形象,分析人物的方法与途径大致相同。不过,就戏剧文学特点来说,探究戏剧艺术形象主要应从以下三点入手:

一是研究人物对话。言为心声。人物所说的话能反映其思想、感情、动机及性格;而且戏剧文学主要是通过对话来塑造人物的,因此,研究人物对话是最基本的方法。

二是研究人物的行动。戏剧表演中,人物的一举一动都是有所设计的,都是为了体现人物特点的。

三是研究剧本中的说明语。如《陈毅市长》中说齐仰之接电话,作者用"极不耐烦地"加以说明,这是为了表现人物态度。

另外,对于歌剧、戏曲,还要研究人物台词。

例如,阅读下面一段文字:

齐仰之　(烦躁地)谁?

陈　毅　我!

齐仰之　(走过去开门)你找谁?

陈　毅　请问,这是齐仰之先生的府上吗?

齐仰之　你是谁?

陈　毅　姓陈名毅。

齐仰之　(打量陈毅)陈毅? 不认识,恕不接待!(乓的一声将大门关上,匆匆回到桌边,又开始埋头工作)

陈　毅　(一惊)吃了个闭门羹!(想再敲门,又止住,思索)这可咋个办? 真是个怪人!……

这里的对话、行动及表情描写,传神地表现了齐仰之的性格特点。齐仰之说"谁?""你找谁?""你是谁?"语气冷漠,态度烦躁,与陈毅说话礼貌形成鲜明对比。齐仰之的动作也是冷漠的。"打量","乓的一声将大门关上"。另外,通过陈毅的反应"一惊",也从侧面表现了齐仰之的"怪"。由此可见,从几个方面同时入手,我们就能全面而又准确地把握人物形象特点。

开卷未必有益
——善于选择

卷,指书;"开卷有益"是说,只要打开书本读一读,就有益处。这个成语的意义是正确的,它强调了读书的好处,旨在劝导人要多读书,勤读书。"开卷有益"出自宋朝王辟之的《渑水燕谈录》:"(宋)太宗日阅《太平御览》三卷,因事有缺,暇日追补之。尝曰:'开卷有益,朕不以为劳也。'"宋太宗说"开卷有益"是有一个前提的,即他已经选定了《太平御览》这部书在读,他的"开卷有益"实际上是就《太平御览》这一本书而言的。李亚农在《欣然斋史论集》的序言中说:"假如读者对于一本书的要求,只在于采其可取者而弃其可去者,则很多著作对于一个读者来说,大都是开卷有益的。"可见,"开卷有益"在两种情况下说是完全正确的:其一,读者已经选到了一本好书,读选到的好书,当然是开卷有益了;其二,即使是读良莠并存的书,由于读者有较强的识别能力,知道什么是好,什么是坏,那么"开卷"也自然有益。

如果不具备上述两个条件,不管是什么书,拿过来就读,甚至读了坏书,别人劝止还不听,还振振有词:"开卷有益嘛!"这显然是不对的。因此,在这里我们强调:开卷未必有益。中学生的思想、眼力尚处在发展与提高的阶段,有些思想低下、庸俗甚至反动的书,尚难以加以识别。中学生以课内知识学习为主,而书刊多如牛毛,不胜其数,很难有充裕的时间从容阅读。有的同学及早产生偏爱心理,专读爱读的书,其他有益的书不闻不问……所有这一切都说明,中学生朋友读书必须有所选择,而且要善于选择。

没有选择的阅读,是阅读的浪费,也是时间和生命的浪费;有选择而不能正确选择的阅读,是阅读的迷误,甚至是自我戕害。没有选择的阅读,是指抓到什么书就读什么书,表面看来,这是热爱读书的表现,其实,浮光掠影,浅尝辄止,以量取胜,往往时间花了不少,却没有收获,这样的阅读,当然是浪费时间和生命了。有选择而不能正确选择的阅读,是指为了满足某种低级趣味而专门选择那些缺乏教育意义的书刊来读。没有选择吗?有,但选错了,这样的阅读当然是误入歧途、自我戕害了。因此,单说"选择"还不行,还必须强调"善于选择"。

有的同学会说,萝卜青菜,各有所爱,各人有各人的选择要求和目的。这话不错。但是,我们在强调选择个性的同时,还必须遵循共同的选择标准。选择的标准和要求,一般说来有如下几点:

第一,依社会的公认来选择。比如经典名著,早已经过历史的检验和读者的确认,属于社会公认的好书,自当选读无疑。有的同学会说,什么是名著,时下也弄不清楚了。除了已有历史定评的"名著"外,当代也有不少书妄称"名著",这如何确认?是啊,泥沙俱下,鱼龙混杂,不要说眼下有不少书被称"名著"不好评定,就是古代流传下来的书,也很难说都是"名著"。为此,美国学者阿德勒的话可以帮助我们提高认识。阿德勒认为真正的"名著"有四个特点:第一,一般拥有最广泛的读者,它们不只是风行一二年,而是经久不衰的畅销书;第二,不是供学者研究而积满尘垢的遗著,而是当今世界上潜在的强大的文明力量;第三,只要认真阅读,"名著"决不会令你感到扫兴,名著一页书所包含的思想要比一整本普通书的内容还要丰富得多;第四,"名著"是许多书籍所摘引所论述的材料,研讨阐述"名著"的书,在数量上远胜于名著本身。不能说阿德勒的话完全正确,但至少告诉我们,"名著"必定是耐读的、使人爱读的、内容深刻的、思想进步的、对人有益的。中国学者冯至的话也许更能揭示"名著"的特点,他在《读书界的风尚》一文中说:

　　直到现在为止,我们从未见过一部真实的伟大的作品是"完全过去了"。有时候老子的一句话,莎士比亚或歌德的几行诗,向我们比任何一个同时代的著作说得更多。一时畅销的书和真实文艺作品可以说是两回事,正如流行的服装与美并不甚相干一般。有些女人很知道,一件超乎时尚而合乎美感的衣裳比一件只局限于时尚的衣裳可穿的时间要长久得多。读书的人对于书籍也应该懂得这个道理。

在我国,古代名著不说了,单看现代的,像鲁迅、茅盾、巴金、郭沫若、郁达夫、朱自清、闻一多等大家的一些作品自然属于"名著"之列,不仅要读,而且要多读为好。

　　第二,选择要不断扩大范围,涉及多种门类。手头只有几本书,无所谓选择,只有到书海中去"淘"(比如到图书馆、新华书店、阅览室),不断扩大范围,选择才有余地。既要读文学著作,也要读哲学著作;既要读社会科学著作,也要读自然科学著作。只有这样,才能开阔阅读视野,丰富阅读内容,从而全面提高自己的文化知识修养。有些同学是乐于读书的,也是善于选择书刊的,但是有"偏食"现象,爱读诗的同学专门选读一些好诗;爱读小说的同学专门选读一些小说,如此等等,是必须纠正的。中学生正处在长知识时期,知识结构还没有稳定下来,专业方向也没有确定,因此应该做到广闻博取,如同海纳百川,尽可能地阅读多门类的书刊。有的同学会说,个人爱好总应该有吧? 我对文学类书刊有兴趣,自然多读些;我对自然科学著作没有多少兴趣,自然就会少读些,这有什么不可以呢? 对此,我们要从两方面看。一是阅读选择,当然应该满足个人爱好,依兴趣来读书;二是我们对于兴趣也应该有正确认识。兴趣是一种持久的心理倾向,要靠培养才可养成,人的兴趣绝不是天生的。有些书,由于缺少接触,一开始阅读可能还没有什么兴趣;但入门之后,尝到了甜头,兴趣也许就飘然而至了。总之,兴趣要靠自我培养。对某类书过早拒绝,缺乏了解,兴趣当然无从谈起了。

第三,选择是一个思考的过程,在此过程中要善于比较。大凡有阅读经验的读者在选择自己要读的书的过程中,总是注重于"慎思明辨"的。所谓"慎思明辨",就是严肃认真而又精细明白地加以辨别和比较。一般说来,要从以下几方面辨别和比较:① 通过比较,区别庸俗与通俗。庸俗是粗陋、卑俗、肤浅、丑邪的别名;而通俗则是深入浅出、明白晓畅、为群众喜闻乐见,比如《西游记》《小二黑结婚》《骆驼祥子》《白毛女》等作品就是人们喜爱的作品。值得警惕的是,现在书市上,有不少庸俗低级读物是打着通俗的招牌迷惑人的,比如一些黄色、反动、宣传迷信的书刊总是给自己贴上"通俗作品""大众文化""社会扫瞄"甚至是"法制文学"的标签,有的明明是反科学的,却称自己是"科学揭秘之作"。广大青少年应有敏锐的眼光加以洞察,千万不能受骗上当!自己辨别不清的,可向老师或家长请教。② 通过比较,区分优与劣。有的书刊,内容是健康的,属于可读作品之列,但比较起来看,它们又不是优秀作品,或者文字粗劣,或者表达粗劣,或者内容一般化。对这样一类作品,自然也应该加以淘汰。中学生朋友学习紧张,功课负担重,自由支配的时间极为有限,应该选择最优秀的作品阅读。有的同学会说,作品琳琅满目,如何区别优劣呢?有经验的阅读者告诉我们:手中应有两把尺子。一是凭直觉判别。优劣差别较大的作品,凭直觉就能看明白。二是客观分析。有些作品乍一看还不错,如果与同类作品比较一下,就能大体上定下一个等次。值得一提的是,有些作品优劣掺杂,或劣中有优,或优中有劣;或劣大于优,或优大于劣,对此进行冷静分析就更有必要了。分析的原则就是去伪存真,去粗取精。

第四，选择还有一个"择时而读"的问题。所谓"择时而读"有几方面含义。一是调节性的择时而读。集中一段时间读文学作品，易使人的阅读情绪松弛；集中一段时间读科技作品或哲学著作，又易使人的阅读心理紧张。因此，最好是交叉阅读，巧妙调节。二是根据学习任务的强弱择时而读。学期中间，功课负担重，不妨读一些花时少，篇幅短，生动的作品；假期中，功课负担轻，时间相对集中，不妨读一些内容艰深，非"啃"而不知其味的"大部头"作品。

总之，读书必须选择。老师是帮助自己选择的向导；同学是相互商量、交流选择得失与体会的益友；还有电视、报刊上的"书目推荐"也可作为选择时的参考。相信你畅游于阅读之海时，是能够选择最佳的畅游路线的。

最后，请你记住英国文学家菲尔丁的一句名言："不好的书也像不好的朋友一样，可能会把你残害。"还请记住一条谚语："一本好书胜过任何珍宝，一本坏书比一个强盗更坏。"

不动笔墨不读书
——勤于知识的储存

"不动笔墨不读书",是会读书人的经验之谈,意思是说,在阅读过程中,要用笔做阅读标记、写阅读评语、记阅读要点、写阅读札记;有时为了某种需要,还要写详细、具体的评论文章,以表达阅读所思所想。

做阅读标记,是古人教给我们的好办法,如圈、点、勾、画等,或表示内容重要,或表示有所疑惑。本书讲"默读"时曾讲到"点评",这里就不再举例了。写阅读评语,是对阅读材料加以简明扼要、画龙点睛式的点评,或写一个"好"字,或写一个"妙"字,或写稍微具体一点的话,随时把自己的评价意见与阅读所感记写下来。记阅读要点,一般以抄摘方式进行,或把重点内容抄在本子上,或把有关要点记在卡片上,以备后查。写阅读札记,一般就是写阅读短评,或就作品评作品,或由作品引发开来,谈感想,形式不拘,长短自如,内容自定,总之,把自己的理解和看法如实写下来即可。写评论文章,实际上也就是写"札记",不过要完整、严格一些。"札记"可以是片断式的,而评论文章毕竟要符合一篇文章的体式和要求。"札记"经过充实、整理,就可以围绕一个中心,定一个题目写成文章。

总之,在阅读过程中"动笔墨",目的无非是:第一,整理、摘录有关知识要点,便于储存与记忆。俗话说"最好的记忆也抵不上烂笔头",道理也就在这里。一个人的记忆力总是有限的,不可能"过目不忘",因此不如记录下来。记录要有序列,分类别,以后查起来方便。比如很多学问家自制卡片,用卡片摘录有关知识就值得仿效。第二,强化思考。阅读之时,也就是思考之时。不过一边"看"一边"思","思"的内容往往比较粗浅、浮泛,难以条理化、深刻化。如果写"评语"或是写"札记",效果就大不一样了。写,是对读的整理,使思考由浅入深,由无序到有序,由分散到集中。比如读过一篇作品产生了看法,随便说说能说出个大概,而要把所想与所说写下来,就要进行新的"加工"了。书面表达使思考更趋合理,更符合逻辑。同时,在书面表达时,往往对所想的问题再"想"一层,从而使思考不断深化,所得自然也会加深一层。第三,通过写,一方面把所读的东西变成自己的血肉,一方面也有利于写作能力的提高,古人看重"读写结合"是不无道理的。所谓"读写结合"就是以读促写,以写促读,读写相依,相得益彰。

上边讲了"动笔墨"的含义及其作用,下边讲讲"动笔墨"的主要形式。

1. 做读书卡片

读书卡片可说是一种特殊的读书笔记,即卡片式笔记。根据不同的做法,可分为摘录卡、提要卡、提纲卡、索引卡和心得卡等。

读书卡片是学习和科研所不可缺少的积累资料、贮存知识的工具。比如,研究一个有争议的问题,可以把各家各派对这个问题的不同看法,全部摘记下来做成卡片,再把这些卡片排列在一起,反复比较、分析,从而发现问题,受到启发,提出优于各家之说的新看法。由于它具有灵活方便的特点,易于分类保存,便于查检调用,因此被广泛使用。

做读书卡片是一种重要的治学手段,既要掌握制作的要领,也要符合写作的要求。一般地说,要注意如下几点:

(1)规格统一,体例一致。卡片可以买,也可以用稍厚的纸片自己制作。为便于统一管理,通常采用的是 12.5 厘米×7.5 厘米的规格,同时在卡片下侧或左侧正中位置打出一个装订孔,也有的在左侧两端适当位置打出两个装订孔。卡片过大、过小或大小不一、装订孔位置变化不定,都不便于整理和存放。统一印制的卡片,往往标有卡首指示项:类别、编号、标题、作(译)者、资料出处(包括书名或报刊名称、期号、版次、出版单位、出版时间等)。自制卡片,也应在记录时随手写上指示项的有关内容。至于是标注在卡首还是卡尾,可依各人习惯而定,不过体例也要大致固定,以便日后查考。下面提供一个卡样:

```
类 别_____    编 号_____
题 目_____    作 者_____
出 处_____
_____




              ●


```

（2）内容单一,做法有别。每张卡片只记录一项内容,不能杂糅,具体的制作方法则是各不相同的,要根据资料性质和需要来确定。

如果一本书或一篇文章中的某些重要段落、名言警句或关键性图表、数据、公式、例题需要抄录,可做摘录卡。摘录要忠实原文,不能改动任何字句和标点。如果要节录一段中的几句,前后或中间不需要摘录的文字,可用省略号表示;如认为其中有错,只能加括号以按语形式指出。

如果原作较长,需要全面概括文献的基本状况、主要内容,可做提要卡。写提要,可以用自己的话来缩写原作,但必须符合原意,并保持原作的连贯性和完整性,不得断章取义,更不能移花接木,无中生有;必要时可以摘录原作中的关键语句,通常以引号标出。

如果要对原作或其中某一部分的内容、结构或论点、论据等，用纲要的形式反映出来，可做提纲卡。写提纲，可以采用原作语句，也可以用自己的语言来写；形式上往往是分行排列，并以不同的序码表示结构层次和关系，当然也可以采用表解的形式。

如果在查阅资料时，遇到有一时不便于或暂时没必要仔细阅读的书籍、文章或者其中的某些章节，为了今后查阅的方便，可做索引卡。索引一般只记书名或篇名、作者、出处和馆藏编号等项。

如果在读书之后，要把一些有储存价值的认识、感想、灵感或质疑、辩驳、考证等简要记录下来，可做心得卡。心得偏重主观的感受，写法灵活，但必须是从原作中引发出来的，因此也要注明出处。

此外，还可以把报刊中一些简短的有价值的资料剪下来贴在卡片上，注明出处，做成剪贴卡。剪贴卡制作方便，省时省力，但只能剪用自己订阅的报刊。

（3）篇幅简短，文字规范。常用卡片以硬纸片为材料，正面和背面都可以填写，但一般只适宜于记录内容单一、篇幅短小的资料，篇幅稍长的可用若干张做成系列卡片。至于那些内容复杂、文字较多的资料则要拿去复印或记在活页纸、笔记本上。"文字规范"包括两层意思，一是语言要准确、明晰，二是书写要清楚、工整。如果记录有误，模糊难辨，日后使用起来就会以讹传讹，造成差错。

（4）分类整理，翻检使用。卡片积累到一定数量，要按记录内容或特定需要，分门别类地整理；同时自制导卡，在导卡上写出分组标题，配上序码，为备查提供方便。卡片要妥善保管，可以装在封套里或特制的卡片箱里。利用读书卡片积累资料，目的在于使用，应该经常翻检阅读，通过比较、归纳和提炼，形成自己鲜明的见解，写出有价值的作品。如果在使用中发现资料不足，就要继续扩大阅读范围，补充新的卡片或开设新的类目。

例一　提要卡

类　别	儿童文学作品·童话	编　号	I004
题　目	《卖火柴的小女孩》	作　者	〔丹麦〕安徒生
出　处	《安徒生童话》　少年儿童出版社　1981年		

　　提要：在一个下着雪的大年夜，一个在街上卖火柴的小女孩又冷又饿。她擦亮一根火柴，用来温暖自己的小手；又擦一根，在亮光中她似乎看到一只烤鹅；再擦一根，她又似乎看到了圣诞树；第四根火柴擦燃，她又似乎看到了奶奶。她赶紧擦着一把火柴，要把奶奶留住。最后小女孩在大年夜冻死在墙角里。

　　这是一则叙述性提要，紧扣作品情节的开端、发展、高潮、结局这几个环节来写，线索清楚，要点突出，语言简明。卡片体例规范，一目了然。

例二　提要卡

《"太叔完聚"之"聚"的宾语是民众》　　　/杨荣祥
《苏州师专学报》（社科版）1984年第1期

　　提要：对"聚"的注解历来有两种意见。作者认为应解为"聚民众"，而不能解为"聚集粮草"。因为：

　　首先，太叔是"袭郑"，"袭"是轻装偷袭，不可能有多少辎重。

　　第二，京城离郑都很近，两地相距不过40公里。作者根据史念海的《山河集》中的《春秋时代的交通道路》《春秋战国时代农工业的发展及其地区的分布》等文的记载认为，从京到郑都不仅距离不远，而且路一定好走，轻装急行军，几小时便可以到达，途中似乎无须什么粮草。

（正　面）

第三，从《左传》的记载来看，太叔袭郑是自以为很有把握的。作者引用《穀梁传》《诗经》等史料说明，太叔当时有其母姜氏内应，且据有相当的地盘、徒众；太叔行弑君之举带有公开性，他有恃无恐，骄横自信，根本没想到自己会失败。所以作者认为孔颖达所说"段欲轻行袭郑，不作固守之资，故知聚为聚人，非聚粮也"是很有道理的。

第四，作者考察"聚"在《左传》中的用例，认为《左传》中的"聚"所带的宾语还是以"人"为多。

第五，作者据《说文解字》对"聚"的解释，认为，从"聚"字本身的意义看，也可以看到"聚"基本意义是聚民众。

根据上述五个方面的阐述，作者得出结论，"聚"的宾语是"民众"，而不是粮草。

类别：古代汉语
编号：H015

（背　面）

这一则提要准确地概括了原文的论点、论据和基本结构，卡首注明了原文标题、作者及出处，卡尾标出了类别、编号，便于分拣和查考。

例三　心得卡

| 类别 | 文学作品阅读笔记 | 编号 | I200 |

《民间文学》1961年8月号和11月号刊登了好几篇极为动人的民间传说，描写镇江军民在120年前对外国侵略者进行的英勇斗争。这几篇故事使读者看到鸦片战争时期，优秀的中华儿女在强大的敌人面前绝不屈膝求降，而英勇顽强战斗的那种崇高精神。恩格斯曾热情称赞过的镇江军民的抗敌气概，通过这几篇故事，形象地再现在读者的面前。

××年×月×日记

此卡高度概括了所读作品的思想内容和审美感受。卡尾注明写作时间,为将来进一步研究提供了依据。

2. 写内容概要

一些长篇著作,内容丰富,不易把握,不妨通过写内容提要的形式把自己所掌握的内容整理出来,用自己的语言加以概括。其作用是强化对所读著作的理解,全面而又准确地把握著作内容。一些知识性著作,要做概要,即使是读小说,也不妨作概要。

写内容概要,一要依据全书内容,二要参照书前的"内容简介",三要用自己的话来写。下边举《中学生阅读》(1992年7月号)中的一个实例,供参考。

《诗经》是中国的第一部诗歌总集,是中国文学史的光辉起点。这部诗集以它丰富的内涵和永恒的魅力哺育着中华民族的代代诗魂,成为世界文学宝库中一颗璀璨的明珠。

《诗经》共收入西周初年至春秋中叶500年间的诗歌305首,全面反映了那个时期的社会生活和历史风貌。孔子十分重视这部诗集,曾把它作为门下弟子的必修教材。

这部诗集编定后,最初并没有《诗经》这个名称,人们只称它为《诗》,或者《诗三百篇》《诗三百》。到了汉代,它被学者们抬到经典的地位,称之为《诗经》。

《诗经》在今天看来,是一部价值较高的文学作品选集,但在2500多年前的中国,它的用途却十分广泛。除了在庆典、娱乐、讽谏场合运用外,还经常在外交场合用来表情达意,美化辞令,有时外交活动自始至终双方全用《诗经》里的诗句和典故进行交流。孔子曾经说过:"不学诗无以言。"可见《诗经》在当时社会生活中的地位了。

《诗经》分为风、雅、颂三大部分。

"风"就是地方民歌。《诗经》中收有15个地区的民歌,称为十五国风,即周南、召(shào)南、邶(bèi)风、鄘(yōng)风、卫风、王风、郑风、齐风、魏风、唐风、秦风、陈风、桧(huì)风、曹风和豳(bīn)风。这15国有的是指当时的诸侯国家,有的是地域。古时的"国"与"域"意义相通,除指国家外,也指区域。因此,以上15个地区的民歌通称为国风。15国大体上包括现在的河南、山西、陕西、山东、湖北几省的广大区域。其中的齐、魏、唐、秦、郑、陈、桧、曹、卫是诸侯国,邶、鄘是卫国的城镇,周南、召南大致指汝水、汉水流域,王指周平王东迁后的国都地区,相当于今天的洛阳、孟县一带。豳在今天的陕西旬邑、邠县地区。15国风共160首,内容多反映劳动人民的生活和心声,其中有对痛苦的不平,有对压迫的抗争,有对统治者的揭露与鞭挞,有对美好生活的向往和憧憬。

"雅"是正的意思,雅乐就是正乐。正乐是相对于地方民歌而言的。如果说流行于地方的民歌叫土乐的话,那么流行于国都的歌曲就叫正乐。雅乐产生于周初社会繁荣时期,供统治者宴会时使用,内容多是描写统治阶级的生活,除极力宣扬神权、君权至上外,还常常含有教训规谏之意。雅又有大雅和小雅之分,大约和诗歌产生的时代有关。大雅产生于西周早期。小雅产生较晚,风格和国风接近,因而不同于旧时的正乐。大雅31篇,小雅74篇,共计105篇,大多是贵族文人的作品。

"颂"是祭祀宗庙的舞乐歌曲,内容多是赞美祖先王侯的功德业绩。这种歌曲,边舞边歌,风格庄重,形式板滞,带有浓重的宗教色彩。颂包括周颂31篇,鲁颂4篇,商颂5篇,共40篇。周颂中的一些诗记叙了自周始祖建国至武王灭商的全部历史,是我国上古时代少有的史诗。

《诗经》在文学史上有着极重要的地位,然而令人遗憾的是,除少数贵族文人作品偶尔留名字外,大多数诗歌的作者已经无从查考。尤其是精华所在的民歌,多系劳动人民即兴而作,口耳相传,在流传中不断加工修改,已经成为集体劳动的结晶。诗歌在流传的过程中,开始并没有题目,编定成书时,为了方便,才给诗歌加上题目。有的是选取诗歌的头一个或头两个字作题目,如《氓》《关雎》;有的是选取第一章一句诗作题目,如《维天之命》;有的则从一章中摘取两个字作题目,如《汉广》;还有的摘取诗中不相关联的两个字作题目,如《召旻》;也有的另拟篇名,如《雨无止》。由于有些诗歌开头的一两个字相同,所以《诗经》中有些篇名相同,如国风与小雅中均有题为《谷风》的诗。

这篇"概要"抓住了《诗经》这部名著的基本要点。第1段讲《诗经》的地位。第2段讲《诗经》所收诗歌的总数及内容特点:"全面反映了那个时代的社会生活和历史风貌。"第3段讲《诗经》名称的演变。第4段讲《诗经》的特殊用途。第5~8段重点介绍《诗经》的内容。最后一段讲《诗经》的作者及诗题问题。由这篇短文看出,要写好内容概要,须得力于三点:一是要有文学史知识;二是作者本人对作品本身内容及其时代背景等有比较透彻的了解;三是在表达时既要全面周到又要详略得当,突出重点。

上例是"概要"的一种形式,还有一种就是"故事梗概"。"故事梗概"当然以故事为主,这方面例子报刊上很多,就不赘举了。

要指出的是,写内容概要,应以客观叙述与介绍为主,并可适当加以评议。

3. 写读书笔记

读书笔记的种类很多,有摘录式笔记(以抄摘原文重要内容为主),有提纲式笔记(用纲目形式把作品内容的要点按大小层次排列出来),有批注式笔记(用于在原文的空白处加以评点),有评论式笔记(抓住作品的重点加以评论,有的可引发开来谈阅读感想)。下边举《中学生阅读》(1992年1月号)中的一个评论式笔记的例子,供参考。

辉煌业绩　不朽丰碑

陈根生

1946年10月19日,黄浦江畔举行鲁迅逝世十周年纪念。上海《学生日报》上刊出一篇《鲁迅与杂文》写道:

……我们敢说,杂文在鲁迅之前,不过是一种比较短小随意的文体,它在伟大的文学著作堆里没有显著的地位,然而经过鲁迅的吞吐锻炼之后,它就变成了一件最尖锐的武器,它构成了暴露的利刃,斗争的投枪,没有一种文体再比它更有效,再比它更自由;它成为现实的无情的写照,对恶势力的有力的讽刺,鲁迅带着无数创伤向黑暗作殊死的搏斗,而他经常所用的最有效的武器,就是一向不受人注意的杂文……

鲁迅杂文总共有16本:《热风》《坟》《华盖集》《华盖集续编》《而已集》《三闲集》《二心集》《南腔北调集》《伪自由书》《准风月谈》《花边文学》《且介亭杂文》《且介亭杂文二集》《且介亭杂文末编》《集外集》《集外集拾遗》,近700篇,约135万字。

鲁迅的心总是与广大人民群众相通的,他的杂文也始终是"和革命共同着生命"。毛泽东同志高度评价说:"鲁迅后期的杂文最深刻有力。""鲁迅处在黑暗势力统治下面,没有言论自由,所以用冷嘲热讽的杂文形式作战,鲁迅是完全正确的。"老一辈的革命作家对鲁迅先生是无限怀念和无限感激的。他们当年不仅从鲁迅杂文中吸取思想上的引导和帮助,而且得到艺术上的滋养和提高。广大青年学生在反对反动势力、追求真理的征途中,也从鲁迅杂文里寻到精神上的支持,找到思想上的向导,而把一些不正确的意识情绪坚决抛弃掉。一位30年代的青年说:"就我自己说,鲁迅所给予我的影响是至高无上的,我现在的许多生活态度就是直接由他的'传授'得来的。""有一个时期,(一些文学读物)所介绍过来的颓废思想,全部支配了我;也像同时的其他青年一样,堕入颓废浪漫的'时髦病'中,饮酒抽烟,唉声叹气,不爱整洁,假装糊涂,一切不良和可笑的行为,尽先'采用',不遗余力。"鲁迅杂文像乳汁一样源源流进多少青年干涸的心田,哺育他们在思想感情上健康成长,不断走向成熟。

从50年代开始,鲁迅著作在台湾遭到禁止。而30多年后的今天,台湾不少学者和文化界人士则呼吁"让鲁迅进入国文课本"。在鲁迅诞生110周年之际,台湾报刊不仅登载《鲁迅在台湾》专辑,并且比较客观地介绍了鲁迅,指出:鲁迅先生"是中国第一位写现代白话小说的人,但早熟的程度却是往后二三十年无人能比的。……鲁迅却是最特别的,他的文字好,思想进步,观念清楚,感情深刻,创造了中国文学家少有的思考深度。……他的议论性杂文,批判性、不媚俗的精神是相当可贵的"。

鲁迅是属于世界的。鲁迅杂文产生了广泛的世界影响。早在二三十年代,日本、苏联、美国就出现了鲁迅杂文的译文。1973年德国出了《论雷峰塔的倒掉》的德文单本。1978年意大利出版了意大利汉学家安娜·布雅蒂编选、翻译的《文学与出汗》,书中收集了1925—1936年十年间鲁迅杂文40篇。此书一出,很快销售一空。安娜女士在回答记者时说:"鲁迅先生的作品内容丰富,包罗万象,我刚开始接触中国文学时,鲁迅先生给我留下了深刻的印象。他是一位巨人,但在感情上同我那么接近,并无遥远之感。这位巨人所表达的东西我能真正理解。有时我碰到一些文学上的问题,便问自己:这个问题鲁迅先生是怎么说的?而我总可以从鲁迅先生的文章中找到满意的答案。鲁迅先生就好像在同我对话一般。鲁迅先生的文章不但有丰富的思想内容,而且艺术上也很美。"鲁迅杂文赢得世界各种肤色的读者,是中国现代文学的荣誉和骄傲。

鲁迅杂文的辉煌业绩,是中国现代史上的一座不朽丰碑!

这是一篇关于鲁迅杂文的阅读评论。文章中心是论述鲁迅杂文的地位与影响。全文强调的八个字：辉煌业绩，不朽丰碑。文章先引用一则读后感，点出鲁迅杂文的思想特点与艺术特点，继之交代鲁迅杂文的几个集子。接下来重点评论鲁迅杂文的广泛影响。文末点题，突出要旨。

除了条分缕析地评论外，还可写成随感式的饱含思想感情的随笔。《此书OK》是一位学生的阅读随笔，获全国中学生"我喜爱的一本书"征文高中组一等奖。

此 书 OK

赖丽娟

有一本书是挺不赖的。这本书和琼瑶、亦舒、金庸、西德尼·谢尔顿等都没有关系。这本书的作者我以前没有听说过，现在也不怎么记得清楚，挺长的一串典型美国名。而这本书的确值得一读——我说的是《英美著名诗人传》。

初见它时，我被它的封面吸引——很淡很淡的紫色中孑然一截茶色的蜡烛，在薄薄的银色烛光中有一列杰出人物的名字，像被炙烤着。我心里便诧异于这有几分玄秘的封面气息，宛如某种禅释。

我买下了这本书。

目的很简单：了解一下这本书中的18位诗人，总不至于陶醉于人家的诗，却连人家的国籍都弄不清楚；但我也并不想写有关他们的学术论文，所以不需了解他们太多的细节。而这本书，无疑在这方面做得无可挑剔。18种人生之旅，作者各用八九千字道得既完整又简略，是我想象中的那种得当的详略。

"蒂莫西·雪莱先生胸无点墨，却一心一意要让儿子经受彻底的教育，他热衷于基特博士以皮鞭辅佐教育的做法……他把雪莱从学校放假回家变成了'去地狱的定期旅行'。"

……

虽然这样的句子已经让我捧腹很久,我却依然想读到比这更幽默的句子,而实际上我如愿以偿了。这本书着实是妙语连珠,一扫某些传记作品的沉闷,令人不得不相信传记很有可能写成幽默集。

有人说,青年人不喜欢读传记真是不可思议的。我就属于不可思议的那一类。读传记,有点像接受再教育,这是我的谬论。然而这本293页的18位诗人传,我却"史无前例"地读了两遍,而且挺认真,书中许多精彩句子下面的流畅波浪线即可作证。我自己都有些意外。

在这书中,我一遍一遍地读出了人的生命中的一些永恒的东西,一切优良的禀性。

在哈罗公学读书时,拜伦曾问过一个恃强凌弱、欺负小同学的恶少:"你想打这小家伙多少鞭?""你问它干什么?""因为,如果你不反对,我愿意为他领受一半。"拜伦说着伸出手臂。

——我读到善良。

"拜伦对自己的跛足极端敏感,一听到辱骂他'小臭拐子',总是气得发昏。有一天,当母亲又用这个刺耳的绰号骂他时,他竟举起小刀刺向自己的咽喉。"

——我读到自尊。

弥尔顿,这位反对权势的战士,他以普通战士的身份投入人民的事业,并"决心牺牲自己的诗歌,甚至生命,以保卫属于人民的人权……"

——我读到高尚的人格。

"为了进入最伟大诗人的行列,我宁愿尝够失败的滋味。"这话是济慈说的。

——我读到了对失败的超越。

……

还有许许多多优美的人性，在这本书里。我一一铭记，只希望它们能默默渗进我的人生。

捧此书静读时，偶尔也有掩卷而思的时候。

在追求欢乐的躯壳之中，是不是隐藏着悲痛的灵魂？当我们谴责某人的放荡不羁时，可否明白一些他满心的凄惶？在冷若冰霜的愤世嫉俗里，难道没有可贵的真诚？人，最本质的天性是什么？——是对自由的追求？……

这本书真正地调动了我的大脑的积极性，我像读数学书一样，提出问题。说这本书发我深思，是毫无言过其实之嫌的。

我读完它的最后一页，是在一个秋天的黄昏。我仍清晰地记得我合上书时的感觉——一种莫名的生命的骚动，包含向往，也包含不安。我透过启开的窗户，仰头望天，那时夕阳如血，浩瀚长空被残阳染得灿烂而悲壮。我却想起了书中诗人们热烈而丰富的心灵。

读着这书，我像读一片天空，深邃，幽远，还有些许扰人的不解。

没有迹象表明，这本《英美著名诗人传》，我将不读三遍。

我认定，此书OK！

这篇文章抓住书中重点内容，发议论，谈感想；不面面俱到，只作画龙点睛式的说明。由于采用了叙述、说明、议论、抒情相结合的表达方式，文章显得亲切自然，活泼生动，同时也闪现着一个成熟少年的思想火花。

"动笔墨"读书的方式自然远不止上述三种，这里只是举出实例，提示思路，供参考而已。由衷地希望你认真读书，认真做读书笔记，让手中的笔开掘作品的艺术矿藏，打开自己的思考之窗。